专利复审和无效典型案例评析丛书

光电领域
复审和无效典型案例评析

国家知识产权局专利复审委员会 ◎ 编著

知识产权出版社

全国百佳图书出版单位

内容提要

本书包括49个光电技术领域的专利复审、无效审查的典型案例及其评析，基本涵盖了自动控制、影像技术、光学、分析计量和医疗技术等方面专利审查过程中遇到的难点问题，旨在通过分析和阐述审查人员对专利法律法规的理解及适用，从技术分析、法律分析到撰写技巧说明及文件修改建议等方面，帮助读者对专利复审委员会光电技术领域案件所涉及的法律适用有更深的理解和把握。

读者对象：专利审查员、专利代理人、司法人员及专利研究人员。

责任编辑：王　欣　　　　　责任校对：董志英
文字编辑：王祝兰　　　　　责任出版：卢运霞

图书在版编目（CIP）数据

光电领域复审和无效典型案例评析/国家知识产权局专利复审委员会编著.
—北京：知识产权出版社，2012.9
　ISBN 978－7－5130－1350－5

Ⅰ.①光… Ⅱ.①国… Ⅲ.①光电子－专利权法－案例－中国 Ⅳ.①D923.425
中国版本图书馆CIP数据核字（2012）第101921号

专利复审和无效典型案例评析丛书
光电领域复审和无效典型案例评析
GUANGDIAN LINGYU FUSHEN HE WUXIAO DIANXING ANLI PINGXI
国家知识产权局专利复审委员会　编著

出版发行：知识产权出版社

社　　址：北京市海淀区马甸南村1号	邮　　编：100088
网　　址：http://www.ipph.cn	邮　　箱：bjb@cnipr.com
发行电话：010-82000860 转 8101/8102	传　　真：010-82005070/82000893
责编电话：010-82000860 转 8116	责编邮箱：huwenbin@cnipr.com
印　　刷：北京雁林吉兆印刷有限公司	经　　销：各大网上书店、新华书店及相关销售网点
开　　本：720mm×960mm　1/16	印　　张：11.5
版　　次：2012年9月第1版	印　　次：2012年9月第1次印刷
字　　数：209千字	定　　价：36.00元

ISBN 978－7－5130－1350－5/D·1505（4227）

出版权专有　侵权必究
如有印装质量问题，本社负责调换。

编委会

主　编：张茂于
副主编：杨　光　王霄蕙　曾武宗
编　委：(按姓氏笔画排序)：
　　　　王桂莲　刘　铭　刘亚斌　孙跃飞　杨军艳
　　　　张　曦　陈迎春　周　航　赵　鑫　谢有成
撰稿人（按姓氏笔画排序）：
　　　　马　燕　王　灿　王　荣　王琦琳　刘　畅
　　　　刘亚斌　刘颖杰　关　刚　孙茂宇　孙跃飞
　　　　李　礼　李晓娜　杨加黎　佟仲明　宋　瑞
　　　　张宝瑜　陈　力　陈迎春　周　航　赵　鑫
　　　　倪晓红　高桂莲　黄玉平　谢有成
统稿人（按章节顺序）：
　　　　第一章　谢有成　王桂莲
　　　　第二章　刘亚斌　杨军艳
　　　　第三章　赵　鑫　刘　铭
　　　　第四章　周　航　陈迎春
　　　　第五章　张　曦　孙跃飞

序　言

　　随着经济全球化的发展，专利制度受到了世界各国的普遍重视，科技创新和专利制度的结合越来越紧密。近年来，专利制度的发展以强化专利国际保护为趋势，专利制度已经成为保持科技优势、提高国家竞争力的核心政策手段，在国际贸易、经济、科技中的地位和作用得到了巨大提升。《国家知识产权战略纲要》的颁布实施与《专利法》的第三次修正，标志着中国专利制度的进步与完善。

　　专利复审与无效宣告程序是联系专利授权、确权行政审查和专利侵权司法审判的纽带，是我国专利制度的重要组成部分。专利复审委员会由国家知识产权局的法律专家和技术专家组成，负责专利复审与无效宣告案件以及集成电路布图设计的复审和撤销案件的审查。随着我国专利事业的不断发展，专利复审与无效宣告案件日益增多，迄今为止，专利复审委员会已累计审结各类专利复审与无效宣告案件5万余件，专利复审与无效宣告案件审查决定的最终生效比例高达98.8%，显示出专利复审委员会在专利审查实践中的权威性，有力地维护了专利权人的合法权益和公众利益。在多年的审查实践和工作积累中，专利复审委员会的审查经验日渐丰富，对相关法律以及审查标准形成了比较系统、完整的认识，承办了一批有社会影响力的案件，解决了许多技术和法律相互结合、紧密缠绕的难题，这既是专利复审委员会的宝贵财富，也是我国专利制度中的绮丽瑰宝。

为了对以往的经验进行总结，以期对今后的工作有所指导和借鉴，专利复审委员会按照技术领域对专利复审与无效宣告案件进行分类研究，以案件为依托，总结经验，成以文字，编写成本套丛书。本丛书内容丰富，条理清晰，以技术领域为纲，以特定问题为例，用精炼的文字如实地记载了大量案例，翔实地反映了专利复审委员会对相关技术和法律问题的认识，使读者能够较为深入地了解、认识专利复审与无效宣告案件的审查工作。本丛书为《专利法》的普及和学术研究提供了素材，既可以作为专利复审与无效宣告案件审查的参考手册，也可以方便关注专利复审与无效宣告案件审查的当事人及社会公众阅读，同时能够为从事专利行政执法和专利司法审判的人员开展专利管理和审判工作提供参考和借鉴。

2012 年 1 月

前　言

本书是在国家知识产权局专利复审委员会各位主任的支持下，由光电技术申诉处❶负责收集、整理和编写的第一本涉及光电技术领域专利复审及无效案例评析的专著。

光电技术领域包括自动控制、影像技术、光学、分析、计量和医疗器械，涉及技术内容广泛，囊括了机械学、电子学、化学和物理学等学科。

光电技术申诉处所遇到的案例，既有照明、背光元件、背光模组、显示装置，也有光学元件、系统或仪器、激光器；既有对各种物理量的测量、机器设备的测试，也有无线电定位与导航；既涉及核物理技术，也涉及气象、乐器、声学和钟表。总之，光电技术领域案件既涉及机、电、化和物理的结合，也涉及声、光、电的结合；从设备、装置及元器件到工艺和方法，从生物技术到医疗仪器等，技术内容较为复杂、技术方案的理解难度较大。

本书立足从案例出发，分析和阐述我们对专利法律法规的理解及适用。本书的特点在于是以技术领域来划分章节的，共分为5章。虽说不同技术领域的专利申请或专利，其授权标准和法律适用是相同的，而且在其申请、复审及无效程序中，一般均涉及新颖性、创造性问题。但各个领域案件所涉及的法律问题也各有特点，如有关不属于专利法意义上的技术方案、疾病诊断和治疗方法等不属于专利授权客体的法律条款，则更多地涉及控制、分析和医疗领域。这样，读者可根据需要选择阅读本书各个技术领域及相关案例，以便了解相关领域复审和无效案件特点，更好地理解相关法律规定的内涵及实质，更好地理解审查员的审查方法和审查思路。此外，读者通过阅读本书，可以进一步了解光电技术领域所涵盖的范围。

本书共精选了光电技术领域近几年来审结的49个案例，希望通过这些具体案例，从技术分析、法律分析到撰写技巧说明及文件修改建议，能够使读者对专利复审委员会，特别是光电技术领域案件所涉及的法律适用有更深的理解和把握。

---

❶ 光电技术申诉处于2011年8月变更为光电技术申诉一处和光电技术申诉二处。

需要特别说明的是,《专利法》《专利法实施细则》以及审查指南分别于2008年和2010年进行了修改。2008年修订的《专利法》中对于新颖性的规定发生了变化,但变化仅在于扩大了"现有技术"的范围,相应调整了有关新颖性规定的逻辑结构,将其建立在"现有技术"的概念之上,以及改变了构成抵触申请的条件,然而被比发明或者实用新型的技术方案与对比技术方案的比较和评价方式并未发生变化。与此相应的是,《专利审查指南2010》中也仅是依据2008年修订的《专利法》的相关规定进行了适应性修改,有关新颖性的审查原则也未发生变化。对于权利要求应当清楚、简要的实质性要求,在2008年修订《专利法》之前,是在2001年修订的《专利法实施细则》第二十条第一款中进行了规定,而在2008年修订《专利法》时将该要求在第二十六条第四款中进行了规定。对比起来,区别仅在于法条位置的变化。相应地,《专利审查指南2010》中除适应性修改之外,具体审查原则和判断标准也没有发生变化。为了使本书对适用现行《专利法》《专利法实施细则》和《专利审查指南2010》的专利实务更具参考价值,本书中选取的案例所涉及的法律问题,尽量不仅适用于2008年修改前的《专利法》、2010年修改前的《专利法实施细则》以及《审查指南2006》,也适用于修改后的《专利法》《专利法实施细则》以及《专利审查指南2010》。例如涉及新颖性的案例,我们选取案例关注的重点是新颖性的具体判断方式和审查原则,而不在于新颖性评价中对比技术方案是否因《专利法》修改而导致的"现有技术"范围不同的问题。为此,为了方便读者阅读,本书各个案例的案情介绍中所涉及的《专利法》《专利法实施细则》以及审查指南均为该案件审查中所实际适用的,而评析部分,除非特别注明,均引用2008年修订的《专利法》、2010年修订的《专利法实施细则》以及《专利审查指南2010》。

  本书从写作到出版历经一年多,其间经多次讨论,几易其稿。本书编著人员由光电技术领域资深审查员组成,并按相关技术领域划分四个撰写小组,每个小组成员均为相关技术领域资深审查员、业务骨干。他们在完成繁重审查工作的同时,利用业余时间进行撰写、统校,付出了很大心血。由于水平有限,书中错误之处在所难免,希望读者批评指正。

目　　录

前　言 ………………………………………………………………………… I
第一章　光学与影像学技术领域 …………………………………………… 1
　第一节　说明书充分公开 ……………………………………………… 2
　　【案例1-1】说明书不清楚导致的说明书公开不充分——"变焦透镜"
　　　　　　　复审请求案 ……………………………………………… 2
　　【案例1-2】说明书中给出的技术手段含糊不清导致的公开不
　　　　　　　充分——"液晶显示装置及其显示方法"复审请求案 …… 5
　第二节　新　颖　性 …………………………………………………… 9
　　【案例1-3】新颖性判断中现有技术的选择使用以及上下位概念的
　　　　　　　适用——"导光板及使用该导光板的背光模组"复审
　　　　　　　请求案 …………………………………………………… 9
　第三节　创　造　性 …………………………………………………… 13
　　【案例1-4】相同领域中不同类型产品之间技术启示的判断——"背光
　　　　　　　模块和扩散模块及其扩散板"复审请求案 ……………… 13
　　【案例1-5】同一份对比文件中给出的技术启示的认定——"应用于
　　　　　　　平面显示器上的储存电容结构及其形成方法"复审请求案 … 16
　　【案例1-6】制造方法不同产生的产品结构差异的创造性判断——"多
　　　　　　　晶硅层结构与其形成方法以及平面显示器"复审请求案 … 19
　第四节　修　　改 ……………………………………………………… 23
　　【案例1-7】因不能确定原申请文件中的记载为明显错误而导致的修改
　　　　　　　超范围——"光学放大器"复审请求案 ……………………… 23
第二章　计量与控制技术领域 ……………………………………………… 27
　第一节　专利权保护的客体 …………………………………………… 27
　　【案例2-1】交通管理规则与技术手段的认定——"交通信号机"复审
　　　　　　　请求案 …………………………………………………… 27
　　【案例2-2】涉及生产计划方法的发明是否构成技术方案——"零件
　　　　　　　生产计划方法"复审请求案 ………………………………… 31

【案例2-3】涉及计算机程序的发明是否构成技术方案——"支付卡处理系统"复审请求案 ·················· 35

【案例2-4】违反国家法律的发明创造不能授予专利权——"游戏机"复审请求案 ·················· 39

第二节 说明书充分公开、必要技术特征 ·················· 41

【案例2-5】说明书应当充分公开所要求保护的技术方案——"红外测温仪的测温方法"复审请求案 ·················· 41

【案例2-6】解决技术问题所必不可少的技术特征是必要技术特征——"防盗锁头"无效宣告请求案 ·················· 44

第三节 新颖性 ·················· 48

【案例2-7】新颖性判断中如何考虑产品权利要求中的用途特征——"金属封条锁定器"无效宣告请求案 ·················· 48

第四节 创造性 ·················· 51

【案例2-8】创造性评价中的技术启示与显而易见性——"电磁式线性指针仪表"无效宣告请求案 ·················· 51

【案例2-9】普遍存在的需求是否构成技术启示——"一种短路检测装置与方法"复审请求案 ·················· 55

第五节 修改 ·················· 58

【案例2-10】将公知常识加入到申请方案中是否导致超范围——"泄漏测试的方法与装置"复审请求案 ·················· 58

第三章 医疗技术领域 ·················· 61

第一节 专利权保护的客体 ·················· 62

【案例3-1】含有材料特征的技术方案是否为实用新型保护的客体——"足浴器"无效宣告请求案 ·················· 62

【案例3-2】外科手术的辅助方法属于疾病治疗方法——"喉罩导气管装置的监控"复审请求案 ·················· 64

【案例3-3】包含疾病治疗目的的方法发明在一定条件下允许放弃式修改——"用于输液设备的光学位移传感器"复审请求案 ·················· 67

第二节 权利要求清楚并得到说明书支持 ·················· 69

【案例3-4】实施例并非权利要求能否得到说明书支持的唯一判断依据——"胰岛素泵"无效宣告请求案 ·················· 69

【案例3-5】瑕疵表述不必然使得专利权利要求的保护范围不确定——"正子放射性药物辐射屏蔽装置"无效宣告请求案 ·················· 73

第三节 新颖性 ·· 75
　【案例3-6】仅体现在用药过程中的效果特征对药物产品权利要求
　　　　　　通常不具有限定作用——"用丁丙诺啡实现持续止痛"
　　　　　　复审请求案 ·· 75
第四节 创造性 ·· 79
　【案例3-7】对方法针对对象的新认识不一定能使方法具备创造性——
　　　　　　"用于循环性巨噬细胞的性质确定和/或分类的方法"复审
　　　　　　请求案 ··· 79
第五节 实用性 ·· 83
　【案例3-8】不能以临床实践的视角看待专利法意义上的"外科手术
　　　　　　方法"——"一种改进的刺入皮肤进行抽血的方法"复审
　　　　　　请求案 ··· 83
　【案例3-9】技术方案具有实用性要求产业上具有再现性——"用于
　　　　　　制造可成形的体内植入物的组合物和方法、以及由此
　　　　　　制造出的植入物"复审请求案 ··· 86
　【案例3-10】从技术方案的整体视角把握权利要求各技术特征之间的
　　　　　　逻辑关系——"静脉留置针止血密封塞"无效宣告
　　　　　　请求案 ··· 89

第四章 分析领域 ·· 93
第一节 专利权保护的客体 ·· 94
　【案例4-1】疾病诊断方法发明的判断——"通过同时测量至少两种
　　　　　　不同分子标记物来提高检测肿瘤及其前体阶段时的临床
　　　　　　特异性的方法"复审请求案 ·· 94
　【案例4-2】以药效测定等主题形式呈现的疾病诊断方法——"用于
　　　　　　监测抗血小板制剂的方法和装置"复审请求案 ······················· 98
第二节 清楚、支持、必要技术特征和公开充分 ····························· 101
　【案例4-3】排除式写法并不必然导致权利要求不清楚——"亲和
　　　　　　反应的化学放大电化学检测方法及其试剂盒"复审
　　　　　　请求案 ··· 101
　【案例4-4】清楚、支持与必要技术特征相关法律条款的竞合——
　　　　　　"一种检查图象以检测缺陷的方法及装置"复审请求案 ··· 104
　【案例4-5】隐藏技术方案的关键内容导致说明书公开不充分——
　　　　　　"危险品持续燃烧试验仪"复审请求案 ································ 107
　【案例4-6】生化检测领域发明创造的充分公开与权利要求得到说明

　　　　　书支持——"通过至少二价的结合选择性结合底物到
　　　　　吸附剂上的方法"复审请求案 ……………………………… 110
　第三节　新颖性 ……………………………………………………… 114
　　【案例 4-7】包含性能和参数特征的产品权利要求新颖性的判断——
　　　　　"用于高级微电子应用的平面化薄膜及其生产装置和
　　　　　方法"复审请求案 ……………………………………………… 114
　第四节　创造性 ……………………………………………………… 118
　　【案例 4-8】已知物质新用途发明的创造性判断——"作为早期 CNS
　　　　　损伤标记物的 τ"复审请求案 ………………………………… 118
　　【案例 4-9】制药用途权利要求不是使疾病的诊断和治疗方法有关发明
　　　　　获得授权的"金钟罩"——"对乙酰氨基苯乙醚用于检测
　　　　　肝脏功能的用途"复审请求案 ………………………………… 121
　　【案例 4-10】已知具有免疫原性的物质在通用免疫测定方案中的
　　　　　应用——"测定被糖化蛋白的免疫分析方法、试剂
　　　　　及其装置"复审请求案 ………………………………………… 125
　　【案例 4-11】对现有技术手段进行公知变换或适应性改型——"电子
　　　　　照相用调色剂"复审请求案 …………………………………… 128
　第五节　修　　改 …………………………………………………… 132
　　【案例 4-12】修改申请文件中存在的错误——"一种利用玉米胚芽
　　　　　提取制备纳米活性物质的方法及其产品"复审请求案 … 132
　　【案例 4-13】单个技术特征的记载与技术方案整体是否超范围——
　　　　　"包含抓持凸缘的保持型针头"复审请求案 ………………… 136
　　【案例 4-14】原始提交的 PCT 国际申请文件的效力与译文错误的
　　　　　改正——"分析装置"复审请求案 …………………………… 139

第五章　其　他 …………………………………………………… 144
　第一节　技术领域 …………………………………………………… 145
　　【案例 5-1】技术领域的确定——"充气糖果"无效宣告请求案 …… 145
　第二节　常用证据形式 ……………………………………………… 148
　　【案例 5-2】报刊杂志类书证——"整屏分段灯光显示计时交通信号
　　　　　灯"无效宣告请求案 …………………………………………… 148
　　【案例 5-3】设计图纸、收据、购销合同和产品宣传册——"法兰式
　　　　　阀门保温套"无效宣告请求案 ………………………………… 151
　　【案例 5-4】实物证据——"MP3 手表"无效宣告请求案 ………… 155
　　【案例 5-5】域外和港澳台地区形成的证据——"可存储及传输数据

　　　　　　的手表"无效宣告请求案 ………………………………… 159
第三节　对比文件和专利文件的理解 …………………………… 161
　【案例5-6】技术方案的正确解读——"电梯专用桥式压力传感器"
　　　　　　无效宣告请求案 ……………………………………… 161
　【案例5-7】权利要求中术语含义的理解——"公路交通柔性安全
　　　　　　护栏"无效宣告请求案 ………………………………… 164
第四节　实用性 …………………………………………………… 168
　【案例5-8】专利产品是否符合使用习惯与实用性不存在因果关系——
　　　　　　"开敞式文胸"无效宣告请求案 …………………………… 168

第一章　光学与影像学技术领域

按照目前审查领域的划分，光学与影像学技术领域的专利申请主要包括以下几个方面：光学（IPC 分类号：G01C 1/00～17/38、G01J、G01W、G02B 5/00～5/32、G02B7/00～27/64、G02C、G03F 3/00～7/24、G03F 9/00～9/02、H01S、F21S）；液晶显示（IPC 分类号：G02F 1/13～1/163）；光学元器件（IPC 分类号：F21H、F21K、F21L、F21V、G02B 1/00～1/02、G02B 1/06～3/14、G02B 6/00～6/14、G02B 6/24～6/54、G02F 1/00～1/125、G02F 1/167～7/00）；电照相（IPC 分类号：G03G 13/00～21/20）；摄影及印片（IPC 分类号：G03B 1/00～42/00、G03B 42/06～43/02、G03D、G03H）。

从专业技术的角度看，光学与影像学的案件主要涉及光学这门自然科学，在此基础上还涉及机械、电学、半导体工艺、化学等学科。光学与影像学的案件，有的比较复杂，技术性很强，比如，涉及光学设计的光学系统（如光学镜头），涉及激光学的光学元器件，涉及物理光学的衍射光栅、偏振器件，等等，要具备比较扎实的专业知识；有的看起来比较简单，主要是对产品结构的改进（如液晶显示器中的背光装置），依靠附图直观易懂，但实际上在涉及争点时不少案件都包含着专业技术知识的理解。案件的技术特点决定了法律适用。光学与影像学技术领域的案件，很少适用关于授权客体的《专利法》第二条、第二十五条，而较多涉及《专利法》第二十二条第二款和第三款的新颖性和创造性，有的涉及《专利法》第二十六条第三款关于公开是否充分，《专利法实施细则》第二十条第二款关于缺少必要技术特征等。此类常见问题，在专利申请的撰写和答复审查意见通知书时，以从专业知识的角度具体分析、论述为好，只泛泛而谈其技术方案的实现及其所达到的技术效果，则往往不具说服力。当然，从审查的角度看，也应是从这个角度论述为好。

本章节仅仅选取了几个典型案例进行分析，仅以有限的几个案例不能完全反映光学与影像学技术领域专利申请的特点，但希望能够给相关人员在发明创造的提出，专利的申请、撰写，意见阐述和审查，以及法律条款的理解和适用方面提供一定的启迪和帮助。

（撰稿人：谢有成）

第一节 说明书充分公开

【案例 1-1】说明书不清楚导致的说明书公开不充分——"变焦透镜"复审请求案

【案情】

专利复审委员会于 2010 年 11 月 17 日作出第 28282 号复审请求审查决定。该决定涉及申请号为 200410095184.0、发明名称为"变焦透镜"的发明专利申请。

变焦透镜通常包括正—负—正—正的四组变焦透镜，第三透镜组包括一组正折射部分和一组负折射部分，通过第三透镜组能够适当地校正易于在广角端状态出现的负的畸变像差。然而常规的变焦透镜没有完全地解决第三透镜组的透镜结构的问题。为此，该申请提供一种变焦透镜，其能够适当地校正随透镜位置的状态改变（从广角端状态到远焦端状态）而引起的多种像差波动。根据该申请的实施方式的变焦透镜能够抑制因第三透镜组 G3 内产生的相互偏心而引起的性能退化。

该申请的变焦透镜如图 1-1 所示，其中 G1～G4 为四个透镜组。

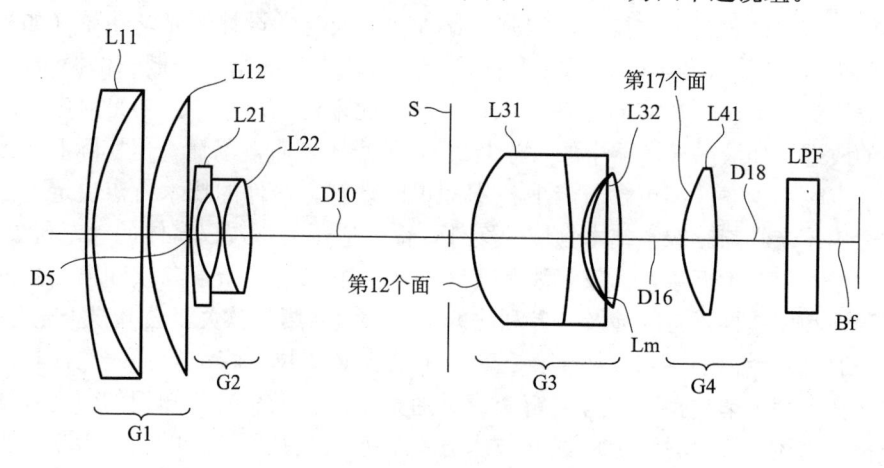

图 1-1　该申请的变焦透镜

根据说明书的记载可知，在该申请中，第三透镜组的结构、参数设置至关重要。对于第三透镜组，说明书记载了需要满足以下公式（1）：

$$4 < (R3a + R3b)/fw \cdot Fnow < 7 \qquad (1)$$

并定义了 R3a 是第三透镜组 G3 最接近物侧的透镜表面的曲率半径，R3b

是第三透镜组 G3 最接近像侧的透镜表面的曲率半径，fw 是整个透镜系统在广角端状态的焦距，Fnow 是在广角端状态的孔径比。

经实质审查，国家知识产权局专利实质审查部门以该申请说明书公开不充分为由驳回了该申请，其驳回的理由之一是：对说明书第 13、16、18 和 21 页的具体实施例部分记载的公式（1）即（R3a＋R3b）/fw·Fnow 的计算结果进行验证，无法得出与这些实施例相同的计算结果，因而该申请对公式（1）的记载是不清楚的，该申请说明书未能对发明作出清楚、完整的说明，不符合《专利法》第二十六条第三款的规定。

申请人对上述驳回决定不服，向专利复审委员会提出了复审请求。申请人认为，驳回决定对于公式（1）的理解有误，在该申请中，R3b 不是审查员所理解的第三透镜组中的透镜 L32 的像侧透镜面的曲率半径，而是配置在第三透镜组中的胶合透镜 L31 的像侧透镜面的曲率半径，据此计算各个实施例可得知说明书中的公式（1）是正确的，因此该申请说明书符合《专利法》第二十六条第三款的规定。

经审查，专利复审委员会作出审查决定，认为：本案争论的焦点在于上述公式（1）中的 R3b 究竟代表哪个透镜表面的曲率半径。由于该申请原权利要求书和说明书在涉及 R3b 的定义时，都是指第三透镜组最接近像侧的透镜表面的曲率半径。而第三透镜组从物侧起包括胶合透镜 L31 和正透镜 L32，依据说明书以及附图 2、6、10 和 14 的记载可知，胶合透镜 L31 和正透镜 L32 从物侧至像侧依次包括第 12、13、14、15 和 16 曲面，其中最接近物侧的曲率半径为第 12 个曲面的曲率半径，最接近像侧的为第 16 个曲面的曲率半径，根据说明书中对 R3a 和 R3b 的上述定义可知，第三透镜组最接近物侧的透镜表面的曲率半径即为第 12 个曲面的曲率半径，第三透镜组最接近像侧的透镜表面的曲率半径即为第 16 个曲面的曲率半径。将该申请涉及的第 12 个曲面和第 16 个曲面的曲率半径值代入公式（1）进行验证，结果如表 1-1 所列。

表 1-1 对该申请中公式（1）的验证结果

	|R3a|	|R3b|	fw	Fnow	(|R3a|＋|R3b|)/fw·Fnow
实施例 1	1.6403	8.9227	1	1.85	5.710（≠说明书中的 5.495）
实施例 2	1.6731	10.1546	1	1.85	6.393（≠说明书中的 5.700）
实施例 3	1.6675	4.6689	1	1.85	3.425（≠说明书中的 6.044）
实施例 4	1.5139	4.6916	1	1.85	3.354（≠说明书中的 5.761）

从表1-1中的数据可知，所述验证结果不同于说明书的实施例中记载的结果（参见表1-1最后一列中的说明），也就是说，从公式（1）无法得到说明书实施例中记载的数值。也即，按照公式（1）的定义，用说明书实施例中给出的R3a和R3b的值进行计算，得到的结果与实施例给出的结果不相同。因此，该申请说明书对公式（1）的描述不清楚，从而说明书给出的制作变焦透镜的技术手段是含糊不清的，本领域技术人员根据说明书记载的内容无法实施，该申请说明书没有对其技术方案作出清楚、完整的说明，不符合《专利法》第二十六条第三款的规定。

据此，专利复审委员会依法作出了维持驳回决定的审查决定。

【评析】

本案涉及说明书公开是否充分的问题。

《专利法》第二十六条第三款规定：说明书应当对发明或者实用新型作出清楚、完整的说明，以所属技术领域的技术人员能够实现为准。

《专利审查指南2010》第二部分第二章第2.1.3节中规定："所属技术领域的技术人员能够实现，是指所属技术领域的技术人员按照说明书记载的内容，就能够实现该发明或实用新型的技术方案，解决其技术问题，并产生预期的技术效果。"

专利申请的说明书用于公开发明创造的技术方案，其各部分内容应该相互协调，达到内在的一致。"具体实施方式"包括对"发明内容"的具体说明、论证。对于涉及参数定义和设置的发明，"具体实施方式"中的实验数据应该支持"发明内容"中给出的参数定义，使得本领域技术人员在阅读说明书后理解其记载的技术方案确实能够实现。因此在"具体实施方式"中对实验数据的说明、采集和验证需要格外的谨慎。

具体到本案，该申请的权利要求和说明书的内容均含有数学式。数学式本身具有描述的精确性，但也具有抽象性。因此，在说明书中，不但应当给出足够的实验数据，而且要求实验结果和数学式的表达相一致。只有所有的实验数据通过了数学式的验证，得到了预期的结果，才能认为说明书对该申请作出了清楚、完整的说明。该申请中，对于涉及发明关键的第三透镜组G3的参数设置的公式，实验结果和数学式的表达不一致，对于本领域技术人员来说，无法确定第三透镜组G3的具体参数设置，因此该手段是含糊不清的。根据说明书记载的内容将无法实现该发明的技术方案，并解决其技术问题、产生预期的技术效果。因此该申请很难具备授权前景。这就要求在撰写申请文件时，对说明书的撰写要以本领域技术人员能够实现为首要目的，要特别注意对数学式中的参数及其条件进行严谨、准确的说明，并要求实验数据与定义的数学式在实际结果与理论值上达到统一。

（撰稿人：张宝瑜）

【案例 1-2】 说明书中给出的技术手段含糊不清导致的公开不充分——"液晶显示装置及其显示方法"复审请求案

【案情】

专利复审委员会于 2010 年 1 月 15 日作出第 21737 号复审请求审查决定。该决定涉及申请号为 200510091773.6、名称为"液晶显示装置及其显示方法"的发明专利申请。

该申请请求保护一种用于改善二维/三维视野的液晶显示装置及其显示方法。根据说明书的记载，在现有技术中，利用电机方法进行修正或调整的机械可调式结构的调整手段复杂、不可靠、准确度与稳定度低，且仅可在将观看者欲停留的位置/角度的信息正确输入的情况下应用。该申请针对该问题，选择本身具有可调整特性的组成材料作为可调整结构单元，或再结合现有的机械结构的方式，利用该可调整式结构单元实现精确控制光导单元与感光单元之间的距离，由此提供最佳化的二维/三维视野效果。

该申请示例可参见图 1-2。

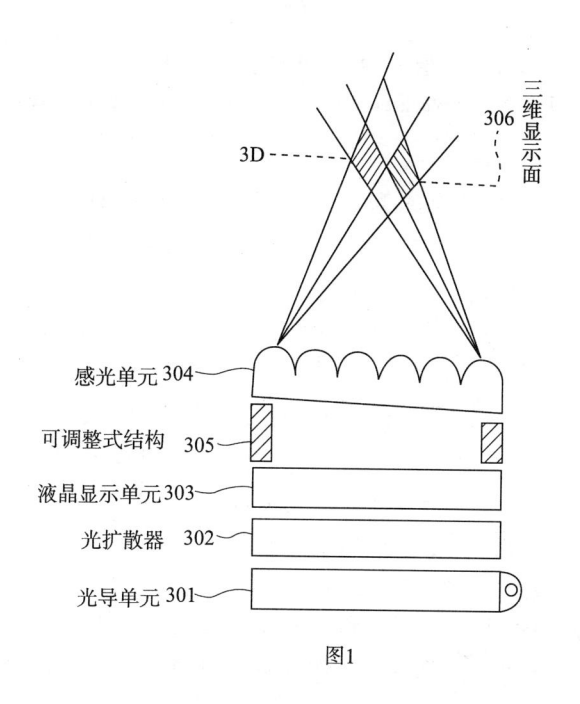

图1

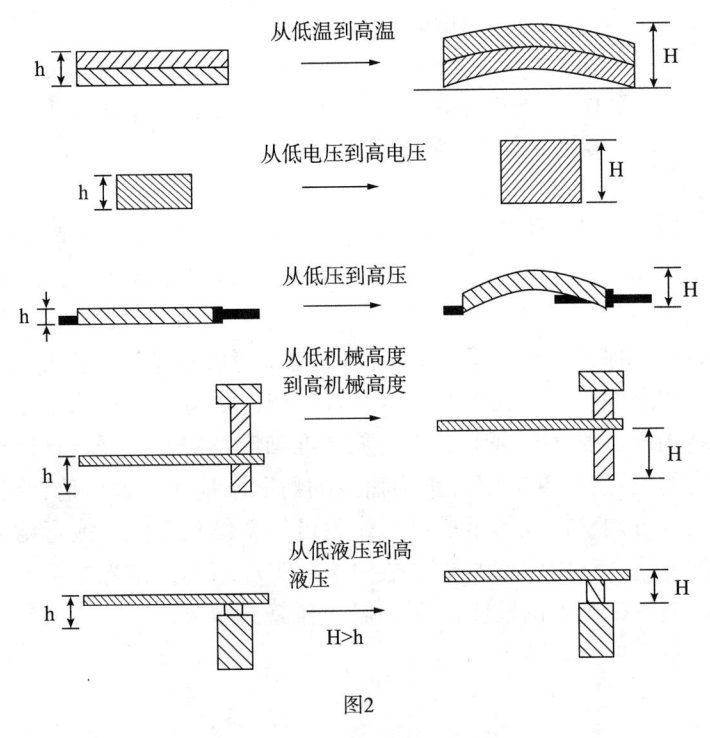

图1-2 该申请说明书附图

图1：具有可调整式结构的液晶显示装置；图2：几种调整可调整式结构的方式，由此使得可调整式结构上下的模块在空间距离上移动。

在实质审查过程中，国家知识产权局专利实质审查部门以该申请说明书不符合《专利法》第二十六条第三款的规定为由作出驳回决定。其理由是：该申请说明书没有清楚完整地说明可调整式结构单元具体由什么材料形成，怎样根据温度、电压等外界条件发生相应的改变，进而达到细微调整光导单元与感光单元之间的距离，致使所属技术领域的技术人员不能实现。

申请人对上述驳回决定不服，向专利复审委员会提出了复审请求，未对申请文件作出修改，同时提交附件1（US6246157B1）和附件2（US5442167A）来证明采用压电材料实现精确的线性变化是本领域的现有技术，且认为其他外加应变的线性调整方式也是本领域技术人员根据现有技术和说明书公开的内容能够实施的，该发明是具体可行的。

对于上述复审请求，专利复审委员会发出复审通知书，在重申国家知识产权局专利实质审查部门的驳回决定意见的基础上，认为附件1和附件2不能证明该发明具体可行。

第一章　光学与影像学技术领域

对此，申请人对权利要求书作出了修改，同时陈述了该申请说明书公开充分的理由：该申请说明书背景技术中所述的美国专利 US6377295 公开了电机及机械传动的可调整式结构单元如何调整光导单元与感光单元之间的距离、该可调整式结构单元的设置位置及其显示原理。该申请所述的调整原理与其背景技术相近似，仅是将可调整式结构单元的调整结构由结构复杂的电机变成了具有可调整特性的材料，附件1和附件2公开了具有可调整特性的材料，这种材料属于现有技术。因此，在该申请说明书公开了可调整结构的设置位置和材料特性的情况下，本领域技术人员结合附件1和附件2可以实施该发明并实现其目的，该申请说明书公开充分。

经过上述审查过程，专利复审委员会依法作出复审决定，认为：该申请请求保护一种用于改善二维/三维视野的液晶显示装置及其显示方法，其要解决的技术问题是：现有的液晶显示装置无法在无须考虑观看者距离显示装置远近的情况下仍能维持高质量的画面。根据说明书的记载，该申请针对上述问题，选择本身具有可调整特性的组成材料作为可调整结构单元，或再结合现有的机械结构的方式，通过精确的控制光导单元与感光单元之间的距离，以提供最佳化的二维/三维视野效果。其中，组成材料的特性包括电性、膨胀特性、温度特性、压力特性。但是该申请说明书中没有记载具有上述特性的组成材料的具体成份和结构，以及如何在液晶显示装置中应用这种材料、使之与液晶显示装置中的各部件配合来实现精确地控制光导单元与感光单元之间的距离，达到最佳化的二维/三维视野效果，即对于本领域技术人员来说，说明书中给出的这种技术手段是含糊不清的，根据说明书记载的内容无法具体实施这种可调整式的结构单元，以达到所述技术效果，从而无法解决该申请所要解决的技术问题。此外，申请人提交的附件1和附件2公开的材料仅仅是粗略地膨胀和收缩来改变其长度，并没有达到该发明所要求的可以精确地控制其长度的目的，并且附件1和附件2也没有公开这种材料与液晶显示装置整合使用的内容。因此，该申请说明书没有对发明做出清楚、完整的说明，公开不充分，不符合《专利法》第二十六条第三款的规定。综上所述，专利复审委员会依法作出了维持驳回决定的复审决定。

【评析】

本案涉及说明书公开是否充分的问题。

《专利法》第二十六条第三款规定："说明书应当对发明或者实用新型作出清楚、完整的说明，以所属技术领域的技术人员能够实现为准。"

《专利审查指南2010》第二部分第二章第2.1.3节中规定："所属技术领域的技术人员能够实现，是指所属技术领域的技术人员按照说明书记载的内容，就能够实现该发明或实用新型的技术方案，解决其技术问题，并且产生预期的技术效果。"

《专利审查指南2010》第二部分第二章第2.1.3节罗列了由于缺乏解决技术问题的技术手段而被认为无法实现的5种情形，其中情形（2）是，说明书中给出了技术手段，但对所属技术领域的技术人员来说，该手段是含糊不清的，根据说明书记载的内容无法具体实施。

对于本案而言，其焦点在于：本领域技术人员是否可以简单地将现有技术中随着电压的变化膨胀、收缩的压电材料，替换该申请背景技术中提到的现有液晶显示装置中使用的电机或机械调整手段，作为可调整式结构单元来调整光导单元和感光单元之间的距离，在实现该申请所声称的无须考虑观看者距离显示装置远近的情况下，能精确地线性控制所述材料形变，维持高质量的画面的技术效果。

该申请说明书背景技术中的可调式结构单元是机械结构，而该申请请求保护的可调式结构单元是具有可调整特性的材料，这类材料具有在例如温度、电压和压强等某一外界因素变化的情况下产生形变以实现其可调整的特性。因此，其与液晶显示装置内部各部件的连接方法与背景技术中机械结构与液晶显示装置内部各部件的连接方法必然是不相同的，也就是说，本领域技术人员无法确定把具有这种特性的材料直接按照背景技术中公开的机械结构与液晶显示装置内部各部件的连接方式进行连接就能实现该申请说明书中所述的效果。此外，附件1和附件2公开的仅是压电材料可以膨胀和收缩来改变其长度，其所公开的内容并没有达到该申请中所要求的可以精确地控制其长度，即可以精确地控制光导单元与感光单元之间的距离的目的。并且，根据附件1和附件2公开的内容，本领域技术人员也不能知晓如何将附件1和附件2的内容应用到该申请中实现该申请请求保护的技术方案。因此，在该申请没有公开如何筛选这种材料、如何设置这种材料、如何将这种材料与液晶显示装置中的其他部件配合的情况下，本领域技术人员不能实施该发明，该申请说明书公开不充分，不符合《专利法》第二十六条第三款的规定。

值得一提的是，本案涉及为证明说明书公开充分而提交证据的问题。在本案中，申请人仅提供了压电材料可以形变属于现有技术的证据，没有提交这种材料可以线性地精确控制形变、以及如何将这种材料与其他部件整合属于现有技术的证据。然而，当申请人提供的证据澄清了所述技术手段含糊不清的问题，并说明该技术手段属于现有技术时，该申请又在很大程度上存在其技术方案相对申请人提交的上述证据不具备创造性的可能性——当证明了在说明书中没有记载的公开不充分的发明点实际上是因为属于现有技术而不需要详细记载时,该发明点属于现有技术的发明自然很难具有非显而易见性。因此,这些申请很难具备授权前景。这就要求在撰写专利申请文件时,对说明书的撰写要以本领域技术人员能够实现为首要目的,以免日后使专利申请处于两难的尴尬境地。

(撰稿人:陈力)

第二节 新 颖 性

【案例 1 - 3】新颖性判断中现有技术的选择使用以及上下位概念的适用——"导光板及使用该导光板的背光模组"复审请求案

【案情】

本案涉及申请号为 200510037358.2、发明名称为"导光板及使用该导光板的背光模组"的发明专利申请。

2009 年 6 月 26 日,国家知识产权局专利实质审查部门作出驳回决定,其理由之一为对比文件 1(CN1199864A)的图 3~4(见本书图 1-4,下同)所示的实施例部分公开了该申请权利要求 1 的技术方案,因此权利要求 1 相对于对比文件 1 不具备新颖性,不符合《专利法》第二十二条第二款的规定。

驳回决定所针对的独立权利要求 1 如下:

"1. 一导光板,其包括一底面及一反射层,该导光板底面设置有多个网点,其特征在于:该反射层形成在该底面及该网点表面。"

申请人对上述驳回决定不服,向专利复审委员会提出复审请求,同时修改了权利要求书,其中将权利要求 1 中的"反射层形成在该底面及该网点表面"进一步限定为"反射层形成在该底面的表面及该网点表面"。申请人认为,修改后的权利要求 1 中,反射层表面与网点的表面及没有形成网点区域的底面直接接触,彼此之间没有任何间隙,也即:该反射层形成在底面的表面及网点表面;而对比文件 1 中,反射纸是平板型膜片,印刷网膜夹于反射纸与该网点及压克力板底面之间,所以反射纸没有直接接触该网点及压克力板底面,因此该申请权利要求 1 相对于对比文件 1 具备新颖性。

专利复审委员会进行了复审。在第一次复审通知书中,指出该申请权利要求 1 相对于对比文件 1 不具备新颖性。在评述权利要求 1 不具备新颖性时,引用了对比文件 1 背景技术中公开的技术方案:背光板包括透明压克力板,该透明压克力板的上表面是发光面,并具有对应于发光面的下表面,藉由网板印刷的方式将网点印刷在透明压克力板的下表面,网点以相等间距排列,并自邻近光源处向远离光源处由小变大,且形成辐射状,在透明压克力板的下表面黏贴上一层双面胶，在双面胶上黏贴上一层反射纸。根据对比文件1公开的内容可知，网点印刷在透明压克力板的下表面上，反射纸黏贴在该下表面上，因此，该反射纸既形成在透明压克力板的下表面上也形成在网点的表面上。由此可见，该申请权利要求1的全部技术特征已经被对比文件1公开，且二者属于相同的技术领域，解决相同的技术问题，并具有相同的技术效果，因此，该申请权利要求1相对于对比文件1不具备新颖性，不符合《专利法》第二十二条第二款的规定。

申请人针对第一次复审通知书进行了答复和修改，并在专利复审委员会发出第二次复审通知书之后逾期未答复，本案视为撤回。

【评析】

本案例涉及的是权利要求请求保护的技术方案是否具备新颖性的问题。

就本案的第一次复审通知书而言，主要涉及：

1. 对比文件公开的技术方案的竞择

第一次复审通知书针对的权利要求1为："1. 一导光板，其包括一底面及一反射层，该导光板底面设置有多个网点，其特征在于：该反射层形成在该底面的表面及该网点表面。"

根据该申请说明书的记载，其相对于现有技术的改进在于，在导光板底面的表面上直接设置有多个网点，且该网点与导光板为一体的，通过印刷方式将反射材料印刷在导光板的底面以形成反射层。另外，说明书中指出反射层还可以采用贴纸及喷雾方式形成在该底面上。可见，在该申请中，导光板底面上具有网点区域和没有形成网点的区域，在采用贴纸的情况下，反射层与网点及导光板底面上没有形成网点的区域之间不存在除了胶粘之外的其他膜层。如图1-3所示。

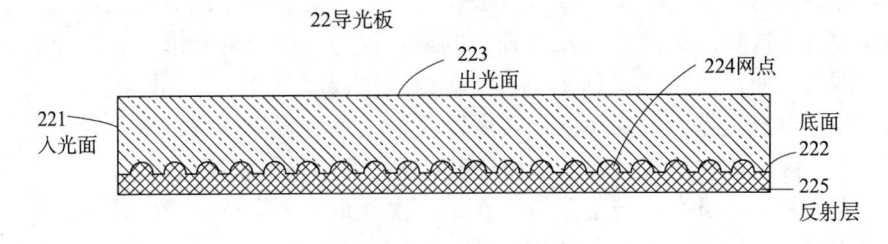

图1-3 该申请示意图

对比文件1的实施例中公开了如下技术方案：透明压克力板、具有多个网点的印刷软网膜和反射纸是依次黏固的，也就是说，反射纸与网点及透明压克力板之间存在除了胶粘之外的印刷网膜的膜层。如图1-4所示。

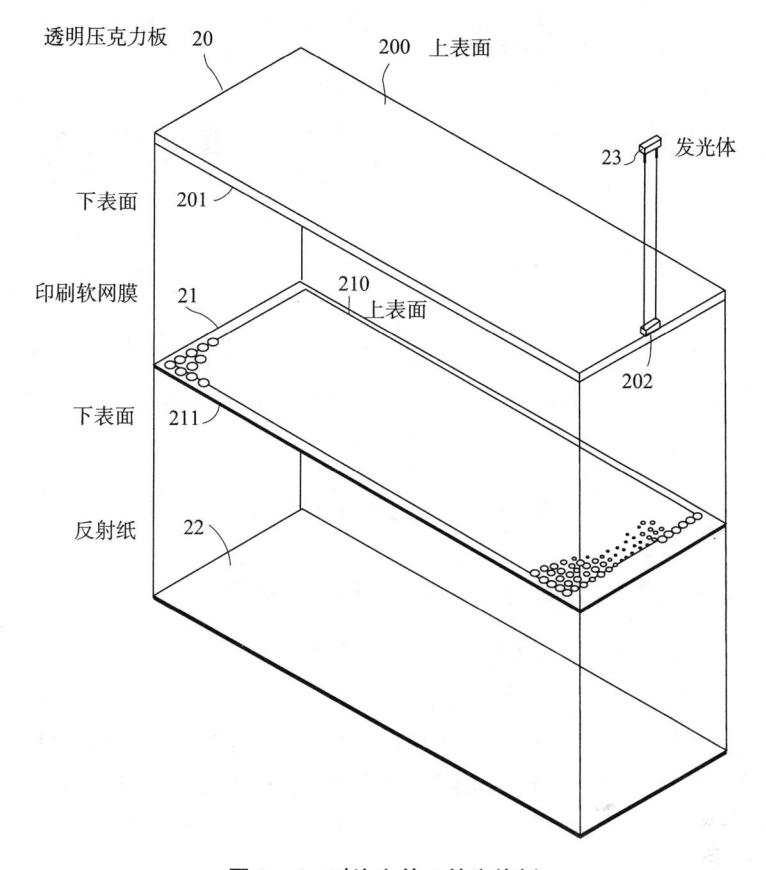

图 1-4 对比文件 1 的实施例

对比文件 1 在背景技术中公开了如下技术方案：藉由网板印刷的方式将网点印刷在透明压克力板的下表面，反射纸通过双面胶黏贴在该下表面上。可见，在对比文件 1 的背景技术公开的技术方案中，反射纸与网点及透明压克力板上没有形成网点的区域之间不存在除了胶粘之外的其他膜层。如图 1-5 所示。

根据上述情况，专利复审委员会发出第一次复审通知书，其中认为，虽然对比文件 1 的实施例和对比文件 1 的背景技术均是要将反射纸黏固在网点之下，但由于对比文件 1 的实施例是将网点印刷在印刷网膜上，再将印刷网膜黏固到透明压克力板的下表面，而对比文件 1 的背景技术中是将网点直接印刷在透明压克力板的下表面，因此，从其网点形成的方式而言，对比文件 1 的背景技术更接近该申请的技术方案，因而对于该申请而言，使用对比文件 1 的背景技术来评述该申请的新颖性更为合适。

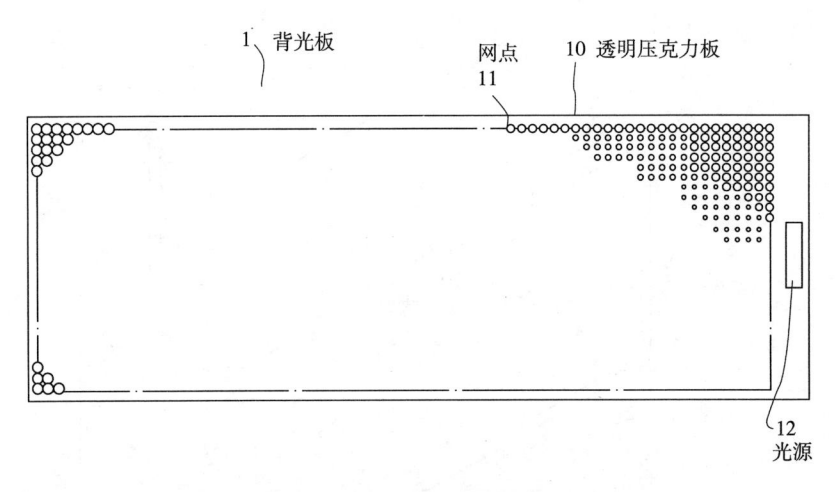

图 1-5　对比文件 1 的背景技术

2. 具体（下位）概念与一般（上位）概念

《专利审查指南 2010》第二部分第三章第 3.2.2 节规定，如果要求保护的发明或者实用新型与对比文件相比，其区别仅在于前者采用一般（上位）概念，而后者采用具体（下位）概念限定同类性质的技术特征，则具体（下位）概念的公开使一般（上位）概念限定的发明或者实用新型丧失新颖性。

就本案而言，在所引用的对比文件 1 的背景技术中，透明压克力板及其下表面分别对应于权利要求 1 的导光板及其底面，其中的多个网点、反射纸分别对应于权利要求 1 的多个网点、反射层。此外，权利要求 1 只是限定了"导光板底面设置有多个网点""反射层形成在该底面及该网点表面"，也即导光板底面与网点之间为"设置"，反射层与底面及网点表面之间为"形成"，而并未限定它们之间具体的设置或者形成方式，也即是以上位概念来限定权利要求的。而对比文件 1 背景技术中公开的是藉由网板印刷的方式将网点印刷在透明压克力板的下表面、反射纸黏贴在该下表面。显然，对比文件 1 公开的"印刷""黏贴"分别是权利要求 1 的"设置""形成"的具体（下位）概念。因此，可以适用《专利审查指南 2010》的上述有关上下位概念破坏新颖性的规定，从而得出该申请权利要求 1 相对于对比文件 1 不具备新颖性的结论。

对专利申请而言，申请人总是希望获得最大的保护范围，因而往往以上位概括的方式撰写权利要求，这很容易造成权利要求相对现有技术不具备新颖性。这就要求申请人在撰写权利要求时，要进行合理、适当的概括，同时为可能的保护范围的缩小做好预期的准备，比如在从属权利要求中作出进一步的下位限定。

（撰稿人：马燕）

第三节 创 造 性

【案例 1-4】 相同领域中不同类型产品之间技术启示的判断——"背光模块和扩散模块及其扩散板"复审请求案

【案情】

专利复审委员会于 2008 年 12 月 2 日作出第 15250 号复审请求审查决定。该决定涉及申请号为 200510113362.2、发明名称为"背光模块和扩散模块及其扩散板"的发明专利申请。

该申请涉及一种用于液晶显示器中的背光模块。现有技术中，液晶显示器用的背光模块 10 包括框体 11、扩散板 12、光学膜片 13 及夹持部 14，其结构通常为将扩散板 12 和光学膜片 13 依次置放在框体 11 中，再利用夹持部 14 将扩散板 12 和光学膜片 13 夹持固定（参见图 1-6）。该技术手段存在如下缺陷：如果夹持部 14 对光学膜片 13 的夹持力太大，可能造成光学膜片 13 的损伤；如果夹持力不足，则在液晶显示器背光模块 10 立起来使用时，光学膜片 13 可能会产生位移，导致显示效果变差。

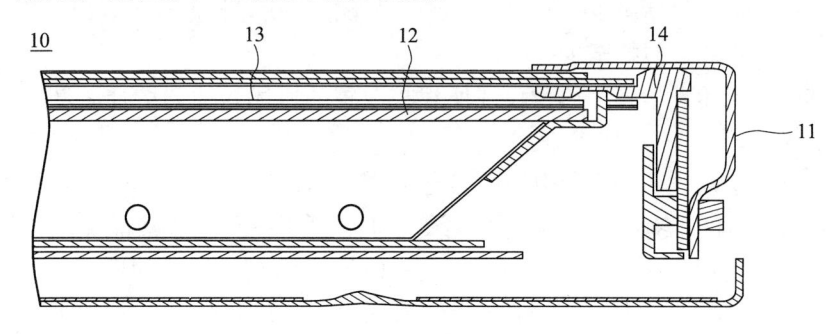

图 1-6 现有技术的背光模块

为此，该申请提出了一种背光模块（参见图 1-7），其包括扩散板 21 和光学膜片 22，其中扩散板 21 上设置有与扩散板一体成形的悬挂部 211、212、214、215，光学膜片 22 上形成有与所述悬挂部 211、212、214、215 对应的孔 221、222、223、224，通过扩散板 21 上的悬挂部与光学膜片 22 上的孔的结合，使光学膜片 22 固定在扩散板 21 上。这样就避免了使用夹持部对光学膜片进行夹持时存在的夹持力过大或过小所产生的缺陷。

· 13 ·

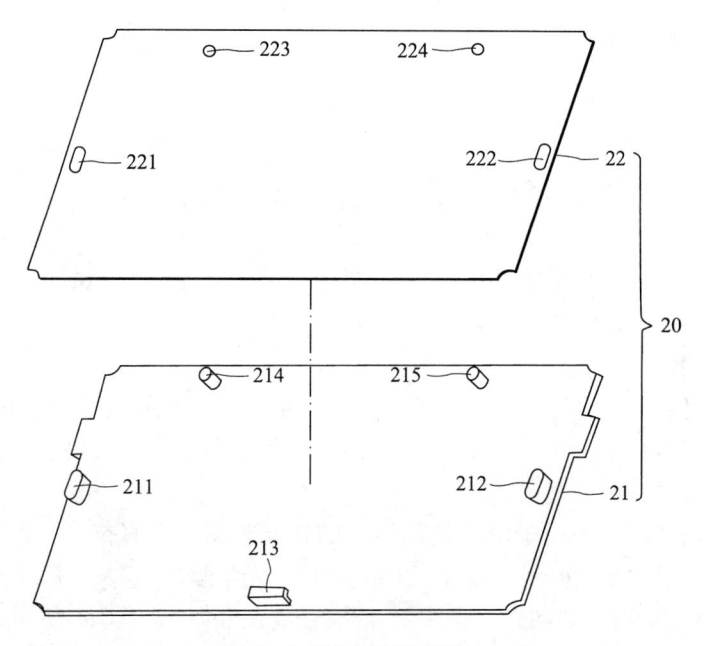

图1-7 该申请背光模块

复审决定所针对的权利要求1的内容如下：

"1. 一种背光模块，包括有：

一扩散板，包括至少一悬挂部，其一体形成在所述扩散板上；以及

一光学膜片，包括至少一孔；

其中，所述光学膜片通过设在所述扩散板的所述悬挂部结合而悬挂在所述扩散板上。"

复审决定以驳回决定所引用的对比文件1（KR2005-0006548A）作为与该申请最接近的现有技术，认定对比文件1公开了一种用于液晶显示器的背光模块，其包括：一导光板300，其上一体地形成有一柱状的固定凸起310（相当于权利要求1中的悬挂部）；光学膜片400，其上形成有一固定孔410；光学膜片400通过其上的固定孔410与导光板300上的固定凸起310相结合而固定在导光板300上（参见图1-8、1-9，其中图1-8为俯视图，图1-9为截面图）。该申请权利要求1与对比文件1的区别在于，权利要求1中限定的是扩散板，而对比文件1中公开的是导光板。

本案争议的焦点在于对比文件1公开的背光模块的类型与该申请不同，对比文件1中具有导光板的背光模块为侧光式背光模块，而该申请中具有扩散板的背光模块为直下式背光模块，因此将对比文件中侧光式背光模块中导

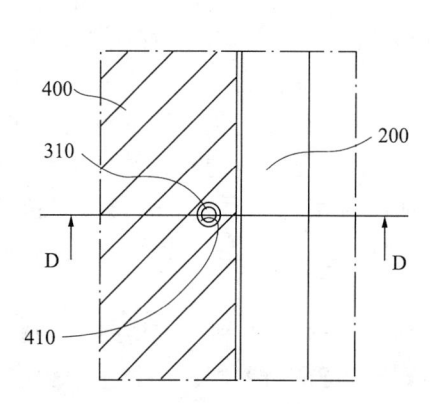

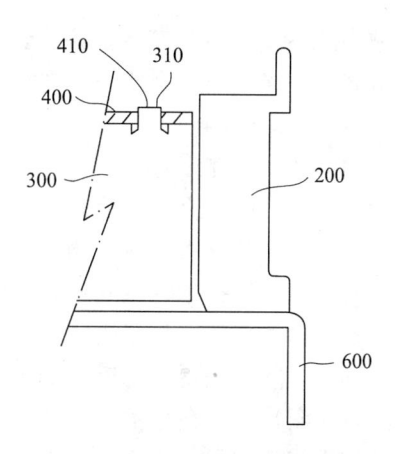

图 1-8　对比文件 1 背光模块俯视图　　图 1-9　对比文件 1 背光模块截面图

光板与光学膜片结合的方式应用到该申请中的直下式背光模块中对于本领域技术人员是否是显而易见的。

对此，复审决定认为：该申请与对比文件 1 均为背光模块领域，侧光式与直下式属于背光模块中两种具体的模式，本领域技术人员在某一模式的背光模块中遇到问题时有动机从另一模式的背光模块中寻找解决的办法。况且，对比文件 1 中导光板 300 与光学膜片 400 的结合方式和该申请中扩散板与光学膜片的结合方式并不依赖于背光模块中光源的设置方式是侧光式还是直下式，与所结合的光学膜片的具体功能也不直接相关，因此将对比文件 1 侧光式背光模块中的导光板与光学膜片结合的方式适应性地移植到直下式背光模块中是容易想到的。其次，对比文件 1 中导光板 300 与光学膜片 400 结合的方式及其达到的技术效果与该申请权利要求 1 中的相同，而导光板与扩散板又都是背光模块中常见的光学元件且在背光模块中常与其他光学片结合，因此对比文件 1 中给出了将侧光式背光模块中导光板与光学膜片结合的方式应用到直下式背光模块中的技术启示，从而能够显而易见地获得该申请权利要求 1 的技术方案，因此该申请权利要求 1 相对于对比文件 1 不具备创造性，不符合《专利法》第二十二条第三款的规定。

基于上述理由，复审决定维持了国家知识产权局专利审查部门作出的驳回决定。

【评析】

本案涉及同一技术领域中不同类型产品之间的技术启示的判断问题。本案中，该申请涉及液晶显示器的背光模块，而对比文件公开的也是一种液晶显示器的背光模块，两者属于相同的技术领域。但是，两者又属于相同技术领域中的不同类型的产品,该申请为直下式背光模块,而对比文件中公开的是侧光式背光模块。因此需要判断这两种类型的产品之间是否存在技术启示。

首先,对于相同技术领域中的不同类型的产品而言,由于它们属于同一行业内的产品,在工业生产中,这些产品的技术研发、生产制造等均由同一行业内的企业或研究机构完成。因此,作为这个行业内的本领域技术人员能够很容易地知晓相关产品的相关技术并加以应用,在面对一个技术问题时,也就有动机到该技术领域的相同类型或者其他类型的产品中去寻找技术启示,与其他技术领域的产品相比较更容易获得启示。

其次,除了获得技术启示的可能性以外,根据《专利审查指南 2010》的规定,判断是否存在技术启示还需要从该技术特征所要解决的技术问题或所起的作用是否相同这方面去考量。具体到本案,该申请和对比文件均为液晶显示器的背光模块,虽然该申请为直下式背光模块,对比文件为侧光式背光模块,两者的光源设置方式并不相同,但该申请所要解决的技术问题或发明目的并不在于光源的设置问题,而是在于背光模块中光学膜片的固定问题。而无论是该申请还是对比文件中,其背光模块均需要涉及对光学膜片的固定问题,且其中光学膜片的设置方式是相同的,因此对于这些产品中的通用部件来说,本领域技术人员完全可以直接地将对比文件中产品的通用部件设置方式应用于该申请所述类型的产品中。由于对比文件中在导光板上设置固定凸起,在光学膜片上设置孔,通过光学膜片上的孔与导光板上的凸起相配合的方式固定光学膜片的技术手段所要解决的技术问题与该申请所要解决的技术问题相同,都是通过悬挂的方式固定光学膜片,能够避免采用夹持光学膜片的方式时由于夹持力不易控制所产生的对显示器显示效果的不利影响,两者所起作用相同。因此,复审决定认为对比文件给出了相应的技术启示,从而获得该申请权利要求的技术方案是显而易见的。

(撰稿人:关刚)

【案例 1-5】 同一份对比文件中给出的技术启示的认定——"应用于平面显示器上的储存电容结构及其形成方法"复审请求案

【案情】

专利复审委员会于 2008 年 3 月 12 日作出第 12774 号复审请求审查决定。该决定涉及申请号为 02131873.5、发明名称为"应用于平面显示器上的储存电容结构及其形成方法"的发明专利申请。

现有的液晶显示器在其存储电容值太小时画面容易产生闪烁及串音等现象,因此需要维持足够的存储电容值。平行板电容的电容值与电极面积呈正相关($C=\varepsilon A/d$,ε 为介电层的介电系数,A 为电极面积,d 为电极间距),但如果通过增加上下电极层的长宽来增加电容上下电极的面积,则会降低液晶面板的开口率。该申请通过对原始下电极进行一光罩微影蚀刻制造过程,形成具有凹凸结构的下电极层32,然后再依序覆盖一介电层33与一上电极层34,最后形成如图1-10所示的储存电容构造。如此,具有凹凸结构的该下电极层32将导致有效的电极面积增加,进而达到增加储存电容值、但不会减少液晶受控的透光区域面积的目的。

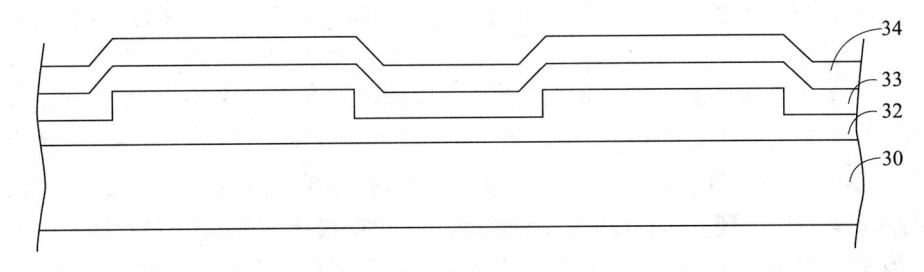

图1-10 该申请电容器结构

经实质审查,国家知识产权局专利实质审查部门以该申请权利要求1~10相对于对比文件1(US6063661A)和公知常识的结合不具备《专利法》第二十二条第三款规定的创造性为由,对该申请作出了驳回决定。

驳回决定所针对的独立权利要求1如下:

"1. 一种应用于平面显示器上的储存电容结构,其特征在于,该储存电容结构包括:

一下电极层,其上表面具有经过光罩微影蚀刻制造过程所形成的凹凸结构;

一介电层,覆盖于该下电极层的上表面;以及

一上电极层,覆盖于该介电层之上。"

对比文件1公开了一种形成动态随机存取存储器(DRAM)的堆栈储存电容器的方法以及利用该方法形成的电容器,该电容器包括:一下电极层(图1-11中位于SiO_2层上的层),该下电极的上表面经磷酸溶液蚀刻后具有凹凸不平的表面,一介电层(图1-11中位于下电极层上的层)覆盖于下电极层上,一上电极层(图1-11中最上的多晶硅层(Poly-Si))位于介电层之上。

申请人向专利复审委员会提出复审

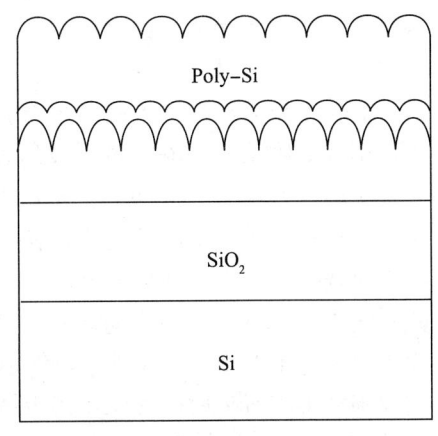

图1-11 对比文件1电容器结构

请求，认为：（1）本申请形成凹凸结构所采用的"光罩微影蚀刻"和对比文件1形成凹凸结构所采用的"磷酸溶液蚀刻"的处理工艺是完全不同的，造成了凹凸结构在形状、分布等物理特性上的本质区别；对比文件1中经磷酸蚀刻处理后的单层多晶硅的电容值小于未经蚀刻处理的电容值，其通过在电容电极的表面上形成凹凸的三维结构来增大电容电极的表面积并不一定能够增大电容值，且对比文件1的重点不在磷酸蚀刻而在双层多晶硅，因此本领域技术人员并不会认为仅选择不同的蚀刻方法即达到其要求。（2）该申请和对比文件1形成的凹凸结构在微观尺寸上不同，对比文件1公开的方法还存在诸多缺陷，因此两者在构思上存在显著区别；该申请对于"在减小电容尺寸的情况下不减小电容甚至于还可以增大电容"带来了预料不到的效果，即该申请可以预测增加的电容，而对比文件1即便严格地控制磷酸溶液的浓度、温度、时间仍然不能达到上述有益效果。据此认为该申请权利要求具备创造性。

经过复审，专利复审委员会作出复审决定，复审决定认为：该权利要求1与对比文件1中的一个实施方案相比，其区别在于：权利要求1要求保护的电容结构的下电极上的凹凸结构是经过光罩微影蚀刻制造过程形成的。但是，该申请中的光罩微影蚀刻法也即光刻法，在对比文件1的另一实施方案中公开了利用光刻法来定义顶部多晶硅电极区域的方法，因此对比文件1公开了可以应用光刻法对存储电容电极形状进行蚀刻而获得相同的蚀刻效果，也即表明使用磷酸蚀刻法还是光刻蚀刻法对于本领域技术人员来说是一种常规选择。因此，权利要求1不具备创造性。

对于申请人的意见，复审决定认为：（1）对比文件1中记载了通过磷酸蚀刻增加电极的面积来增大电容值这一思路，在此基础上，面对蚀刻单层多晶硅层电容值增大效果不好的情况，对比文件1采取了将单层多晶硅层换作双层多晶硅层作为磷酸蚀刻的对象，也就是说对比文件1公开的通过用磷酸对多晶硅层表面进行蚀刻，从而增加电极的面积来增大电容值是可以实现的，其现有技术部分也列举了很多现有技术的文献证明该领域一直是通过在电极表面形成三维结构增加电容电极的表面积来增大电容值。并且对比文件1还公开了另一种本领域公知的蚀刻电容电极的方式即光刻法。也即对比文件1给出了选择磷酸蚀刻法还是光刻法的技术启示，本领域技术人员根据该启示有动机选择光刻法来蚀刻电容电极。（2）该申请权利要求1采用光罩微影蚀刻工艺来蚀刻电极层的表面，其对光刻工艺本身并未有任何的改进，对比文件1也公开了采用光刻技术来对电极的表面进行蚀刻，在此情况下对比文件1与权利要求1所采取的技术手段并无不同，因此其所实现的功能、产生的效果也必然相同，并且同样能够对凹凸结构的形状和面积进行有效地控制。因此，复审请求人的理由不成立，维持国家知识产权局作出的驳回决定。

【评析】

本案所涉及的是同一份对比文件中是否给出了技术启示的问题。

根据《专利审查指南2010》的规定，对于一项权利要求相对于最接近的现有技术所具有的区别特征来说，在以下情况下通常认为现有技术中存在技术启示：（1）区别特征为公知常识；（2）区别特征为与最接近的现有技术相关的技术手段（例如被同一份对比文件的其他部分披露且所起作用相同）；（3）区别特征为另一份对比文件中披露的相关技术手段，且其在该对比文件中所起的作用与在该权利要求中所起的作用相同。

在这里，后两种情形中所披露的技术手段实际上也可能就是本领域的公知常识，即上述第（1）种情形和第（2）种情形以及第（3）种情形存在重叠。《专利审查指南2010》中仅示例性地给出了上述3种情形，并没有规定在各情形之间存在重叠时应当优先适用哪种情形；但无论是那种情形，只要符合其中的一种情形，就存在技术启示。但对于第（1）种情形，如果没有提供证据，则不容易被人接受。

在本案中，驳回决定中提供一些专利文件作为证据来佐证所述区别特征是本领域中的惯用手段，但申请人对于对比文件和上述惯用手段的结合持有异议。在复审程序中，面对申请人的意见，复审决定从对比文件1本身出发，阐述了对比文件1已经从整体上给出了启示：首先，对比文件1在其现有技术部分列举了很多现有技术的文献证明该领域一直是通过在电极表面形成三维结构增加电容电极的表面积来增大电容值，这实际上就是该申请所采取的技术手段的原理或者说是构思。虽然对比文件1中主要公开的是"磷酸溶液蚀刻"，但蚀刻的最终目的也就是要增加电容电极的表面积来增大电容值，因此对比文件1和该申请在构思上是一致的，不存在显著区别。其次，对比文件1本身在另一实施方案中就公开了利用光刻法来定义顶部多晶硅电极区域的方法，即对比文件1中就教导了可以应用光刻法对存储电容电极形状进行蚀刻，因此给出了选择磷酸蚀刻法或光刻蚀刻法的技术启示。由于出自同一份对比文件，其技术构思通常是一致的，技术方案也具有更多的相似性，因而对于将这两者结合来论述更容易被接受。

（撰写人：王灿）

【案例1-6】 制造方法不同产生的产品结构差异的创造性判断——"多晶硅层结构与其形成方法以及平面显示器"复审请求案

【案情】

专利复审委员会于2009年6月23日作出第17681复审决定。该决定涉及申请号为 200410069995.3、名称为"多晶硅层结构与其形成方法以及平面显示器"的发明专利申请。

使用多晶硅薄膜晶体管（TFT）作为有源元件的有源阵列型平面显示器包括显示区域和驱动电路区域，其中驱动电路区域需要电路开关速率越快越好，这样的特性需要多晶硅薄膜具有较大的晶粒尺寸；而显示区域需要有较小的漏电流，则需要多晶硅薄膜具有较小的晶粒尺寸。现有技术中通常对驱动电路区域和显示区域的多晶硅薄膜进行分开处理，导致元件的成品率较低。

该申请要提供一种可以同时形成具有不同晶粒尺寸区域的多晶硅层。采用如下技术方案：在从非晶硅层形成多晶硅层 130 的过程中，在基材 100 形成具有第一非晶硅层区域（对应驱动电路区域 1）和第二非晶硅层区域（对应显示电路区域 2），使第一非晶硅层的厚度小于第二非晶硅层的厚度（参见图1-12），通过激光晶化法（利用激光照射非晶硅层，使非晶硅熔融化再结晶形成多晶硅），施加相同能量的激光，由于第一非晶硅层的厚度小于第二非晶硅层，所对应形成的第一多晶硅层就具有较大的晶粒尺寸，第二多晶硅层具有较小的晶粒尺寸。

该申请权利要求 1 为："1. 一种多晶硅层结构，包括：一第一多晶硅层以及一第二多晶硅层，其中该第一多晶硅层的厚度小于该第二多晶硅层的厚度，且该第一多晶硅层的晶粒尺寸大于该第二多晶硅层的晶粒尺寸，其中该第一多晶硅层位于一驱动电路区中且该第二多晶硅层位于一显示区中。"

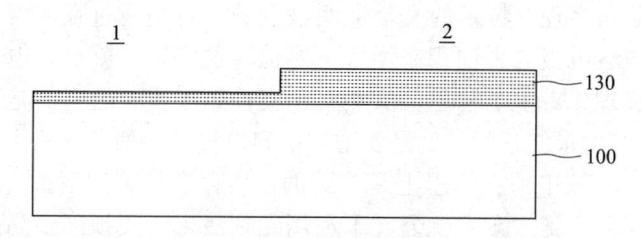

图 1-12 该申请附图 1C

在实质审查程序中，审查员引用了一篇对比文件 1（WO03105236A1）评述该申请的创造性。对比文件 1 公开了一种显示装置及其制造方法，以及投影型显示装置，其中包含有多晶硅层结构及其制造方法，对比文件 1 中也是为了解决显示装置中的多晶硅薄膜需要在驱动电路区域和显示区域具有不同晶粒尺寸的技术问题，但对比文件 1 中实施例部分所公开的从非晶硅形成多晶硅的方法是固相生长法，固相生长法中晶体成核的原理与激光晶化法不同，对比文件 1 中多晶硅薄膜的驱动电路区域的厚度大于显示区域的厚度（与该申请中的厚度关系刚好相反），但其最终所要达到的技术效果仍然是驱动电路区域中具有较大晶粒尺寸，而显示区域中具有较小晶粒尺寸。而且对比文件 1 在其他部分还披露了在从非晶硅得到多晶硅的过程中，除了使用固相生长法，还可以使用激光晶化法，如利用受激准分子激光束照射退火来使非晶硅再结晶以得到多晶硅的方法。

经过复审，专利复审委员会作出复审决定，复审决定中认为，权利要求 1 的技术方案与对比文件 1 中驱动电路区域与显示区域的厚度关系相反是由于所采用的结晶方法不同导致的。但是，对于本领域技术人员而言，从非晶硅形成为多晶硅的结晶方法中固相晶化法、激光晶化法都属于公知的技术，且对比文件 1 中也公开了在结晶过程中除了固相生长工艺，也可以利用受激准分子激光器等的激光束照射退火来使非晶硅再结晶以得到多晶硅。即对比文件 1 中也给出了在结晶中使用激光晶化法的建议，而且就激光晶化法而言，非晶硅层的厚度、晶粒尺寸大小和激光能量的关系都属于本领域技术人员的公知常识。本领域技术人员在对比文件 1 的教导下，在结晶过程中使用受激准分子激光束照射退火以形成多晶硅，即使用激光晶化法时，要解决对比文件 1 所要解决的技术问题，根据本领域技术人员公知的激光晶化法中非晶硅层的厚度与晶粒尺寸大小的关系，很容易想到将驱动电路区的厚度设置为比显示区的厚度小，以便获得驱动电路区中晶粒尺寸较大而显示区中晶粒尺寸较小的技术效果，这是显而易见的。因此该申请权利要求 1 的技术方案相对于对比文件 1 和本领域公知常识的结合不具备突出的实质性特点和显著的进步，不符合《专利法》第二十二条第三款的规定。

申请人不服复审决定，向法院提起行政诉讼。申请人的主要理由是复审决定中没有就激光晶化法的非晶硅层的厚度与晶粒大小的关系属于公知常识提供相应的证据予以证明。专利复审委员会在诉讼期间，为了说明激光晶化法中非晶硅层的厚度与晶粒尺寸大小的关系属于公知常识，提交了一份名称为《准分子激光烧结玻璃衬上多晶硅薄膜材料的制备》[1] 的参考文献。

一审法院经审理后认为，对比文件 1 中除了固相生长工艺，也给出了在结晶中使用激光晶化法的建议，在采用激光晶化法时，本领域技术人员根据公知的激光晶化法中非晶硅层的厚度与晶粒尺寸大小的关系，在为取得外围的驱动电路区域的平均晶粒尺寸大于显示区域的技术效果的情况下，得到使驱动电路区域的厚度小于显示区域的厚度的技术方案是显而易见的[2]。

---

[1] 邱法斌，等. 准分子激光烧结玻璃衬上多晶硅薄膜材料的制备［J］. 液晶与显示 2001,（3）: 170-174.

[2] 参见：北京市第一中级人民法院（2009）一中知行初字第 2717 号行政判决书。

本案经过二审，二审法院经审理后作出了维持一审法院和专利复审委员会的复审决定的判决❶。

【评析】

在本案中，该申请权利要求1的技术方案与对比文件1相比存在"驱动电路区域和显示区域的厚度关系正好相反"这一区别技术特征，而这一有关产品结构的技术特征又是由于对于同样产品采用了不同的制造工艺所产生的。对于这种由于采用的制造工艺不同所带来的产品结构差异是否存在技术启示的判断，应该考虑下列三个层次的问题：一是对比文件中具体公开的由不同制造工艺制造的产品是否与该申请一样，是为了解决相同的技术问题，即是否获得了相同性能的产品；二是该申请中所采用的制造工艺是否为现有技术；三是针对于上述技术问题，该申请所采用的制造工艺的原理在该申请申请日以前是否为本领域技术人员的普通技术知识。如果上述三个层次的问题的答案都是肯定的，就可以得出该申请权利要求的技术方案相对于对比文件不具备创造性的结论。

具体就本案而言，首先，从对比文件1公开的内容来看，其与该申请一样，都是要使"第一多晶硅层（驱动电路区域）的晶粒尺寸大于该第二多晶硅层（显示区域）的晶粒尺寸"，即对比文件1与该申请所要解决的技术问题是相同的；其次，对比文件1已经明确建议在从非晶硅层到多晶硅层的过程中可以使用"激光晶化法"；再者，对于本领域中使用的"激光晶化法"而言，"激光晶化法中非晶硅的厚度与多晶硅中晶粒尺寸的关系"属于本领域技术人员在该申请申请日之前知晓的普通技术知识。因此本领域技术人员要想达到对比文件1中所公开的且与该申请相同的"第一多晶硅层（驱动电路区域）的晶粒尺寸大于该第二多晶硅层（显示区域）的晶粒尺寸"的目的，在使用其建议的"激光晶化法"时，根据本领域技术人员知晓的"激光晶化法中非晶硅的厚度与所产生多晶硅中晶粒尺寸的关系"，必然需要将第一多晶硅层的厚度设置为小于第二多晶硅层，即上述区别技术特征所体现的技术手段是本领域技术人员在实施对比文件1所给出的技术教导时能够确定地获得的。可见，在上述创造性的判断中，如果上述三个层次的问题的答案均是肯定的，则表明本领域技术人员只需要根据对比文件所公开的内容进行简单的"推理"即可获得该申请的技术方案，而根本没有进行创造性的劳动。这里用到的是《专利审查指南2010》中赋予"本领域技术人员"的一个能力——"知晓普通技术知识"的能力，而并非创造性的劳动。因此复审决定认定从对比文件中

---

❶ 参见：北京市高级人民法院第（2010）高行终字第513号行政判决书。

获得上述区别技术特征所体现的技术手段是显而易见的，是符合《专利审查指南2010》中关于判断主体"本领域技术人员"的定位的。

关于判断主体"本领域技术人员"的定位，《专利审查指南2010》中规定包括以下几个方面的能力：知晓申请日之前本领域及相关领域所有普通技术知识、能够获知本领域中所有的现有技术、具有应用常规实验的手段和能力。准确把握"本领域技术人员"的定位，有助于我们对创造性的理解和判断。如果从现有技术得到该申请的技术方案只需运用本领域技术人员的上述能力，则可以认定为对于本领域技术人员是显而易见的，如果需要运用"创造性的劳动"，则对于本领域技术人员就不是显而易见的。

（撰稿人：关刚）

第四节 修　　改

【案例1-7】因不能确定原申请文件中的记载为明显错误而导致的修改超范围——"光学放大器"复审请求案

【案情】

专利复审委员会于2007年12月24日作出第12313号复审请求审查决定。该决定涉及申请号为99107386.X、发明名称为"光学放大器"的发明专利申请。

根据说明书的记载，该申请涉及一种对多个不同波长的光信号实施波分复用（WDM），并经光纤传输线传输波分复用信号的波分复用光通信系统。其基本技术方案为：光学放大器（LWAW1），包括前级光放大单元（31-1）、增益均衡器（DCMW1）、后级光放大单元（31-2）；前级光放大单元包括掺稀土元素的光纤，该光纤用于传输具有多种不同波长的波长复用信号光；增益均衡器设置在前级放大单元输出端并根据掺杂光纤的增益特性补偿波长；后级光放大单元设置在增益均衡器输出端并包括掺稀土元素的光纤；在后级光放大器的输出端还可以设置一个增益均衡器以及第三掺稀土元素光纤；光放大器还可以设置光维护信道以维护信道处理信道数的改变。在两个光放大单元之间设有增益均衡器是该发明的发明点。

该申请技术方案的结构如图1-13示例性地示出。

该申请在被国家知识产权局专利实质审查部门驳回后进入复审阶段。在复审阶段，申请人对权利要求进行了两次修改。修改后最终的权利要求1如下：

"1.一种光学放大器，包括：彼此光连接的前级放大单元和后级放大单

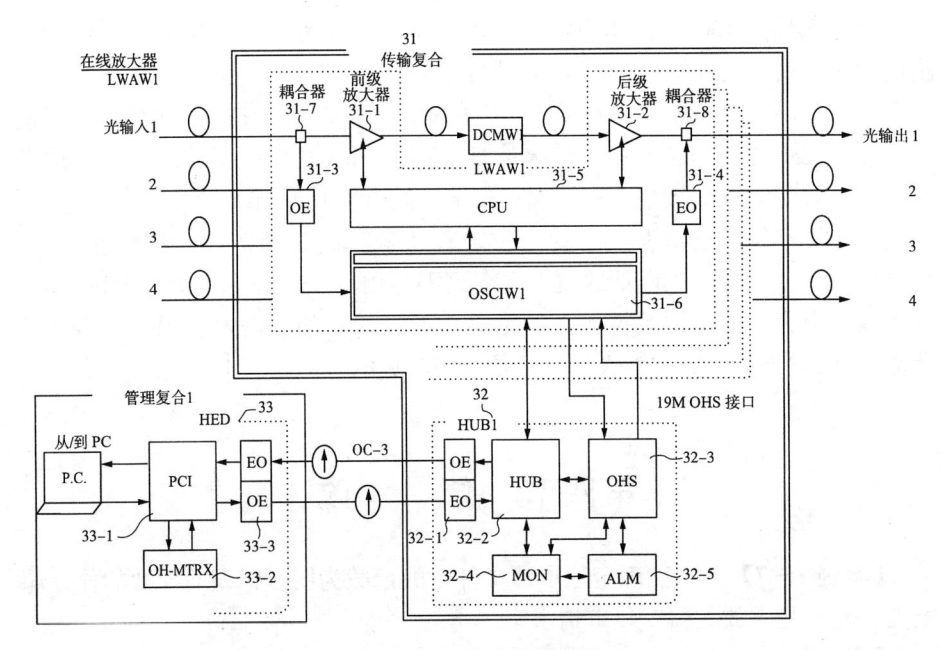

图 1-13 该申请结构图

元，其中：前级放大器的泵浦功率按如下方式控制：通过在前级放大单元的输入和输出端处的功率之间进行比较，与前级放大单元相联系的放大率变成恒定值；AGC/APC 模块，其中 AGC 是指将放大单元的增益控制到目标增益，APC 是指将泵浦源的泵浦光功率控制到允许最大值，该 AGC/APC 模块以如下方式执行前级放大单元的自动增益控制：在输入功率变高并且泵浦光功率达到允许最大值时，AGC 切换至 APC；由后级放大单元对与前级放大单元相联系的增益减小进行补偿，从而把与多个放大单元相联系的总增益保持在恒定值；以及可变衰减器单元，用于调节与已经按照所述光学放大器放大的波长复用信号相联系的输出功率值。"

申请人认为：权利要求 1 中修改后的技术特征"在输入功率变高并且泵浦光功率达到允许最大值时，AGC 切换至 APC"在原说明书的相应部分的内容被错误地记载为"在输入功率变高并且泵浦光功率达到允许最大值时，APC 切换至 AGC"。本领域技术人员基于原说明书第 24 页第 3 段的记载，结合原说明书中其他部分对 AGC 和 APC 的功能的限定，可以直接、毫无疑义地确定"如果输入功率增加或泵功率已达到最大"，则应该是"AGC 切换到 APC"，而非"APC 转换到 AGC"。也即该第 24 页第 3 段记载的"APC 转换到 AGC"属于错误记载，因此在权利要求 1 中将其修改为"AGC 切换至

APC",该修改没有超出原申请文件记载的范围。

专利复审委员会经过审查后最终以权利要求1的修改不符合《专利法》第三十三条的规定为由作出了维持驳回决定的复审决定。其主要理由是,权利要求1中修改后的技术特征"在输入功率变高并且泵浦光功率达到允许最大值时,AGC切换至APC"在原说明书和权利要求书中没有记载,也不能从原说明书和权利要求书中直接地、毫无疑义地确定。原说明书第24页第3段(参见第13~16行)仅记载了"如果输入功率增加或泵功率已达到最大,则APC转换到AGC。"与请求人修改后的内容并不相同,从原申请文件记载的内容得不出是"AGC转换到APC",因此请求人对独立权利要求1的修改超出了原说明书和权利要求书记载的范围,不符合《专利法》第三十三条的规定。

【评析】

本案涉及对申请文件的修改超范围的问题,特别是涉及对说明书记载错误的修改问题。

《专利法》第三十三条规定:"申请人可以对其专利申请文件进行修改,但是,对发明和实用新型专利申请文件的修改不得超出原说明书和权利要求书记载的范围,对外观设计专利申请文件的修改不得超出原图片或者照片表示的范围。"

《专利审查指南2010》第二部分第八章第5.2.2.2节中规定允许的说明书及其摘要的修改情形中包括"(11)修改由所属技术领域的技术人员能够识别出的明显错误,即语法错误、文字错误和打印错误。对这些错误的修改必须是所属技术领域的技术人员能从说明书的整体及上下文看出的唯一的正确答案。"

具体到本案,申请人认为有关APC与AGC之间切换的技术特征在原说明书中被错误地记载了,即应该是"AGC切换至APC"而不是"APC切换至AGC",据此在权利要求1中修改成"AGC切换至APC"。根据《专利法》及《专利审查指南2010》的规定,这种"错误记载"的问题,应该适用《专利审查指南2010》第二部分第八章第5.2.2.2节的上述规定。考察该申请说明书可知,原说明书第23页第19行记载了"APC用于控制相应泵浦光源LD1—LD3的输出光功率以使它们变成常数",也即APC的功能是控制泵浦光源的输出光功率。关于AGC的功能,原说明书和权利要求书中都没有详细的记载。由于该申请声称是针对光学放大器的功率和增益控制提出的一项新的技术方案,那么即使如申请人所述AGC是用于控制增益的,但由于APC和AGC均能对增益产生影响,本领域技术人员并不能确定AGC和APC在该发明这一特定技术方案中具体如何分工合作，在什么情况下由 AGC 发挥作用，什么情况下由 APC 发挥作用，并且，申请人在意见陈述时也未结合说明书记载的技术内容作出令人信服的解释，因此本领域技术人员不能根据原申请文件记载的内容直接地、毫无疑义地确定在输入功率变高并且泵浦光功率达到允许最大值时，是将 AGC 切换至 APC，而非将 APC 切换至 AGC。也就是说，申请人的上述修改并非是所属技术领域的技术人员能从原说明书的整体及上下文得出的唯一的正确答案。因此其修改是不允许的。

  因此，对于属于明显错误的修改，必须能够从原申请文件整体内容中确定原来的记载确实属于明显错误，而不是难以确定、模棱两可的。这就需要在撰写时将涉及发明关键点的部分充分公开，以便为可能的权利要求的修改做好准备。申请人在陈述意见时，也不应只是笼统的表示可从原申请文件中直接地、毫无疑义地确定，而应该结合原申请文件记载的相关内容（必要的时候，提供有证明力的现有技术）加以详细阐述，做到有据可依。

（撰稿人：张宝瑜）

第二章 计量与控制技术领域

计量与控制技术领域（下称"计控领域"）是光电技术领域的一个重要组成部分，也是一个传统的专利技术领域，涵盖了国际专利分类表中 G 部的绝大部分分类号。

计控领域涉及的技术内容有：各种物理量的测量，各种机器、设备的测试，无线电定位与导航，核物理技术，气象学应用，钟表和计时工具，包含机械、电路等在内的各种自动控制技术，各种自动售票、登记和钱币处理设备，信号呼叫、报警装置，交通控制系统，教学工具，密码技术，广告、标牌等信息指示装置，乐器和声学技术，各种仪器的零部件等。

由上可知，计控领域包含的技术内容较多且杂，从总体上看主要是涉及各种机械结构、信号处理及其结合的技术，因而使该领域的专利申请兼有机械领域和电学领域的特点，既可能有对于机械部件的结构限定，也会有描述电气元件之间信号传输关系的电路特征，还可能涉及描述信号处理流程的功能性限定，这就为该领域专利申请文件的撰写带来了一定的困难。

通过统计历年的复审案件情况，我们发现，计控领域的专利申请中出现较多的缺陷主要涉及不授权客体（包括《专利法》第二条第二款、第五条和第二十五条第一款第（二）项）、新颖性（《专利法》第二十二条第二款）、创造性（《专利法》第二十二条第三款），说明书公开不充分（《专利法》第二十六条第三款、《专利法实施细则》第二十条第二款），以及修改超范围（《专利法》第三十三条或《专利法实施细则》第四十三条第一款）。下面就分别结合具体的案例分别对这几个条款进行具体分析。

（撰稿人：刘亚斌）

第一节 专利权保护的客体

【案例 2-1】交通管理规则与技术手段的认定——"交通信号机"复审请求案
【案情】
2007 年 12 月 18 日，专利复审委员会作出第 12146 号复审请求审查决定。

该决定涉及申请号为01118121.4、发明名称为"按半幅路权进行路口交通流分离的方法和交通信号机"的发明专利申请。

经实质审查，国家知识产权局作出驳回决定，认为该申请权利要求1～5的技术方案是申请人通过自己的思维想出来的一种交通行车方法，属于《专利法》第二十五条第一款第（二）项规定的智力活动的规则和方法的范围，因而不能被授予专利权。

申请人对上述驳回决定不服，向专利复审委员会提出复审请求，认为该申请不是仅"指导人们对其表达的信息进行思维、识别、判断和记忆，而没有采用技术手段或者利用自然法则"，而是采用了大量的高新技术手段，构成完整的技术方案，具备技术特征，解决了技术问题并产生了积极的技术效果，因此驳回决定的理由不成立。

专利复审委员会依法受理了该复审请求，并发出复审通知书指出该申请全部权利要求不符合《专利法实施细则》第二条第一款有关授权客体的规定。

针对该复审通知书，申请人对权利要求书进行了修改。在此基础上，专利复审委员会认为修改后的申请文件仍未克服上述缺陷，作出第12146号复审请求审查决定，维持驳回决定。

该决定所针对的权利要求书如下：

"1. 一种由交通信号控制的平面交叉路口的分离不同流向的交通流的交通冲突点的时空分离方法，其特征是：

第一步，按每个半幅路面的具体交通情况合理统筹安排交通信号机的整幅路权的相位时序，分离交通冲突点，使一些交通流在其获得整幅路面通行路权前的一个相位时间内，其路口内渠化道路的前半幅路面上无其他左转或直行的机动车有路权；可在交通冲突点分离的前提下保证安全，允许这些交通流在其获得整幅路面通行路权前最近的一个相位时间或不足一个相位的一段时间内获得前半幅路权，顺次由停止线前移到其停止线前面的半幅安全线的后面排队，前移将近半幅路面的路程；

第二步，在第一步的条件下，指挥同一个交通流的前半幅路权信号A、整幅路面放行的绿灯信号、后半幅路权信号B三者所在的相位顺次相连，这三个信号出现的时间也顺次相连，后面一个信号出现时前面一个信号熄灭；当前半幅路权信号A出现期间，表示允许此信号控制的交通流可以顺次由其停止线前移到其停止线前面的半幅安全线的后面排队，前移半幅路面的路程；在控制此交通流整幅路面放行的绿灯信号出现时，此交通流通过整个路口，缩短了这些交通流在获得整幅路面通行路权时的过路路程和使用时间；当控制此交通流的整幅路面放行的绿灯信号转为后半幅路权信号B时，则表示后半幅路面仍可继续通行，而未进入前半幅路面的交通流已不准进入路口，但已进入路口的可以继续通行，但要加快速度，尽快脱离整幅路面；在禁止此交通流通行的红灯亮时后半幅路权信号 B 熄灭；所有的信号灯都分别设置于其所控制的交通流等候放行时的队首能够醒目地看到的位置上。

2. 一种具有按半幅路权进行控制的新功能的交通信号机，包括其对整幅路权信号灯的控制能力和其内部具有的安排整幅路权信号灯信号相位和相位顺序的相位时序程序，其特征是：

1) 既能控制整幅路面路权指挥灯信号，又能控制半幅路面路权指挥灯信号；能显示前半幅路权放行信号 A 的前半幅信号灯设置在前半幅交通流在停止线外等候放行时的队首能够醒目地看到的位置上；能显示后半幅路权放行信号 B 的后半幅信号灯设置在后半幅交通流在半幅安全线等候放行时的队首能够醒目地看到的位置上；

2) 按每个半幅路面的具体交通情况合理统筹安排交通信号机的整幅路权的相位时序，分离交通冲突点，使一些交通流在其获得整幅路面通行路权前的一个相位时间内，其路口内渠化道路的前半幅路面上无其他左转或直行的机动车有路权；

3) 在 2) 的条件下，让指挥同一个交通流的前半幅路权信号 A、整幅路面放行的绿灯信号、后半幅路权信号 B 三者所在的相位顺次相连，这三个信号出现的时间也顺次相连，后面一个信号出现时前面一个信号熄灭；即：

在前半幅路权信号 A 所在的相位里，此信号控制的交通流可以顺次由其停止线前移到其停止线前面的半幅安全线的后面排队，前移半幅路面的路程；

在控制此交通流整幅路面放行的绿灯信号所在的相位里，此交通流通过整个路口，缩短了这些交通流在获得整幅路面通行路权时的过路路程和使用时间；

在控制此交通流的整幅路面放行的绿灯信号转为后半幅路权信号 B 工作的相位里，后半幅路面仍可继续通行，而未进入前半幅路面的交通流已不准进入路口，但已进入路口的可以继续通行，但要加快速度，尽快脱离整幅路面；

在禁止此交通流通行的红灯亮时后半幅路权信号熄灭。"

第 12146 号复审请求审查决定认为，该申请权利要求中的方案的目的是为了解决交通管理的问题，权利要求中除了应用了公知的在平面交通路口设置的信号灯和交通信号机外，其他的内容都没有利用自然规律，属于人为规定，达到的效果也是交通管理的效果，因此不符合《专利法实施细则》第二条第一款的规定。

具体来看，该申请权利要求1请求保护一种由交通信号控制的平面交叉路口的分离不同流向的交通流的交通冲突点的时空分离方法，其目的是要提供一种车辆通过平面交叉路口时的交通行车规则，并具体规定了平面交叉路口内半幅安全线的设置位置、路口各种信号灯的工作次序和车辆按照上述信号灯信号行驶的规则，权利要求1中虽然也涉及交通信号机和信号灯，但是权利要求1中的交通信号机和信号灯仅仅是为了满足上述人为规定的行车规则而设置的公知设备，并且权利要求1的方法所执行的行车规则没有给这些公知设备的性能带来任何改进，也没有给它们的构成和功能带来任何技术上的改变。权利要求1的方法是为了规定在平面交叉路口如何行车的规则，不构成技术问题；所采用的手段是人为规定的行车规则，不受自然规律的约束，因而未采用技术手段；执行该方法所获得的效果是实现了对于车辆在平面交叉路口中行车的管理，没有获得符合自然规律的技术效果。因此权利要求1的方案不属于技术方案。

权利要求2请求保护一种具有按半幅路权进行控制的新功能的交通信号机，其实质上是利用公知的交通信号机设备来执行权利要求1中的行车规则，从权利要求2的内容可以看出，所述行车规则没有给交通信号机的性能带来任何改进，也没有给信号灯和信号机的构成和功能带来任何技术上的改变。所述交通信号机是为了按照行车规则指挥在平面交叉路口中如何行车，不构成技术问题；所采用的手段是人为规定的行车规则，不受自然规律的约束，因而未采用技术手段；所述交通信号机所获得的效果是实现了依照权利要求1中的行车规则对车辆在平面交叉路口中行车的管理，并没有获得符合自然规律的技术效果。因此权利要求2的方案不属于技术方案。

申请人对上述第12146号复审请求审查决定不服，先后向北京市第一中级人民法院和北京市高级人民法院提起了行政诉讼，但两审法院均作出了维持第12146号复审请求审查决定的判决。❶

【评析】

《专利法》第二条第二款（2010年修订前的《专利法实施细则》第二条第一款）规定：发明，是指对产品、方法或者其改进所提出的新的技术方案。

《专利审查指南2010》第二部分第一章第2节"不符合专利法第二条第二款规定的客体"部分规定："技术方案是对要解决的技术问题所采取的利用了自然规律的技术手段的集合。技术手段通常是由技术特征来体现的。未采用

---

❶ 参见：北京市第一中级人民法院（2008）一中行初字第305号行政判决书和北京市高级人民法院（2008）高行终字第587号行政判决书。

技术手段解决技术问题,以获得符合自然规律的技术效果的方案,不属于专利法第二条第二款规定的客体。"

本案属于判断此类专利申请是否符合《专利法》第二条第二款的典型案例。在这类因不符合《专利法》第二条第二款而被驳回的专利申请中,其权利要求往往都是由一些涉及智力活动规则和方法的非技术特征与一些简单罗列或常规应用的公知技术特征共同构成的。申请人认为,既然权利要求中已经包含了技术特征,那么权利要求的方案必然是技术方案,因而就满足了《专利法》第二条第二款对于发明客体的要求。

实际上,这种认识是对《专利审查指南2010》第二部分第一章第2节相应规定的误读。一项权利要求不会因为包含技术特征就必然构成技术方案。《专利法》第二条第二款所称的"新的技术方案",其创新之处必然是技术上的。一个由非技术特征(例如,商业运作方法或不受自然规律制约的人为规定)和简单罗列或常规应用的公知技术特征所构成的方案,其改进之处仅在于非技术特征,而这些非技术特征是不可能带来任何技术效果或解决任何技术问题,不能构成技术手段,其所组成的解决方案也就必然不属于技术方案,不符合《专利法》第二条第二款的规定。

(撰稿人:宋瑞)

【案例 2-2】 涉及生产计划方法的发明是否构成技术方案——"零件生产计划方法"复审请求案

【案情】

本案涉及发明名称为"零件生产计划方法"的第 200510084736.2 号发明专利申请。

在诸如汽车的成品生产过程中,需要根据成品的生产计划,在所需时间以所需量向生产线的线端供应所需的各类型零件(譬如不同颜色的零件),该申请就涉及这样一种零件生产计划方法。在常规计划方法中,通过对各类型零件进行估计来提供存货或库存,但这势必增加总库存量并需要大库存空间。此外,在零件生产线上按不同方式生产很多类型的零件是低效的,因此希望按类型对零件进行分类以按批次集合或收集相同类型的零件,从而使生产负荷平衡或均匀。然而,零件批量越大,在开始将零件装配到产品之前的前置时间就越长,这将导致库存量的增加。相反,如果减少零件批量,则在进行零件生产类型转换时所需要的设置时间将由于在各处理阶段中的模具/工具更换操作以及在喷漆工艺中的颜色改变操作的次数的增加而增加。

该申请提供了一种零件生产计划方法:如图 2-1 所示,从控制多种成品车的生产的上位系统接收成品车的汽车生产顺序计划 12 作为固定计划;把成品车的相应规格转换成零件的规格,根据该转换,把汽车生产顺序计划12转换成如下计划:该计划提供将每个零件实际装配到成品车中的时间(转换步骤31)。通过该转换,准备了零件装配计划32,该计划表示用于将零件装配到成品车中的时间计划。然后,通过把预定数量的汽车(如20辆)作为要提前生产的一个批次,将零件装配计划32划分成多个部分或区域32a(划分步骤33)。随后,在各分区32a中,通过按颜色进行分类来集中或收集类似规格的产品(分类步骤35),从而完成用于零件生产和供给处理的各种条件或要求的输入。这种条件的示例包括小于预定基准值的颜色改变次数、具有足够容限的前置时间以及尽可能小的当前库存或富余库存。

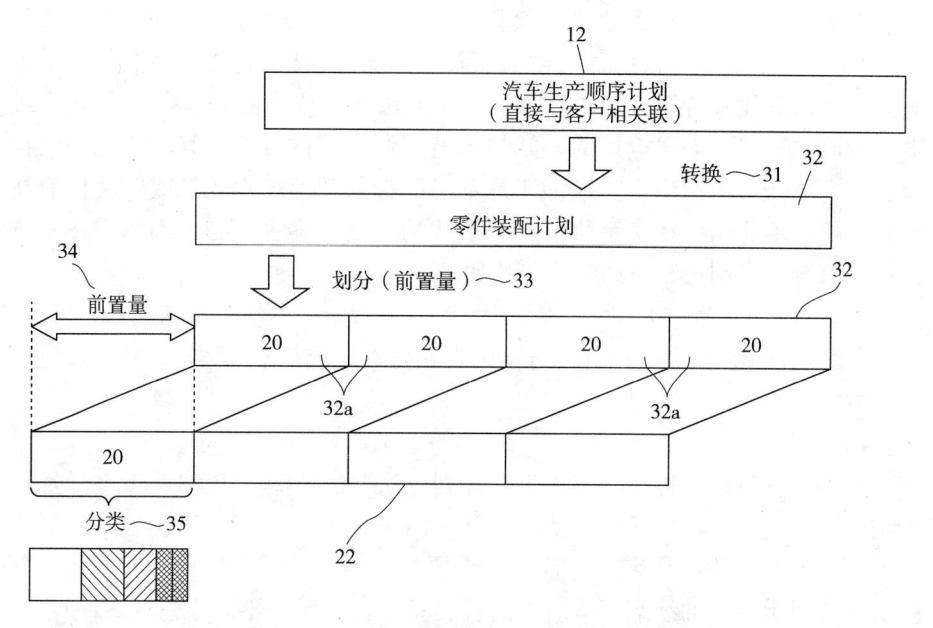

图2-1 该申请零件生产计划方法示意图

经实质审查,国家知识产权局以该申请权利要求1~10不符合《专利法实施细则》第二条第一款的规定为由,作出驳回决定。

申请人在提出复审请求时对权利要求1进行了修改,增加了对生产系统的限定,修改后的权利要求1如下:

"1. 一种零件生产计划方法,该零件生产计划方法适用于生产系统,该生产系统包括设置在成品生产车间的成品生产系统和设置在零件生产工厂的零件生产系统,其中所述零件生产系统包括零件生产计划准备部,该零件生产计划准备部从所述成品生产系统接收与作为上位产品的成品的生产顺序计划有关的信息,并且在已经固定了成品生产系统中的生产顺序计划的前提下,通过使用与固定的生产顺序计划有关的信息实现所述零件生产计划方法来准备上位产品的生产所需的零件的零件生产顺序计划,并且其中由所述零件生产计划准备部实现的所述零件生产计划方法包括以下步骤:

将包含在与所述固定的生产顺序计划有关的信息中的上位产品的相应规格转换成零件的相应规格,并且预记录与零件的规格有关的信息作为零件标识信息、零件间相似度信息以及逐个零件的生产顺序模式信息;

将所述零件生产顺序计划划分成多个区间,各区间等价于所述上位产品的产品顺序计划中的预定数量个连续产品的生产;

移动所述零件生产顺序计划,使得所述零件生产顺序计划比所述上位产品的生产顺序计划提前一个区间;

针对所述零件生产顺序计划的各区间,把要在零件生产线上生产的零件转换成所述预记录的零件标识信息中的对应多条信息;以及

针对所述零件生产顺序计划的各区间,按所述预记录的零件间相似度信息对多条转换到的零件标识信息进行分类,并将所述多条转换到的零件标识信息与所述预记录的逐个零件的生产顺序模式信息进行核对。"

申请人认为:如权利要求1中所述的零件生产计划方法采用了诸如零件生产计划准备部这样的技术手段,是基于计算机技术的,因此具有符合自然规律的技术效果。

经审查,专利复审委员会发出复审通知书,指出:根据说明书的记载,该申请所要解决的问题及所能实现的效果是:最佳地设置库存量而不导致库存量的过度增加,使生产负荷平衡或均匀,确保在最佳时间向产品生产线供应最佳数量的零件,并允许容易地对零件生产线的限制条件进行修改。为了实现上述目标,该申请提供了一种将零件生产顺序计划划分成多个区间、并把要在零件生产线上生产的零件进行分类的一种零件生产计划方法。这种计划方法并不涉及零件或成品本身的构造,其采用的手段仅仅是一种时间调度或者是运筹的方法。因此,虽然申请人在修改文本中增加了诸如零件生产计划准备部等特征,但将权利要求1的方案作为一个整体来看,其采用的应属于生产方面的管理方法,而不是利用自然规律的技术手段;其要解决的不是技术问题,而是生产管理问题;所要实现的效果也是生产管理方面的效果,而不是符合自然规律的技术效果。因此,权利要求1所要求保护的零件生产计划方法不是一种技术方案,不符合《专利法》第二条第二款的规定,不能被授予专利权。

对于申请人所强调的计算机技术,复审通知书中指出:权利要求1中并

没有记载涉及计算机程序的相关特征；同时，如果执行计算机程序的目的不是解决技术问题，或者在计算机上运行计算机程序从而对外部或内部对象进行控制或处理所反映的不是利用自然规律的技术手段，或者获得的不是受自然规律约束的效果，则这种解决方案同样不属于《专利法》第二条第二款所说的技术方案，不属于专利保护的客体。

针对上述复审通知书，申请人在指定期限内未答复，该复审请求被视为撤回。

【评析】

《专利法》第二条第二款规定：发明，是指对产品、方法或者其改进所提出的新的技术方案。《专利审查指南2010》第二部分第一章第2节中规定：技术方案是对要解决的技术问题所采取的利用了自然规律的技术手段的集合，技术手段通常是由技术特征来体现的；未采用技术手段解决技术问题以获得符合自然规律的技术效果的方案，不属于《专利法》第二条第二款规定的客体。

与之相关的是，《专利法》第二十五条第一款第（二）项规定，对智力活动的规则和方法不授予专利权。《专利审查指南2010》第二部分第一章第4.2节中列举了属于智力活动的规则和方法的例子如下：组织、生产、商业实施和经济等方面的管理方法及制度；交通行车规则、时间调度表、比赛规则；演绎、推理和运筹的方法等。《专利审查指南2010》第二部分第一章第4.2节指出：由于智力活动没有采用技术手段或者利用自然规律，也未解决技术问题和产生技术效果，因而不构成技术方案，它既不符合《专利法》第二条第二款的规定，又属于《专利法》第二十五条第一款第（二）项规定的情形。

就本案而言，其提供了一种将零件生产顺序计划划分成多个区间、并把要在零件生产线上生产的零件进行分类的一种零件生产计划方法。这种计划方法并不涉及零件或成品本身的构造，其采用的手段仅仅是一种时间调度或者是运筹的方法。因此，这种方法在本质上属于《专利法》第二十五条第一款第（二）项规定的智力活动的规则和方法，同时也不符合《专利法》第二条第二款的规定。申请人为了克服驳回决定中所指出的缺陷，在提出复审请求时对权利要求了1进行了修改，增加了对生产系统的限定，并认为采用了诸如零件生产计划准备部这样的技术手段，因而就属于技术方案。但是，上述增加的特征并没有使修改后的权利要求1在实质上发生变化，其解决的问题、采取的手段和实现的效果仍然是生产管理方面的。因此从整体上看，权利要求1仍然不属于《专利法》第二条第二款所说的技术方案，不属于专利保护的客体。

申请人还应当注意，各国专利法中关于专利保护客体的规定并不相同。本案的申请人在实质审查过程中曾提交了该申请的美国同族专利申请的授权文本作为参考，但是由于中美两国专利法在专利保护客体方面的规定存在差异，因此其同族专利申请在美国获得专利权并不意味着该申请符合中国《专利法》的相关规定。

（撰稿人：王灿）

【案例2-3】涉及计算机程序的发明是否构成技术方案——"支付卡处理系统"复审请求案

【案情】

2009年12月17日，专利复审委员会作出第20532号复审请求审查决定。该决定涉及申请号为200410018116.4、名称为"支付卡处理系统"的发明专利申请，其申请日为2004年4月30日。

经实质审查，国家知识产权局于2009年2月13日以该申请权利要求1~4不具备《专利法》第二十二条第二款、第三款规定的新颖性、创造性为由作出驳回决定。驳回决定所针对的权利要求1如下：

"1. 一种支付卡处理系统，包括支付卡、受理终端、发卡机构主机，其中发卡机构主机包括接收装置、判断装置、账户信息存储处理装置，其特征在于：所述支付卡可以对应账户信息存储处理装置中的一个或多个种类账户，发卡机构主机中的判断装置按照以下方式进行操作：判断装置将支付卡交易信息中的交易类型代码与判断装置内预设的交易类型代码进行比较，确定支付卡交易类型，并根据确定的交易类型以及交易类型同支付卡账户的对应关系，将支付卡交易信息直接发送到账户信息存储处理装置中与该支付卡交易类型相对应的账户。"

申请人对上述驳回决定不服，向专利复审委员会提出了复审请求，请求对本案进行口头审理，同时未对申请文件进行修改。

专利复审委员会向申请人发出口头审理通知书，在通知书正文中具体阐述了该申请不符合《专利法实施细则》第二条第一款的规定的理由。

在口头审理中，专利复审委员会就该申请是否符合《专利法实施细则》第二条第一款的规定进行了调查。申请人认为，该申请的方案不仅可以通过软件实现，也可以通过硬件或者软件加硬件来实现。该申请解决的技术问题，一是对持卡人的多个账户进行合并、分类从而使持卡人在交易时获得更高的金额，二是可以在交易时根据持卡人需求自动选择账户类型，从而降低交易成本，三是将现有技术中交易时需要通过两次通信来确定账户类型减少为一次通信完成。因此该申请权利要求1~4属于《专利法实施细则》第二条第一

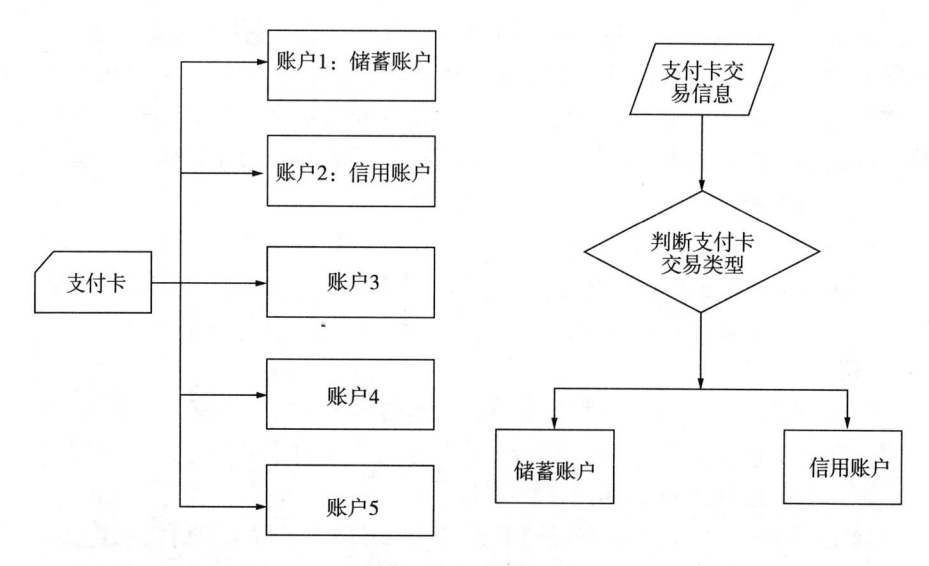

图 2-2 该申请附图

款规定的技术方案。

在此基础上，专利复审委员会作出第 20532 号复审请求审查决定，维持国家知识产权局对该申请作出的驳回决定，具体理由是：

该申请权利要求 1 请求保护一种支付卡处理系统，该系统包括支付卡、受理终端、发卡机构主机，发卡机构主机包括接收装置、判断装置、账户信息存储处理装置，支付卡对应账户信息存储处理装置中的一个或多个种类账户，判断装置将支付卡交易信息中的交易类型代码与预设的交易类型代码进行比较，确定支付卡交易类型，并根据确定的交易类型及其与支付卡账户的对应关系，将支付卡交易信息直接发送到账户信息存储处理装置中与该交易类型对应的账户。该系统实质上是通过发卡机构主机中的计算机程序来实现的，属于涉及计算机程序的解决方案，其中虽然涉及支付卡、受理终端、发卡机构主机以及发卡机构主机内的判断装置确定交易类型并将交易信息发送到对应账户的内容，但是该支付卡、受理终端、发卡机构主机都是现有技术中的公知设备，该方法要解决的问题是如何通过人为制定交易类型与账户的对应规则和匹配规则以利用现有的设备实现电子交易，这不构成技术问题，因此该权利要求 1 的解决方案不属于《专利法实施细则》第二条第一款规定的技术方案，不属于专利保护的客体。

针对申请人的意见，第 20532 号复审请求审查决定中指出：从该申请的权利要求书和说明书中不能看出该申请的解决方案对硬件作出了任何改进，

第二章　计量与控制技术领域

该方案实质上是通过发卡机构主机中的计算机程序来实现的，属于涉及计算机程序的解决方案；申请人所述对多个账户进行合并、分类以及自动选择账户类型的操作实质上都是在利用现有设备的基础上，通过人为制定交易类型与账户的对应规则和匹配规则来实现的，而将两次通信来确定账户类型的操作减少为一次通信完成也是由该人为制定的规则所产生的结果，因此这些都不构成技术问题，故申请人的理由不能成立。

上述第20532号复审请求审查决定作出后，申请人不服，向北京市第一中级人民法院提起诉讼，北京市第一中级人民法院经审理后作出一审判决维持了第11434号复审请求审查决定；❶申请人仍不服，上诉至北京市高级人民法院，北京市高级人民法院经审理后驳回上诉，维持一审判决。❷

【评析】

本案主要涉及两个问题：一是关于如何判断涉及计算机程序的发明专利申请是否属于专利保护的客体，二是关于复审程序中的依职权审查。

关于第一个问题，对于涉及计算机程序的发明专利申请是否属于专利保护的客体的审查主要涉及两个法条：《专利法》第二十五条第一款和《专利法》第二条第二款。其中，如果权利要求的主题名称实质为"程序"，或者除其主题名称外，对其进行限定的全部内容仅仅涉及程序本身，则该权利要求属于《专利法》第二十五条第一款第（二）项规定的智力活动的规则和方法，不属于专利保护的客体；除此之外，如果权利要求中不仅包括智力活动的规则和方法，还包括有技术特征，则不应当依据《专利法》第二十五条第一款第（二）项排除其获得专利权的可能性，而是应当依据《专利法》第二条第二款对该权利要求是否属于专利保护的客体进行审查。

根据《专利审查指南2010》第二部分第九章第2节的规定，如果涉及计算机程序的发明专利申请的解决方案执行计算机程序的目的不是解决技术问题，或者在计算机上运行计算机程序从而对外部或内部对象进行控制或处理，所反映的不是利用自然规律的技术手段，或者获得的不是受自然规律约束的效果，则这种解决方案不属于《专利法》第二条第二款所说的技术方案，不属于专利保护的客体。简而言之，涉及计算机程序的发明专利申请的解决方案必须同时具备技术问题、技术手段、技术效果这三个要素，才属于《专利法实施细则》第二条第二款所说的技术方案，属于专利保护的客体，三个要素相互关联、缺一不可。

---

❶ 参见：北京市第一中级人民法院（2010）一中知行初字第1215号行政判决书。
❷ 参见：北京市高级人民法院（2010）高行终字第1034号行政判决书。

就本案而言，虽然其请求保护的主题名称是一种支付卡处理系统，并且罗列了支付卡、受理终端、发卡机构主机等多个装置或部件，但是该系统实质上是通过发卡机构主机中的计算机程序来实现的，属于涉及计算机程序的申请；并且该申请所涉及的多个装置或部件都是现有技术中的公知设备，其发明内容实质上在于人为制定了一套交易类型与账户的对应规则和匹配规则，进而利用现有的设备来将该规则应用到银行等金融系统中以完成电子交易，这实质上属于商业交易规则的计算机程序实现形式，其核心在于商业交易规则而不是计算机技术，所解决的问题也只是在电子交易中利用账户匹配规则来实现节省非消费开支的目的，不构成技术问题。因此该申请的解决方案不属于《专利法》第二条第二款规定的技术方案，不属于专利保护的客体。

申请人在撰写专利申请文件时，应当首先判断其所要求保护的解决方案是否具备解决技术问题、利用技术手段、并且获得技术效果这三个要素，只有在同时具备这三要素的情况下，该解决方案才属于专利保护的客体；其次在判断其解决方案满足上述条件的前提下，还需要注意在撰写权利要求时使技术问题、技术手段和技术效果都能够充分体现在权利要求中，而不能仅仅记载在说明书中。

关于第二个问题，就复审程序的性质而言，复审程序既是因申请人对驳回决定不服而启动的救济程序，同时也是专利审批程序的延续。因此，一方面，专利复审委员会一般仅针对驳回决定所依据的理由和证据进行审查，不承担对专利申请全面审查的义务；另一方面，为了提高专利授权的质量，避免不合理地延长审批程序，专利复审委员会也可以依职权对驳回决定未提及的明显实质性缺陷进行审查。

《专利审查指南2010》第四部分第二章第4节指出，除驳回决定所依据的理由和证据外，合议组发现审查文本中存在下列缺陷的，可以对与之相关的理由及其证据进行审查，并且经审查认定后，应当依据该理由及其证据作出维持驳回决定的审查决定：

（1）足以用在驳回决定作出前已告知过申请人的其他理由及其证据予以驳回的缺陷；

（2）驳回决定未指出的明显实质性缺陷或者与驳回决定所指出缺陷性质相同的缺陷。

在本案中，虽然实质审查阶段驳回决定的理由是该申请不符合《专利法》第二十二条第二款、第三款的规定，但是在复审阶段，专利复审委员会认为该申请不属于《专利法》第二条第二款规定的技术方案，该缺陷属于上述《专利审查指南2010》中规定的第（2）种情形即驳回决定未指出的明显实质性缺陷。基于此，专利复审委员会依职权对该缺陷进行了审查，并在口头审理通知书正文中具体阐述了该申请不符合上述规定的理由，而且申请人也在口头审理中充分陈述了意见。在此基础上，专利复审委员会最终作出维持驳回决定的复审决定，两审法院也均支持了专利复审委员会的做法。

（撰稿人：刘亚斌）

【案例2－4】违反国家法律的发明创造不能授予专利权——"游戏机"复审请求案

【案情】

本案涉及名称为"游戏机"的200510067832.6号发明专利申请。

在实质审查阶段，国家知识产权局向申请人发出审查意见通知书，指出该申请说明书中记载了根据游戏结果支付硬币的装置和步骤，因此该申请所请求保护的游戏机实质上为赌博机，属于《专利法》第五条规定的不能授予专利权的申请。

针对该审查意见通知书，申请人删除了说明书中涉及"根据游戏结果支付硬币的装置和步骤"的内容以及权利要求1中涉及支付的技术特征。

针对该修改文本，国家知识产权局再次发出审查意见通知书，指出其修改不符合《专利法》第三十三条的规定。对此，申请人提交了意见陈述书，但未修改申请文件。最终，国家知识产权局以该申请文件的修改不符合《专利法》第三十三条的规定为由作出驳回决定。

申请人不服上述驳回决定，于2008年7月18日向专利复审委员会提出了复审请求，同时提交了权利要求书和说明书全文的修改替换页，其中删除了有关根据游戏结果计算回报数量的方式、支付硬币的相关装置以及步骤的内容，希望据此克服不符合《专利法》第五条规定的缺陷；同时强调，因为该申请的游戏机可以根据激活支付线上的获赢组合来增加存留值，因而"支付线"的功能并不唯一地确定如何向游戏者支付硬币，也就不能认为涉及支付硬币的内容是与该申请的技术方案密切相关的，所以删除上述内容也符合《专利法》第三十三条的规定。

针对该复审请求，专利复审委员会向申请人发出复审通知书，指出：

该申请原说明书记载了一种投币游戏机，该游戏机包括机柜，上液晶显示器，下液晶显示器，控制台（设有收取按钮、下注按钮、选线按钮等），硬币插槽，纸币插槽，储币仓，硬币支付口，硬币托盘等部件。在原说明书记载的游戏过程中，玩家首先需要向硬币和纸币插槽投入钱币以获得相等数量的游戏存留值，并且借助下注按钮和选线按钮进行投注和支付线的选择，然后启动游戏，游戏期间游戏机会在出现设定情况时（例如支付线上出现相应获赢组合时)以所投注值与相应的激活支付线的数量之积为倍数计算回报数量并据此增加游戏存留值,在玩家按下收取按钮以退出游戏时,储币仓通过硬币支付口向玩家支付与游戏存留值相等数量的硬币,因此,玩家通过在该游戏机上进行游戏可能获得多于其付出金额的钱币,由此可知,该申请原申请文件中记载的游戏机实质是一种用于赌博的游戏机。

在提出复审请求时,申请人将申请文件中有关根据游戏结果计算回报数量的方式、支付硬币的相关装置以及步骤的内容删除,使修改后的说明书中所记载的游戏机不再仅限于赌博性质的游戏机,这与原申请文件中所记载的该投币游戏机是用于赌博的游戏机不符,因此该修改后的内容与原申请文件所记载的内容不同,且该修改的内容无法从原申请文件中直接地、毫无疑义地确定,从而不符合《专利法》第三十三条的规定。

针对该复审通知书,申请人未在指定的答复期限内提交答复意见,因此该复审请求被视为撤回。

【评析】

专利权是国家依法授予专利权人的实施其发明创造的独占权,希望通过赋予这种独占权,鼓励专利权人主动实施其发明创造,从而促进社会的进步和繁荣。如果一项发明创造可能会引起扰乱社会、导致犯罪或者造成其他不安定因素,那么给这种发明创造授予专利权将违背建立专利制度的初衷。为避免出现这种情况,《专利法》第五条对发明创造应当授予专利权的规定进行了补充和限制,规定"对违反法律、社会公德或者妨碍公共利益的发明创造,不授予专利权"。

具体来说,对于《专利法》第五条中的"违反法律的发明创造",应当理解为一项发明创造的目的本身为我国法律明文禁止或者与我国法律相违背。由于赌博、吸毒、伪造公文印章是我国《刑法》禁止的,因此有关专门用于赌博的设备、机器或工具,吸毒者的器具,伪造国家货币、票据、公文、证件、印章、文物的设备等的发明创造都属于违反国家法律的发明创造,不能被授予专利权。

本案就涉及因为属于专用于赌博的设备而不能被授予专利权的客体。

"赌博",在《新华字典》中被解释为"一种用财物作注争输赢的恶习",因此,可以认为"赌博"具有两个特征,一是用财物作注,二是争输赢。

在本案中,原说明书描述了一种游戏机,该游戏机在结构上包括设有收取按钮、下注按钮、选线按钮等的控制台,硬币插槽,纸币插槽,储币仓,硬币支付口,硬币托盘等部件,其中玩家通过向硬币和纸币插槽投入钱币以获得相等数量的游戏存留值,并且借助下注按钮进行投注,这实质上相当于

"用财物作注"的过程；然后玩家借助选线按钮选择支付线，启动游戏，当出现设定情况，例如支付线上出现相应获赢组合时，游戏机以所投注值与相应的激活支付线的数量之积为倍数计算回报数量并据此增加游戏存留值，在玩家按下收取按钮以退出游戏时，储币仓通过硬币支付口向玩家支付与游戏存留值相等数量的硬币，可见，通过该游戏机实施的整个游戏过程实质上是依靠游戏机随机产生的结果决定输赢的过程，亦即为"争输赢"的过程。由此可见，原说明书记载的游戏机的结构及游戏设定就是用于实施赌博活动，该游戏机属于专用于赌博的设备，不能被授予专利权。

此外，还应注意到，本案的申请人为了克服不符合《专利法》第五条规定的缺陷，试图将申请文件中有关根据游戏结果计算回报数量的方式、支付硬币的相关装置以及步骤的内容删除以使其专利申请中的游戏机成为单纯的投币游戏机。但在本案中这种修改是不被允许的，其原因在于，虽然《专利审查指南 2010》第二部分第一章第 3.1.4 节中指出当申请文件中存在违反《专利法》第五条规定的内容时，可以通过删除这部分内容来克服该缺陷，但是这种删除式修改得以允许的前提是要符合《专利法》第三十三条的规定，即修改不得超出原说明书和权利要求书记载的范围。

如前所述，根据本案原说明书的记载可知，该游戏机的结构包括必然用于实施赌博活动的部件，如果要将申请文件中违反《专利法》第五条规定的内容删除，势必要删除与这些用于实施赌博活动的部件相关的内容，这就必然会导致修改后的申请文件中记载的游戏机结构不同于原说明书记载的游戏机结构，从而不符合《专利法》第三十三条的规定，因此该申请不能通过删除相关内容的方式来克服其不符合《专利法》第五条规定的缺陷。

本案给我们的启示是，在撰写申请文件时应该尽量避免出现违反《专利法》第五条规定的内容，尤其是在涉及游戏机等娱乐设施的专利申请中，应该从娱乐性的角度去描述所要求保护的游戏机，避免出现钱财、投注、输赢等与赌博相关的用词或内容，从而避免将该游戏机的目的唯一指向为赌博用途。

（撰稿人：王荣）

第二节 说明书充分公开、必要技术特征

【案例 2-5】 说明书应当充分公开所要求保护的技术方案——"红外测温仪的测温方法"复审请求案

【案情】

2010 年 5 月 31 日，专利复审委员会作出第 23334 号复审请求审查决定。

该决定涉及名称为"红外测温仪的测温方法"的 200410019999.0 号发明专利申请。

该申请涉及一种红外测温仪的测温方法，根据说明书的记载可知，其目的在于提供一种能够克服辐射率修正困难、高精度地直接测量被测物体实际温度的红外测温仪及测温方法，在说明书中具体给出了以下技术方案：

（1）通过温度标准测量仪器测出被测物体的系列标准温度值 T_i，同时采用处于校准状态下的红外测温仪测出被测物体对应于上述标准系列温度值 T_i 的系列热辐射信号电压 $U_i(T_i)$，其中上述 $i=1,2,3,\cdots,n$，将测得的数据输入到 PC 机进行数据处理，该 PC 机数据处理所采用的物理模型为：

对于工作波段为窄带的红外测温仪，采用的物理模型为：
$$U(T) = Ae^{B/T}$$
作指数回归，求出运算参数 A、B 的具体数值；

对于工作波段为宽带的红外测温仪，采用的物理模型为：
$$U(T) = f(A, B, C, D, T)$$
将数据输入该物理模型并作最小二乘法拟合，求出运算参数 A、B、C、D 的具体数值。

（2）将所求得的窄带或者宽带的运算参数输入到红外测温仪系统内，即完成窄带或者宽带工作波段红外测温仪的校准。

（3）使用红外测温仪对进入测温状态的被测物体实施测温，以接收到被测物体的红外辐射能量值。

（4）通过红外测温仪系统内的微计算机按物理模型进行运算处理，即可求出被测物体的温度值。

（5）温度值通过显示器予以显示。

经实质审查，国家知识产权局以该申请说明书不符合《专利法》第二十六条第三款的规定为由作出驳回决定。驳回决定认为，该申请说明书未公开工作波段为宽带的红外测温仪所采用的具体函数形式，即没有对 $f(A, B, C, D, T)$ 进行定义，所属领域的技术人员仅根据模型 $U(T) = f(A, B, C, D, T)$ 并不能求出参数 A、B、C、D，从而无法进行红外测温，因此说明书不符合《专利法》第二十六条第三款的规定。

申请人对上述驳回决定不服，向专利复审委员会提出复审请求，认为该申请的创新点是对基本测温原理作了特别设计，即传统红外测温方法是纯粹的理论方法，而该申请采用的是实验方法；并且该申请对测量仪器作了特别设计，即传统红外测温仪是通过"辐射率修正"的方法校正测量结果，而该申请是采用计算多个参数的方法校正测量结果；至于该申请采用的数学工具即根据实验数据来选用物理模型是已有的成熟技术，不是该申请的创新之处。

经过审查，专利复审委员会作出第 23334 号复审请求审查决定，维持驳回决定。决定认为：

根据该申请说明书的记载可知，其目的在于提供一种能够解决辐射率修正困难、高精度地直接测量被测物体实际温度的红外测温仪及测温方法。然而，在该申请说明书记载的内容中，未就宽带情形给出具体的公式算法，只提供了一个利用最小二乘法对测量数据进行拟合运算的物理模型即 $U(T) = f(A, B, C, D, T)$。众所周知，在利用最小二乘法拟合用于描述实验数据组 (x_i, y_i) 之间的函数关系的经验公式时，需要假设相应的理论曲线 $y = f(c_1, \cdots, c_m, x) = c_1 f_1(x) + c_2 f_2(x) + \cdots + c_m f_m(x)$，其中基函数 $f_m(x)$ 和参数项数 m 的选取与实验数据 (x_i, y_i) 的分布规律有关。而在宽带测量中，热辐射信号电压 $U_i(T_i)$ 与被测物体的温度 T_i 之间不存在确定的函数关系，对于不同测量环境和不同对象，$U_i(T_i)$ 与 T_i 之间的函数关系可能不同，也就是说，数据拟合中采用的基函数及参数项数通常是不确定的。因此，在该申请说明书中未给出任何依据的情况下，本领域技术人员无法确定基于该仅具有 4 项参数的函数 $U(T) = f(A, B, C, D, T)$ 是否能够在任何一种宽带测量环境中均可拟合出 $U_i(T_i)$ 与 T_i 之间的函数关系的经验公式，也就无法实现该申请所声称的高精度地直接测量被测物体实际温度，即无法解决该申请所要解决的技术问题，因此该申请说明书公开不充分，不符合《专利法》第二十六条第三款的规定。

【评析】

建立专利制度的目的之一是希望通过向专利权人提供一定期限内的独占权，让专利权人向社会大众公开自己创造的前所未有的技术，从而促进社会科学技术的进步和创新。这就要求申请人请求授予专利权的技术方案确实能够解决其所要解决的技术问题，并且申请人应当在其于申请日提交的申请文件（主要是说明书）中对该技术方案进行充分的公开，使得所属技术领域的技术人员在阅读了其申请文件特别是说明书的内容之后，不需再付出创造性劳动，就能够再现该技术方案；否则就可能会对社会公众形成错误指导，浪费社会资源，不利于技术的进步和创新。

因此，《专利法》第二十六条第三款对说明书作出了以下规定："说明书应当对发明或者实用新型作出清楚、完整的说明，以所属技术领域的技术人员能够实现为准"，其中的"所属技术领域的技术人员能够实现"是指所属技术领域的技术人员按照说明书记载的内容，就能够实现该发明或者实用新型的技术方案，解决其技术问题，并且产生预期的技术效果。换言之，如果一项专利申请的说明书中给出了技术手段,但所属技术领域的技术人员采用该手段并不能解决发明或者实用新型所要解决的技术问题,则该说明书未满足对发明或者实用新型作出清楚、完整的说明的要求,不符合《专利法》第二十六条第三款的规定。

在本案中,申请人声称要解决的技术问题是改善红外测温精度,使其高于现有的基于纯理论方法进行的测温精度,并且在申请日提交的说明书中公开了以下方案,即:在宽带测量中采用 $U(T) = f(A, B, C, D, T)$ 的函数形式来体现这种测量条件下的 $T_i \sim U_i(T_i)$ 关系,然后依据最小二乘法从一组实测数据(即标准温度 T_i 和热辐射信号电压 $U_i(T_i)$)中拟合获得与该组数据具体对应的函数,即确定参数 A、B、C、D 的数值,由此实现红外测温。而众所周知的是,在宽带测量条件下,温度与热辐射信号电压之间的关系曲线可能因目标材质、形状结构、所处环境等诸多因素的不同而具有各种各样的函数形式,采用单一的函数形式 $U(T) = f(A, B, C, D, T)$ 不可能在任何一种宽带测量环境下都能够精确地描绘出温度与热辐射信号电压之间的关系曲线,也就是说,当所属技术领域的技术人员根据该申请说明书记载的内容去实施红外测温时,仍会得到误差很大的测量结果,这就无法解决其所要解决的红外测温精度不高的问题。由此可见,该说明书未满足充分公开的要求,该项专利申请不能被授予专利权。

在实践中,申请人所提出的技术方案往往是在某种特定条件下实现并解决了相应的技术问题,但是在撰写说明书时却并未记载该特定条件,从而致使所属技术领域的技术人员依据说明书的记载再现该技术方案时不能解决其所要解决的技术问题,导致说明书不满足充分公开的要求。因此,当就一项发明创造提出专利申请时,申请人应当特别注意该项发明创造是否具有普适性,如果其仅限于在某些特定条件下能够起效,解决相应的技术问题,则应当在说明书中记载这些特定条件,以使所属技术领域的技术人员在阅读说明书内容之后无需付出创造性劳动就能够再现该项发明创造,解决相应的技术问题,获得预期的技术效果,这样才能满足《专利法》第二十六条第三款对说明书公开充分的要求。

(撰稿人:王荣)

【案例 2-6】解决技术问题所必不可少的技术特征是必要技术特征——"防盗锁头"无效宣告请求案

【案情】

2006 年 12 月 6 日,专利复审委员会作出第 8912 号无效宣告请求审查决定。该决定涉及国家知识产权局于 2002 年 8 月 7 日授权公告的、名称为"防盗锁头"的实用新型专利权，其专利号是 01266248.8，申请日是 2001 年 10 月 30 日。该专利授权公告时的权利要求 1、2 如下：

"1. 一种防盗锁头，包括壳体、可转动地设置于壳体内的圆柱状锁芯，以及置于壳体与锁芯的配合面之间，用于阻止壳体与锁芯相互转动的弹子、卡键机构，其特征在于：锁芯包括圆柱状内锁芯和套装在内锁芯外的圆筒形外锁芯，内锁芯的外表面平行设置若干条与轴线垂直的环行沟槽，每条环行沟槽内对称设置一对弧形滑动片和一根滑动片压簧，滑动片压簧的两端分别与一对弧形滑动片的尾端相连接，其两个前端相对处保留一定间隙，每对弧形滑动片的外缘的对称位置分别设置一键槽；所述弹子、卡键机构包括两根条形卡键和若干对弹子，两根条形卡键与轴线平行设置于外锁芯两侧的滑槽内，壳体内壁与滑槽相应位置设置卡键凹槽，弹子设置于壳体内的卡键凹槽处，弹子的活动端压接于卡键上。

2. 如权利要求 1 所述的防盗锁头，其特征在于：所述环行沟槽的底面设置一对限位突起，每对弧形滑动片的内缘设置与限位突起配合的限位台阶。"

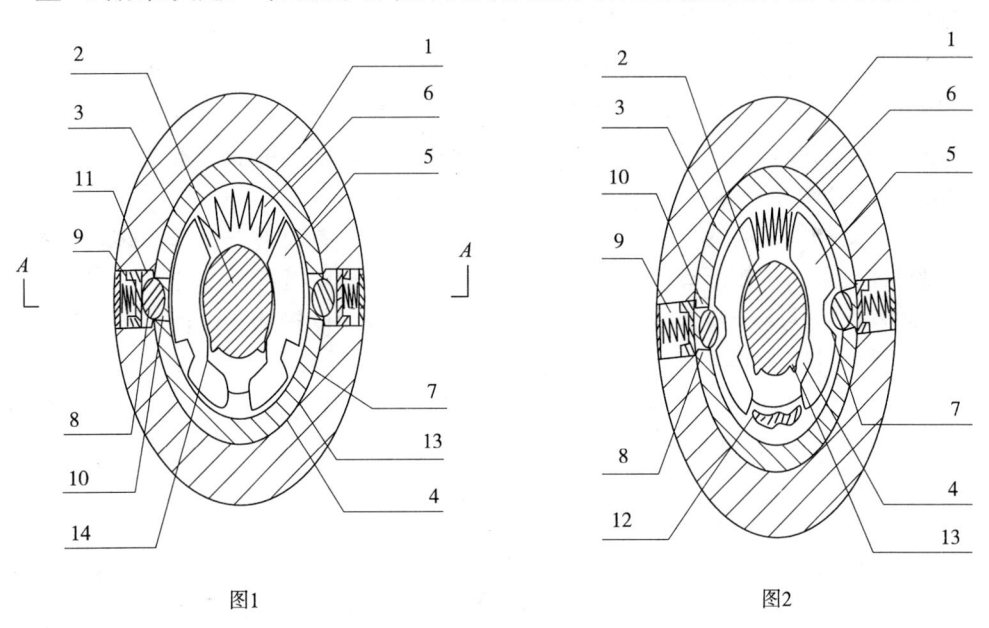

图 2-3 该专利的附图 1 和附图 2

图 1：该专利的闭锁状态横截面图；图 2：开锁状态横截面图。

针对上述专利权，请求人于 2005 年 12 月 16 日向专利复审委员会提出无效宣告请求，其无效理由之一是：该专利权利要求 1 不符合《专利法实施细则》第二十一条第二款的规定。

请求人认为：权利要求1中没有对每条环形沟槽内对称设置的一对弧形滑动片和一根滑动片压簧是如何定位的这些内容进行限定，但是如果没有定位，弧形滑动片和滑动片压簧就可以沿着环形沟槽底部自由转动，使得弧形滑动片或压簧的位置可能会挡住钥匙孔，导致钥匙无法进入，所以对于环形沟槽中一对弧形滑动片和一个滑动压簧进行定位的结构是该专利必不可少的技术特征。另外，由于该专利有多个环形沟槽，所以如果每个环形沟槽内一对弧形滑动片的前端间隙不对齐，也会导致无法插入钥匙。因此，该专利权利要求2记载的附加技术特征是权利要求1所缺少的必要技术特征，权利要求1应被宣告无效。

专利权人认为：该专利的发明目的不在于弧形滑动片的定位，而是在环形沟槽内设置滑动片和压簧，弧形滑动片与滑动片压簧的定位方式是本领域技术人员在阅读本专利说明书和附图的基础上可以得出的，因此该专利权利要求1符合《专利法实施细则》第二十一条第二款的规定。

经审查，专利复审委员会作出第8912号无效宣告请求审查决定。决定认为：

根据说明书的记载，该专利所要解决的技术问题是：针对现有技术中使用弹子和卡键机构的锁头，其钥匙的变化形式较为单一，弹子和卡键容易发生错位的问题，提供了一种结构牢固、使用稳定且钥匙的变化形式复杂多样的防盗锁头。

该专利所采用的技术手段是通过在内锁芯的外表面平行设置的环行沟槽内对称设置一对弧形滑动片和一根滑动片压簧，利用弧形滑动片在环形沟槽内的移动，使卡键落入或者离开弧形滑动片上设置的键槽。由此可见，在环形沟槽内设置弧形滑动片和压簧是该专利区别于现有技术的技术特征。

同时结合附图1、附图2可知，当开启该专利的防盗锁头时，将钥匙12插入，钥匙12的两个侧边作用于滑动片5的前端，滑动片5沿环形沟槽4移动将滑动片压簧6压缩，滑动片外缘处的键槽7移至外锁芯的滑槽10处，在弹子9的作用下，卡键8移出卡键凹槽11，收于键槽7和滑槽10中，此时，锁芯可以转动。当钥匙拔出时，压簧6恢复伸长，滑动片5在压簧6的作用下滑动，使卡键8离开键槽7，进入卡键凹槽11中，使锁芯不可转动，当滑动片5上的限位台阶14接触到环形沟槽上设置的限位突起13时，实现定位，滑动片5不再滑动。由此可见，如果没有定位结构，弧形滑动片5和滑动片压簧6就可以沿着环形沟槽底部自由转动，这样弧形滑动片或者压簧的位置就有可能挡住钥匙孔，致使钥匙无法进入，因此，必须要设置滑动片的定位机构，以保证下次开启锁头时钥匙可以顺利插入。

综上可知，为了实现该专利的防盗锁头的开启和闭锁，定位结构（即在环形沟槽上设置限位突起，在滑动片上设置限位台阶）是与该专利要解决的技术问题密切相关的、必不可少的技术特征，是实现该专利发明目的的必要技术特征，应当记载在其独立权利要求 1 中。因此该专利权利要求 1 不符合《专利法实施细则》第二十一条第二款的规定。

【评析】

本案中所述的"《专利法实施细则》第二十一条第二款"是指 2003 年修订的《专利法实施细则》第二十一条第二款。

《专利法实施细则》第二十一条第二款（2010 年修订的《专利法实施细则》第二十条第二款）规定：独立权利要求应当从整体上反映发明或者实用新型的技术方案，记载解决技术问题的必要技术特征。

《专利审查指南 2010》第二部分第二章第 3.1.2 节规定：必要技术特征是指，发明或者实用新型为解决其技术问题所不可缺少的技术特征，其总和足以构成发明或者实用新型的技术方案，使之区别于背景技术中所述的其他技术方案。判断某一技术特征是否为必要技术特征，应当从所要解决的技术问题出发并考虑说明书描述的整体内容，不应简单地将实施例中的技术特征直接认定为必要技术特征。

根据上述规定，作为发明或者实用新型的独立权利要求，其中应当记载解决其技术问题的全部必要技术特征，由此所构成的技术方案应能够区别于其背景技术中所述的其他技术方案。具体来说，判断独立权利要求的技术方案中是否缺少必要技术特征，应从其申请文件所记载的整体内容入手，明确说明书记载的其所要解决的技术问题，以及为了解决该技术问题具体采用的技术手段，进而判断哪些技术特征是解决其技术问题所必不可少的必要技术特征，如果独立权利要求中缺少这些必要技术特征中的一个或多个，则该权利要求就不符合《专利法实施细则》第二十一条第二款的规定。

《专利法实施细则》第二十一条第二款的设立目的是保证独立权利要求的技术方案在解决技术问题意义上的完整性，保证申请人在独立权利要求中要求保护的技术方案与其在说明书中记载的能够解决其技术问题的技术方案对应一致，这里的对应一致实质上是最低标准，即要求独立权利要求中必须包含解决其技术问题所必不可少的必要技术特征，而未要求包含那些可有可无或能使技术效果更佳的非必要技术特征。

在本案中，专利权人认为该专利的发明目的不在于弧形滑动片的定位，而是在环形沟槽内设置滑动片和压簧，并认为弧形滑动片与滑动片压簧的定位方式是本领域技术人员在阅读该专利说明书和附图的基础上可以得出的。

然而专利权人的这些观点是不能成立的。首先，根据该专利说明书"背景技术"中描述的现有技术中存在的不足，可以确定该专利所要解决的技术问题在于提供一种结构牢固、使用稳定且钥匙的变化形式复杂多样的防盗锁头。其次，通过分析说明书中对于"具体实施方式"部分的详细说明，可以确定在该专利的技术方案中，若没有限位突起与限位台阶的配合，就会导致滑动片5和压簧6在环形沟槽内随意移动，进而导致弧形滑动片或者压簧的位置有可能挡住钥匙孔，致使钥匙无法进入，则该锁头就无法实现正常开、闭的功能，由此可知该定位结构（即在环形沟槽上设置限位突起，在滑动片上设置限位台阶）是与该专利要解决的技术问题密切相关的、必不可少的必要技术特征。最后，在该专利权利要求1中并未记载关于将弧形滑动片相对于环形沟槽限位的技术特征，因此该独立权利要求1所限定的技术方案并非完整的技术方案，不符合《专利法实施细则》第二十一条第二款的有关规定。

（撰稿人：李礼）

第三节 新 颖 性

【案例2-7】新颖性判断中如何考虑产品权利要求中的用途特征——"金属封条锁定器"无效宣告请求案

【案情】

2007年6月26日，专利复审委员会作出第10184号无效宣告请求审查决定。该决定涉及国家知识产权局于2001年8月8日授权公告的、名称为"金属封条锁定器"的实用新型专利权，其申请号是00239557.6，申请日是2000年9月21日。该专利授权公告时的权利要求书如下：

"1. 一种金属封条锁定器，其特征是：锁定器包括一个定子和一个转子，定子具有一个一端封闭、另一端敞口的容腔；转子从容腔的敞口端轴向套入容腔内，并且轴向定位，与定子构成转动联接；在转子上还固定有一个遮盖于容腔敞口端的盖板，盖板上固定有一个手柄；在容腔内，于转子与定子之间联接有棘轮机构，使转子只能朝单一方向转动；在容腔内，于转子上或容腔内壁面上还开有一圈以转子转动轴线为中心的环形凹槽；与环形凹槽位于同一径向截面的位置处，开有径向贯穿定子以及转子的通孔，定子与转子上的通孔可相互对应。

2. 如权利要求1所述的金属封条锁定器，其特征是：转子的轴向定位机构由转子上的轴环以及容腔内壁上的止退挡块构成，止退挡块挡在轴环靠近容腔敞口端的一侧；在轴环的背向容腔敞口端的一侧设有倒角。

3. 如权利要求 1 或 2 所述的金属封条锁定器，其特征是：转子与定子之间的棘轮机构为齿式内啮合棘轮机构，在容腔的内壁面上设有一圈内棘齿，在转子上设有与棘齿相扣的棘爪，棘爪为弹簧片结构，与转子整体注塑而成。

4. 如权利要求 3 所述的金属封条锁定器，其特征是：在手柄与盖板衔接的位置处开有凹槽。

5. 如权利要求 4 所述的金属封条锁定器，其特征是在定子上设有标牌。"

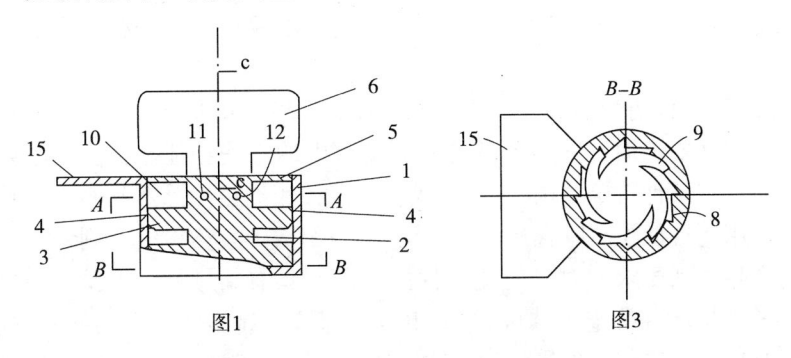

图 2-4 该专利附图的图 1 和图 3

请求人于 2006 年 5 月 23 日向专利复审委员会提出了无效宣告请求，其中一个理由是该专利权利要求 5 不具备《专利法》第二十二条第二款规定的新颖性。

经审查，专利复审委员会作出第 10184 号无效宣告请求审查决定。决定认为：

该专利权利要求 5 的附加技术特征为"在定子上设有标牌"，对于该附加技术特征，该专利说明书只给出一个实施例，其中指出："为便于在锁定器上标注文字，参见图 1、3，本实施例还在定子上设有标牌 15，该标牌与定子 1 整体注塑而成"，并且从该专利附图 1 和附图 3 中可以看出所述标牌是从定子边缘延伸出来的平板状部件。

附件 1 说明书第 7 页第 4～5 行以及附图 1、附图 3a、附图 3b、附图 5～7 公开了外壳 4 具有沿径向伸出的平板 16，其结构和形状与该专利实施例中的标牌的结构和形状相同，区别仅在于该专利权利要求 5 中的"标牌"还进一步包含了该平板状部件是作为"标注文字"使用的含义，即其中包含了对于该平板状部件的用途的具体限定，即用于标注文字，但这一具体用途并没有对定子的结构和/或组成造成改变。因此，在该专利权利要求 5 所引用的权利要求 4 不具备新颖性的情况下，该权利要求 5 也不具备新颖性，不符合《专利法》第二十二条第二款的规定。

【评析】

本案主要涉及如果一项产品权利要求与对比文件中所记载产品的区别仅在于其所记载的一个用途特征，则该用途特征限定的产品权利要求相对于该对比文件是否具备新颖性的判断问题。

该问题实质上涉及用途特征的含义以及其在新颖性判断中的作用。

通常来讲，"用途就是应用的方面或范围"❶。专利法意义上的"用途特征"就是以描述其"用途"的方式来对权利要求保护范围进行限定的语言表述形式。

《专利审查指南 2010》第二部分第三章第 3.2.5 节指出，对于包含用途特征的产品权利要求而言，应当考虑权利要求中的用途特征是否隐含了要求保护的产品具有某种特定结构和/或组成。如果该用途由产品本身固有的特性决定，而且用途特征没有隐含产品在结构和/或组成上发生改变，则该用途特征限定的产品权利要求相对于对比文件的产品不具有新颖性。但是，如果该用途隐含了产品具有特定的结构和/或组成，即该用途表明产品结构和/或组成发生了改变，则该用途作为产品的结构和/或组成的限定特征必须予以考虑。

也就是说，在判断包含用途特征的产品权利要求是否具备新颖性时，首先要分析该用途特征对产品的结构和/或组成是否产生影响，然后才能确定是否需要考虑该用途特征的限定作用。

具体到本案，其争议焦点在于权利要求 5 中记载的"标牌"结构，根据说明书中的说明，该标牌的一种具体结构可以是从定子边缘延伸出来的平板状部件，设置该标牌的目的是为了便于标注文字。换句话说，权利要求 5 中的"标牌"应理解为具备两方面限定，其一是表示可作为标识用途的"标"字；其二是表示应为牌状结构的"牌"字。

由于在附件 1 中已经公开了和该专利权利要求 5 中所记载的"标牌"结构、形状相同的平板 16，因此该权利要求 5 与附件 1 的唯一区别就在于对该"标牌"的用途的具体限定，即用于标注文字。然而该"标识文字"的具体用途并没有对该权利要求所述的产品（定子）及其任何具体部件（比如"标牌"）的结构和/或组成造成改变。因此，该用途特征实质上对于该专利权利要求 5 没有限定作用，在判断该权利要求是否具备新颖性时不需要考虑该用途特征。

(撰稿人：王琦琳)

---

❶ 中国社会科学院语言研究所词典编辑室. 现代汉语词典 [M]. 5 版. 北京：商务印书馆，2006：1643.

第四节 创 造 性

【案例 2-8】 创造性评价中的技术启示与显而易见性——"电磁式线性指针仪表"无效宣告请求案

【案情】

2008 年 5 月 4 日,专利复审委员会作出第 11434 号无效宣告请求审查决定。该决定涉及国家知识产权局于 2006 年 6 月 7 日授权公告的 200520071373.4 号、名称为"电磁式线性指针仪表"的实用新型专利,其申请日是 2005 年 4 月 29 日。该专利授权公告的权利要求 1 如下:

"1. 一种电磁式线性指针仪表,包括有表壳和装在表壳内的表盘和表芯,表芯包括有线圈及支架、定铁组件、动铁、指针和游丝,其中线圈固定在支架上,定铁组件套设在线圈内,它包括有主铁及贴合在其侧壁上的定铁,其特征在于:所述的定铁展平形状为'T'型。"

针对上述专利权,请求人于 2007 年 9 月 27 日向专利复审委员会提出无效宣告请求,并提交了多份证据来证明该专利权利要求 1 不具备《专利法》第二十二条第三款规定的创造性,其中证据 2、证据 3、证据 5 如下:

证据 2:公告日为 1990 年 4 月 18 日的 CN2056255U 号中国实用新型专利申请说明书;

证据 3:《电测量指示仪表原理与使用》一书的封面页、版权页、第 97~99 页、第 106~107 页、第 121~123 页的复印件共 7 页,湖南科学技术出版社 1996 年 1 月印刷;

证据 5:《21 世纪电学科高等学校教材——电工仪表及测量》一书的封面、版权页、第 32~36 页的复印件共 7 页,中国水利水电出版社 2003 年 1 月印刷。

请求人认为,证据 2 公开了该专利权利要求 1 的前序部分特征,区别仅在于未公开"定铁展平形状为'T'型",但证据 3 公开了定铁 5 为 T 型,并且证据 5 公开了可以通过改变铁片形状来使标度尺的刻度均匀,因而该专利权利要求 1 相对于证据 2、证据 3、证据 5 的结合不具备创造性。

在本案审理过程中,专利权人认可证据 2 公开了该专利权利要求 1 的前序部分,但认为证据 3 中公开的定铁 5 展平形状近似于矩形和梯形的组合,而"T"型应该明显具有一个横条部和一个垂直连接于横条中心的竖条部,因此证据 3 没有公开该专利权利要求 1 所述的"T"型,并且现有技术中并没有任何关于通过改变定铁的形状以改善仪表指针的偏转角与被测量值的线性关系的记载,更不能给出采用"T"型定铁改善该线性关系的任何启示,因此该专利权利要求1具备创造性。

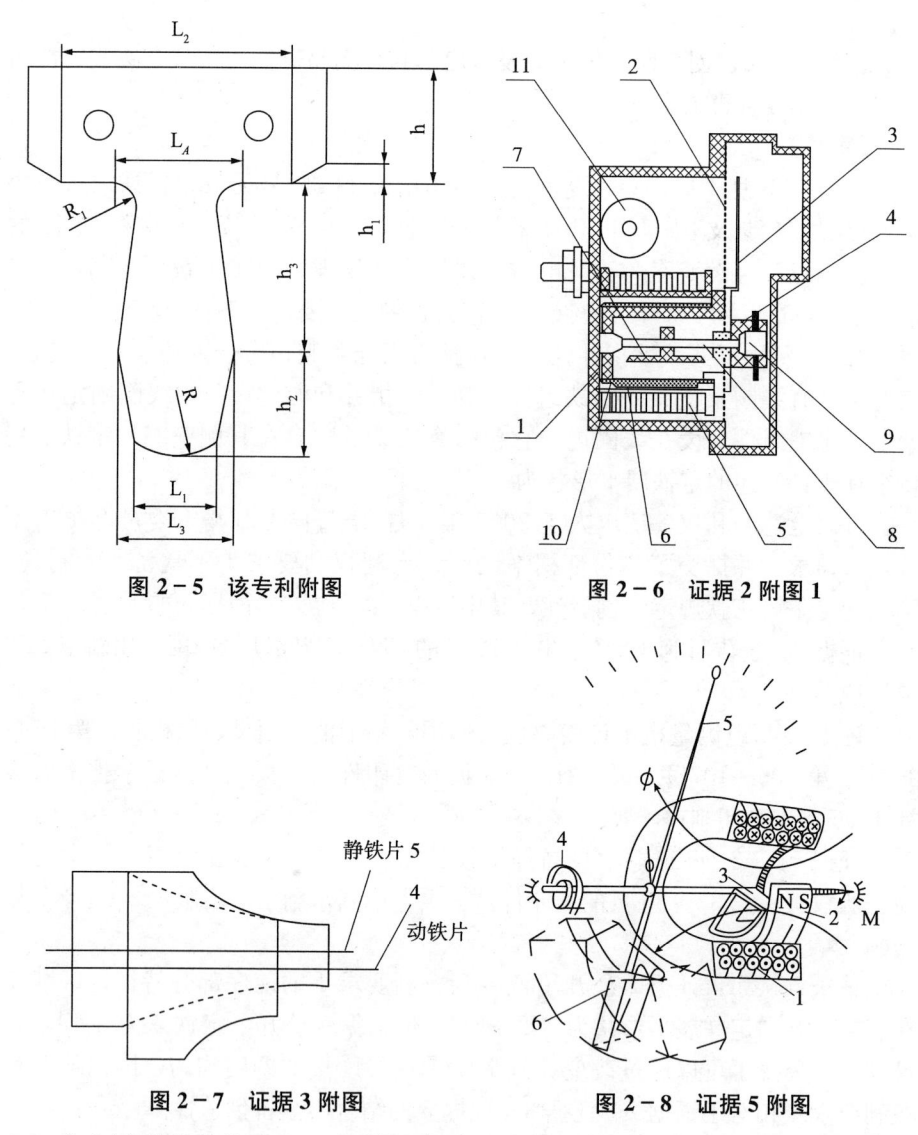

图2-5 该专利附图

图2-6 证据2附图1

图2-7 证据3附图

图2-8 证据5附图

在上述程序的基础上,专利复审委员会作出第11434号无效宣告请求审查决定,认为:

该专利权利要求1所要解决的技术问题是针对现有技术中电磁式仪表指示刻度线性不良的缺点,提供一种性能稳定、测量精确且外表美观的电磁式线性指针仪表。

证据2公开了一种由表壳1、表盘2、指针3、游丝4和电磁转动部分组成的电磁式仪表，电磁转动部分包括固定线圈5、固定铁片6、动铁片7、转轴8和轴承9，固定铁片6被固定在套筒10上，从附图1中可以明显看出固定线圈5被固定在表壳1内的一个支架上，套筒10位于固定线圈5内部，从附图1中还可以看出固定铁片6的一端较宽而另一端较窄，其中较宽端紧贴套筒10的下侧壁，较窄端紧贴套筒10的上侧壁。

将该专利权利要求1与证据2相比可知，证据2中的固定铁片6和动铁片7分别对应于该专利权利要求1中的定铁和动铁，证据2中的套筒10对应于该专利权利要求1中的主铁，证据2中的套筒10和固定铁片6的组合对应于该专利权利要求1中的定铁组件，二者的区别在于：该专利权利要求1中的定铁展平形状为"T"型，而证据2仅公开了定铁片是一端较宽一端较窄的形状。该区别特征使该专利的电磁式仪表的指针偏转角与被测量值成良好的线性关系、提高测量精度以及使表盘刻度均匀。

证据3公开了一种排斥型电磁系仪表，其中公开了该仪表包括圆线圈以及位于圆线圈内部的固定软铁片2、可动软铁片3、转轴4；并且还公开了该圆线圈排斥型仪表的静铁片5和动铁片4的形状为：静铁片的整体形状为一端较宽而另一端较窄，较宽端为矩形横条状，从该矩形横条与端面相对的长边的两个顶点分别以弧形对称收缩至静铁片的较窄的另一端，且该弧形收缩段狭长成条状。

证据5公开了一种排斥型电磁系仪表，该仪表的固定部分包括固定线圈1和线圈内侧的固定铁片2，可动部分包括固定在转轴上的可动铁片3、游丝4和指针5，其中第36页第10～13行记载了可以改变铁片的形状来使标度尺的刻度更均匀。

可见，证据2、证据3和证据5均与该专利属于相同的技术领域，其中证据3中所公开的静铁片对应于该专利权利要求1中的定铁，该静铁片的形状虽然不是严格的"T"型，但是该静铁片具有明显的横条部和细长形的竖条部，与该专利所述的"T"型已非常近似；而证据5中给出了改变铁片的形状可以使标度尺的刻度更均匀的启示，由于证据3和证据5均是描述电测量仪表原理性质的公开出版物，且证据5还是高等学校的教科书，属于公知常识性证据，因此证据3所公开的静铁片形状和证据5所披露的技术内容均是本领域普通技术人员所熟知的。在证据2所公开的电磁式仪表的基础上，为了解决电磁式仪表刻度不均匀和测量不精确的问题，本领域普通技术人员很容易想到对静铁片的形状进行改变，例如采用证据3中公开的静铁片形状，并通过有限次的试验得到权利要求1的技术方案，因此该专利权利要求1相对于证据2、证据3和公知常识（证据5）的结合不具有实质性特点和进步，不具备《专利法》第二十二条第三款规定的创造性，因而宣告该权利要求1无效。

上述决定作出后，专利权人不服，向北京市第一中级人民法院提起诉讼，北京市第一中级人民法院经审理后作出一审判决❶，维持了该决定专利权人仍不服，又上诉至北京市高级人民法院，北京市高级人民法院经审理后驳回上诉，维持一审判决。❷

【评析】

根据《专利审查指南2010》第二部分第四章第3.2.1.1节的规定，判断发明或者实用新型是否具备创造性，通常可以按照"三步法"来进行：（1）确定一篇对比文件为最接近的现有技术；（2）确定发明或者实用新型相对于该对比文件的区别特征，并进而根据该区别特征确定发明或者实用新型实际解决的技术问题；（3）判断要求保护的发明或者实用新型对本领域的技术人员来说是否显而易见。

在审查实践中，上述步骤（3）即对于是否显而易见的判断由于带有一定的主观性，往往是各方当事人争议最多之处。判断是否显而易见，就是判断现有技术是否给出了将区别特征应用到最接近的现有技术中以解决其存在的技术问题的启示，这种技术启示可以来自于对比文件或公知常识的教导。在这一判断过程中尤其要注意考虑该区别特征所起的作用是否相同。具体来说，如果该区别特征被另一篇对比文件公开，并且在该对比文件中所起的作用与该特征在本发明或者实用新型中所起的作用相同，或者该区别特征属于本领域的公知常识或常用技术手段，则认为现有技术中存在技术启示。

就本案而言，与该专利最接近的现有技术是证据2，其与该专利权利要求1的区别在于：该专利权利要求1中的定铁展平形状为"T"型，而证据2中仅公开了定铁片是一端较宽一端较窄的形状。该区别特征使该专利的电磁式仪表的指针偏转角与被测量值成良好的线性关系并能够提高测量精度以及使表盘刻度均匀。

证据3与该专利属于相同的技术领域，并且证据3中所公开的电磁系仪表也具有动铁片和静铁片，分别对应于该专利权利要求1中的定铁和动铁，该静铁片具有明显的横条部和垂直于该横条部的细长形竖条部，与该专利权利要求1所述的"T"型大致相似，但仍有一定差别；然而，在此基础上，证

---

❶ 参见：北京市第一中级人民法院（2008）一中行初字第1425号行政判决书。
❷ 参见：北京市高级人民法院（2009）高行终字第950号行政判决书。

据5作为一份公知常识性证据，又进一步公开了通过改变铁片的形状可以使标度尺的刻度更均匀的内容，因此，证据3所公开的静铁片形状和证据5所公开的内容就构成了现有技术中的技术启示，使本领域技术人员在证据2所公开的电磁式仪表的基础上，为了解决电磁式仪表刻度不均匀和测量不精确的问题，很容易想到对静铁片的形状进行改变，例如采用证据3中公开的静铁片形状，并通过有限次的试验得到该专利权利要求1中所述的"T"型，即由证据2、证据3和公知常识（证据5）结合而得到该专利权利要求1的技术方案对于本领域技术人员来说是显而易见的。另外，上述区别特征的应用也没有带来预料不到的技术效果。因此该专利权利要求1相对于证据2、证据3和公知常识（证据5）的结合不具有实质性特点和进步，不具备《专利法》第二十二条第三款规定的创造性。

由此可见，本案较好地诠释了技术启示的判断及其对于评价创造性所起的作用，可供申请人和代理人在撰写申请文件时借鉴。

（撰稿人：刘亚斌）

【案例2-9】普遍存在的需求是否构成技术启示——"一种短路检测装置与方法"复审请求案

【案情】

2010年8月19日，专利复审委员会作出第25602号复审请求审查决定。该决定涉及名称为"一种短路检测装置与方法"的200610138699.3号发明专利申请。

经实质审查，国家知识产权局以该申请不具备《专利法》第二十二条第三款规定的创造性为由作出了驳回决定，其中引用了如下一篇对比文件：

对比文件1：CN2781390Y号中国实用新型专利说明书，授权公告日为2006年5月17日。

申请人对上述驳回决定不服，于2010年3月12日向专利复审委员会提出了复审请求，并提交了权利要求书的全文修改替换页，最后修改的权利要求1具体如下：

"1. 一种短路检测装置，其特征在于，包括：电阻分压网络，用于根据被测信号开路和短路不同状态通过其分压得到不同的电压值；电压比较电路，与上述电阻分压网络相连接，用于对上述电压值进行比较，得到短路或断开的不同状态的输出电平，即0或1；以及读取判断电路，与上述电压比较电路相连接，用于对比较结果进行读取和判断，得到是否短路的检测结果；

其中，上述电压比较电路至少包括限流电阻和电压比较器，外部电源和地信号；其中上述限流电阻和上述外部电源根据上述电压比较器的特性进行选择；其中，电压比较电路中仅包含一个电压比较器，所述电压比较器的两个输入端分别通过限流电阻与所述电阻分压网络的两个电压输出端相连。"

申请人认为，该权利要求1与对比文件1相比存在两点区别：（1）权利要求1中电压比较电路包括外部电源，在实施检测时被测部件无需通电，可避免电源和地短路引起的烧坏电路的情况；对比文件1中检测电路没有外部电源，检测时被测系统需要在电路通电的情况下才能实现。（2）权利要求1限定为一个电压比较器，仅需一个电路来实现电阻分压网络，输出两路电压信号，并仅需一个比较器来实现电压比较电路，实现的电路占用面积小、简单有效；而对比文件1需要三个电路分别提供四路信号，以及两个比较器对四路信号两两比较得出两个比较结果，并且将两个比较器改进为一个比较器不是本领域的常规技术。

经审查，专利复审委员会作出第25602号复审请求审查决定，维持国家知识产权局作出的驳回决定，决定认为：

该申请权利要求1请求保护一种短路检测装置。对比文件1公开了一种负载短路、开路预检测电路，该电路包由信号源、限流器、预测开关、测短路参考电压电路、测开路参考电压电路、两个比较器，其中预测开关接收到使能信号后，预测开关导通，信号源VCC、限流器R1与待测负载RL构成分压电路，将待测负载的电阻量通过分压方式转换为电压信号分别通过隔离电阻R2和R3输入到比较器IC4A和IC4B的一个输入端，测短路参考电压电路给定一个短路参考电压输入比较器IC4A的另一输入端，测开路参考电压电路给定一个开路参考电压输入比较器IC4B的另一输入端，比较器IC4A和IC4B还分别连接外部电源VCC和地信号GND，最后通过比较器IC4A输出的短路预警信号和比较器IC4B输出的开路预警信号确定待测负载是通路、短路或开路。由此可见，对比文件1中的分压电路相当于该申请权利要求1的电阻分压网络，隔离电阻R2、R3及比较器IC4A、IC4B相当于该申请权利要求1的电压比较电路。

权利要求1与对比文件1的区别在于：（1）该申请权利要求1还包括有读取判断电路。（2）该申请权利要求1中只采用了一个电压比较器，并且该电压比较器的两个输入端分别连接电阻分压网络的两个电压输出端；而对比文件1中利用了两个电压比较器，并且各电压比较器的一个输入端连接电阻分压网络，另一输入端连接相应的参考电压电路。

关于区别技术特征（1）：对比文件1中已指出要通过比较器IC4A输出的短路预警信号和比较器IC4B输出的开路预警信号确定待测负载是通路、短路或开路，由此本领域技术人员容易想到在电压比较器的输出端连接判断电路，用于对比较器的比较结果进行读取和判断，从而得到相应结果。

关于区别技术特征（2）：首先，如上所述，对比文件1公开了利用分压电阻网络和电压比较器来判断被测电路短路、断路或通路等状态的有关内容，由此对本领域技术人员而言，对比文件1给出了将待测负载接入电阻分压网络中，根据待测负载的开路、短路、通路不同状态输出不同分压值，通过电压比较电路比较所得分压值判断待测负载所处状态来实现电路负载短路检测的技术启示，当本领域技术人员需要检测设备部件或信号处于短路还是开路状态时，基于对比文件1给出的上述启示容易想到将该部件或信号接入电阻分压网络，利用电压比较器比较电阻分压网络输出的电压值来判断被测部件或信号所处的状态；其次，在满足功能要求的情况下使用尽可能少的元件是本领域技术人员通常遵循的基本设计原则，本领域技术人员知晓一个电压比较器只能输出两种结果，用于判断两种状态，由于对比文件1中需要判断短路、断路和通路三种状态，因此基于上述设计原则在电压比较电路采用了两个电压比较器，而当本领域技术人员面临只需要检测短路、断路这两种状态的情形时，容易想到此时的电压比较电路只需使用一个电压比较器，并且会根据实际情况相应地对电压比较电路进行适应性改进，例如让该电压比较器的两个输入端均与电阻分压网络的输出端相连。由此可见，在对比文件1的基础上本领域技术人员根据本领域的公知常识容易想到该区别技术特征（2），并且该区别技术特征（2）也未带来任何预料不到的技术效果，不能使该申请权利要求1请求保护的技术方案具备创造性。

因此，将对比文件1与公知常识相结合而得到该权利要求1的技术方案，对本领域技术人员来说是显而易见的，故该权利要求1不具备《专利法》第二十二条第三款规定的创造性。

【评析】

本案涉及创造性判断中技术启示的认定。

如果一项权利要求的技术方案与最接近对比文件公开的技术方案相比，其区别技术特征未被对比文件公开，也不属于本领域公知常识，但是出于解决本领域中公认的问题或者满足本领域普遍存在的需求的目的，例如出于更简便、更洁净、更快捷、更轻巧、更耐久或更有效的考虑，使得本领域技术人员有动机及能够采用已知技术手段对最接近对比文件中的技术方案进行改进而获得该权利要求的技术方案，且可以预期其技术效果，则可以认为现有技术整体上存在相关的技术启示。

具体到本案，关于权利要求1是否具有创造性的主要问题在于：当对比文件1公开了一种包括四路信号和用于对四路信号进行两两比较的两个比较器的电路状态测试装置的情况下,是否容易想到该申请要求保护的包括两路信号和用于对两路信号进行比较的一个比较器的电路状态测试装置。

首先,如前所述,对比文件1公开了将待测负载接入电阻分压网络,根据待测负载的开路、短路、通路不同状态输出不同分压值,通过电压比较电路比较所得分压值判断待测负载所处状态来实现电路负载连通状态检测的思路,即公开了该申请所采用的电路负载连通状态检测原理。

其次,通过进一步分析对比文件1和本申请的技术方案不难看出,对比文件1中的电路状态测试装置的设计目的是用于检测三种电路状态,而一个比较器只能输出两种结果,体现两种电路状态,因此在采用这种检测原理的情况下,对比文件1的测试装置中至少需要采用两个比较器,而该申请中设计的测试装置只要求检测两种电路状态,即对检测对象的数量上的需求相对于对比文件1减少了。而元件最少化是器件设计领域中普遍适用的设计原则,出于对此设计原则的考虑,使得本领域技术人员在面对只需检测两种电路状态这一实际需求时,有动机去改造对比文件1的检测电路,并且能够利用对比文件1公开的电路负载连通状态检测原理减少检测电路中采用的比较器数量,对电路连接关系作出适应性修改,得到该申请权利要求1要求保护的检测电路,并且能够预期所获得的技术效果,因此可以得出结论:现有技术整体上给出了关于该区别技术特征的技术启示。

(撰稿人:王荣)

第五节　修　　改

【案例 2-10】 将公知常识加入到申请方案中是否导致超范围——"泄漏测试的方法与装置"复审请求案

【案情】

本案涉及申请号为 200310120984.9、名称为"泄漏测试的方法与装置"的发明专利申请。该申请是申请号为 98805515.5、名称为"泄漏测试的方法与装置"的 PCT 发明专利申请(下称"原申请")的分案申请。

本案原申请的说明书中记载了一种泄漏测试的方法与装置,其中涉及对容器进行泄漏测试的内容,但没有提及任何与制造容器相关的内容。在分案申请即本案申请中,申请人则希望保护一种利用该泄漏测试的方法制造无泄漏容器的方法,其中独立权利要求1如下:

"1. 一种制造封闭的无泄漏容器的方法,包括:

制造封闭容器;

将至少一个所述容器置于测试条件下,由此监视与所述容器泄漏情况有关的一个信号;

产生至少一个从所述监视信号导出的信号;

将所述导出的信号与一个动态阈值相比较来确定所述容器的泄漏情况;

如果所述目前被测试的容器泄漏条件表明是一个无泄漏容器,就将也从所述监视信号导出的另一个信号与先前测试为无泄漏的其它容器处产生的这种另一个信号求平均;

从所述求平均的结果获得所述阈值;

根据所述的比较结果将所述一个容器识别为无泄漏。"

经实质审查,国家知识产权局于2007年7月20日以该申请权利要求1不符合《专利法实施细则》第四十三条第一款的规定为由作出驳回决定。驳回决定认为,权利要求1所要求保护的制造封闭的无泄漏容器的方法既未记载在原申请中,也不能从原申请记载的信息中直接地、毫无疑义地确定,因而超出了原申请公开的范围,不符合《专利法实施细则》第四十三条第一款的规定。

申请人对上述驳回决定不服,于2007年11月5日向专利复审委员会提出了复审请求,未对申请文件进行修改。申请人认为,该申请公开的泄漏测试方法直接和明确地教导了在实施所述方法之前,这些封闭和填充的容器一定是采用了任何一种公知的方法制造而成的,由此认为该申请直接和明确地教导了一种制造封闭、填充的无泄漏容器的方法;此外,根据原说明书第14页5~14行记载的内容以及附图12能够得出权利要求1中关于测试过程的内容。

针对上述复审请求,专利复审委员会于2008年5月12日向申请人发出复审通知书,指出:该申请权利要求1请求保护一种制造封闭的无泄漏容器的方法,其中记载了包括制造封闭容器的步骤,而在原申请的说明书和权利要求书中(例如申请人所指出的原说明书第14页5~14行以及附图12)仅记载有对封闭填充容器进行泄漏测试的方法和装置,并没有记载任何与制造封闭容器相关的内容,且从原申请记载的内容中也不能直接地、毫无疑义地确定出该制造封闭容器的方法和步骤,即使该内容是公知的方法,这种修改也超出了原申请所记载的范围,是不允许的修改,因此该权利要求1超出了原申请公开的范围,不符合《专利法实施细则》第四十三条第一款的规定。

针对上述复审通知书,申请人在指定期限内没有提交答复,该复审请求被视为撤回,本案的审理结束。

【评析】

本案主要涉及分案申请的修改是否超范围的判断。具体来说,包括两个问题：一是分案申请修改是否超范围的判断应当以哪个文本为依据；二是公知常识或现有技术的增加是否会导致修改超范围。

关于第一个问题，根据《专利法实施细则》第四十三条第一款的规定，分案申请不得超出原申请记载的范围。事实上，关于分案申请是否超范围的判断标准与判断普通申请的修改是否超范围的判断标准应当是一致的，即与《专利法》第三十三条的判断标准一致，差别仅在于超范围评价的基础不同：对于普通申请来说，是以其原始提交的申请文本作为修改是否超范围的判断依据；而对于分案申请来说，是以其原申请文件的原始提交文本作为修改是否超范围的判断依据。

关于第二个问题，事实上，对于申请文件的修改，如果修改不是在原申请文件中文字记载的内容，判断其是否超范围，并不以该修改是否为公知常识或现有技术为依据，其唯一的判断标准就是该修改后的内容能否从原申请文件记载的内容中直接地、毫无疑义地确定。因此，一般来说，只要增加的内容没有记载在原申请文件中，并且也不能从原申请文件记载的内容中直接地、毫无疑义地确定，那么该修改就超出了原申请文件记载的范围，即使增加的内容属于公知常识或现有技术也不能允许。不过，也有一种例外情形，即《专利审查指南2010》第二部分第八章第5.2.2.2节所述的，将审查员检索到的对比文件的内容补入说明书的背景技术部分是允许的，因为这种修改虽然是增加了原申请文件未记载的内容，但是该修改仅涉及背景技术而不涉及发明本身，且增加的内容是申请日前公知的现有技术，因此是允许的。

具体到本案，涉案申请是一项分案申请，因此判断其修改是否超范围应当以其原申请的原始申请文本为依据。按照申请人的观点，原申请文件中教导了在实施所述泄漏测试方法之前就已存在所述的封闭和填充的容器，而这些容器一定是采用了任何一种公知的方法制造而成的，由此认为原申请直接和明确地教导了一种制造封闭、填充的无泄漏容器的方法。然而，事实上，在原申请中并没有任何关于制造所述容器的相关记载，并且根据原申请记载的内容也不能直接地、毫无疑义地确定该制造封闭容器的方法和步骤。即使有关该制造容器的内容是公知的技术，这种修改也是不允许的，其超出了原申请所记载的范围，因此申请人的理由不能成立。

申请人在初次提交专利申请文件时，就应当尽量把相关的技术内容都记载在申请文件中，以便于为审查过程中的修改提供依据；即使是属于公知常识的内容，如果在原始申请文件中未记载，也不属于能够从原始申请文件中直接地、毫无疑义地确定的内容，这一点也是申请人应当注意的。

（撰稿人：刘亚斌）

第三章　医疗技术领域

　　医疗技术领域主要涉及与疾病诊断治疗、健康护卫相关的医疗器械技术，是一个集声、光、电于一体的交叉学科。按照专利审查领域的划分，其IPC国际分类号主要是A61大类下的大部分领域，具体包括A61B诊断、外科、鉴定，A61C牙科，A61D兽医，A61F假体移植，A61G病残运输、起居，A61H理疗、按摩，A61J医用容器，A61L灭菌消毒，A61M转移介质器具，A61N各种能量治疗，等等，涵盖了小至牙刷、绷带等小型健康物品，大至核磁、CT等大型医疗设备，以及这些与生命健康有关的器具的制备方法。另外，由于医疗技术日新月异地发展，更多的测量测试技术、检测成像技术、电子调控技术以及核技术等也逐渐应用到生命保健中来，使得该领域除了A61为主的分类号外，还往往涉及G01、G08、G21D等的副分类号。

　　由于涉及对象的庞杂，既有技术方案容易理解的小型器具，又有技术方案深奥难懂的大型设备，再加上目前健康护理科技的飞速发展，各种改进点层出不穷，使得该领域的专利审查需要相对宽阔的知识结构，既要了解机电技术，又要懂得医学知识。更重要的是，很多专利申请的技术方案常常需要在特定的医用环境下进行考量，这既为该领域专利申请的审查增加了难度，又为该领域专利申请文件的撰写提出了相对较高的要求。

　　结合该技术领域的特点和现状，加之出于人道、伦理方面的考虑，我国《专利法》将疾病的诊断和治疗方法排除在专利保护客体之外，使得该领域专利和专利申请案件涉及的法律问题相对较多。除了新颖性、创造性，公开是否充分，权利要求是否清楚、能否得到说明书支持以及修改是否超范围等法条外，该领域案件还有一些特殊的争论焦点。比如，一项技术方案是否属于疾病的诊断或治疗方法，是否构成专利法意义上的技术方案，是否具备实用性，等等。

　　本章选取了有代表性的几个案例，涉及《专利法》第二十五条第一款第（三）项规定的疾病的诊断和治疗方法，《专利法》第二十六条第四款规定的权利要求是否清楚并得到说明书支持，《专利法》第二十二条第二款规定的新颖性,《专利法》第二十二条第三款规定的创造性,《专利法》第二十二条第四款规定的实用性等,集中展现了该技术领域专利申请的特色,希望能够对相关人士有所启发和帮助。

(撰稿人:赵鑫)

第一节 专利权保护的客体

【案例3-1】含有材料特征的技术方案是否为实用新型保护的客体——"足浴器"无效宣告请求案

【案情】

2005年5月17日,专利复审委员会作出第7206号无效宣告请求审查决定。该决定涉及2003年9月3日授权公告的第02260421.9号实用新型专利权,名称为"一种足浴器"。该专利授权公告的权利要求书共包括5项权利要求,其中权利要求1和3如下:

"1. 一种足浴器,它由内桶、外桶和控制系统组成,内桶中间设有凸台,在凸台顶部安装有按摩器,在内桶与外桶之间设有振动器、水循环系统和控制系统,振动器吊装在凸台的下部,控制系统由主机板、操作面板、温控器和感温管组成,主机板上装有微处理器、继电器,操作面板上装有LED显示器,其特征在于水循环系统由石英管、水泵、水分配器和管子组成,石英管的外壁涂有电热膜,石英管一端与水泵进水口相连,另一端与内桶底部管口相通,水泵出水口通过管子与内桶相通。"

"3. 根据权利要求1所述的一种足浴器,其特征在于水泵出水口通过管子与水分配器相连,水分配器又与内桶相通,连接水泵出水口与内桶用的管子是用硅橡胶制成的。"

针对该专利,请求人向专利复审委员会提出无效宣告请求,其中一个无效理由是,该专利权利要求3中包含了对材料特征的限定,因此不符合《专利法实施细则》第二条第二款的规定。

经审理,专利复审委员会作出第7206号无效宣告请求审查决定,但对于该专利权利要求3不符合《专利法实施细则》第二条第二款规定这一无效理由,专利复审委员会没有支持。具体理由是:权利要求3要求保护的是一种足浴器,该权利要求的技术方案是对足浴器的形状、构造及其结合的适于实用的技术方案,虽然其中含有对材料进行限定的技术特征,但从整体上看该权利要求的技术方案仍是对产品形状、构造及其结合所作的限定,因而符合《专利法实施细则》第二条第二款的规定。

【评析】

1. 材料特征与实用新型保护客体的关系

《专利法》第二条第三款（2010年修订前的《专利法实施细则》第二条第二款）规定，实用新型，是指对产品的形状、构造或者其结合所提出的适于实用的新的技术方案。该条款规定了实用新型的保护客体，其含义是：（1）实用新型仅保护产品，即排除了方法作为实用新型保护的对象；（2）实用新型保护的是产品的形状、构造或者其结合；（3）实用新型保护的是技术方案，非技术的方案不是实用新型保护的对象。

本案请求人认为权利要求3中含有材料特征，因而不符合2010年修订前的《专利法实施细则》第二条第二款的规定，这一理由主要涉及上述三点中的第2点，即含有材料特征的技术方案是否是对产品的形状、构造或者其结合提出的技术方案。本案适用的2001年版《审查指南2001》中涉及实用新型保护客体的相关规定中关于材料特征的规定如下："仅仅改变了成分的原材料产品，如板材、棒材等，其板状、棒状并未对现有技术作出贡献，不能作为产品的特定形状特征。但是，通过改变其形状使其能够取得不同于以往产品的特殊作用或效果时，可以获得实用新型专利保护。""如果实用新型要求保护的产品相对于现有技术来说只是材料的分子结构或组分不同，也不属于实用新型专利保护的客体。例如，以塑料替换玻璃的同样形状的水杯；仅改变焊条药皮成分的电焊条均不能授予实用新型专利权。"

从上述规定可以看出，《审查指南2001》并未规定含有材料特征的技术方案不属于实用新型的保护客体，而是仅仅排除了那些仅是针对材料本身提出改进而未导致产品的形状、构造发生改变的技术方案，即"仅仅改变了成份的原材料产品"或者"相对于现有技术来说只是材料分子结构或组分不同"，这一规定也间接表明《审查指南2001》认为材料特征本身不属于形状、构造特征。但是，《审查指南2001》中并未对如下情形进行规定：如果技术方案中既包含产品的形状、构造特征，又包括对材料本身提出的改进，是否属于实用新型保护的客体。这一问题在2006年施行的《审查指南2006》中有所明确，其中对于涉及材料特征的技术方案是否为实用新型的保护客体有了比《审查指南2001》更为详细的规定："一项发明创造可能既包括对产品形状、构造的改进，也包括对生产该产品的专用方法、工艺或构成该产品的材料本身等方面的改进。但是实用新型专利仅保护针对产品形状、构造提出的技术方案。""应当注意的是，如果权利要求中既包含形状、构造特征，又包含对材料本身提出的技术方案，则不属于实用新型保护的客体。"可见，《审查指南2006》明确了对于材料本身的改进不属于对产品形状、构造的改进，并且只要技术方案中包含对材料的改进，就不属于实用新型保护的客体。

在《专利审查指南2010》中，对于判断实用新型保护客体中如何看待材料特征有了更为明确的规定："（1）权利要求中可以包含已知材料的名称，即可以将现有技术中的已知材料应用于具有形状、构造的产品上，……（2）如果权利要求中既包含形状、构造特征，又包含对材料本身提出的改进，则不属于实用新型专利保护的客体。"根据上述规定，包含材料特征的产品的技术方案是否属于实用新型保护客体的审查标准已经是比较明确的了，即要判断该材料是否已知的材料，如果是已知的材料则是实用新型的保护客体，否则不是实用新型的保护客体。

2. 本案的法律适用

本案适用2001年施行的《专利法实施细则》和《审查指南2001》。涉案专利涉及一种足浴器，从其权利要求1可以看出，其是对足浴器的各组成部件及其之间的位置连接关系进行的限定，明显属于形状、构造特征。权利要求3引用权利要求1，其涉及材料特征的仅仅是附加技术特征中的"连接水泵出水口与内桶用的管子是用硅橡胶制成的"这一点。由于制作连接管的材料——硅橡胶是本领域的常见材料，而且本案的技术方案也并非针对该材料进行了改进，因此从其技术方案整体而言，不属于《审查指南2001》规定的不属于实用新型保护客体的情形。该类型案例适用现行《专利法》和《专利审查指南2010》，也属于实用新型保护客体。

（撰稿人：刘颖杰）

【案例3-2】外科手术的辅助方法属于疾病治疗方法——"喉罩导气管装置的监控"复审请求案

【案情】

2009年4月13日专利复审委员会作出了第16576号复审请求审查决定，该决定涉及发明名称为"喉罩导气管装置的监控"的01814476.4号发明专利申请，其申请日为2001年7月9日。

该申请多组权利要求请求保护的技术方案大致可以分成两类：一类是对置于患者体内的人造气路进行压力监测的方法，当超过阈值时报警；另一类是请求保护一种可充气根套的喉罩导气管装置的使用方法。

驳回决定所针对的权利要求1和15分别为：

"1. 一种监测患者的方法，该方法包括：

A. 将一充气结构放置在患者的嘴与患者声门开口之间的上气路（upper

airway）中；

　　B. 监测该充气结构中的压力；

　　C. 当该压力超过第一选定等级时启动报警。"

"15. 包括一可充气根套的喉罩导气管装置的使用方法，该方法包括：

将该装置的至少一部分放置在患者内，使该充气根套围绕该患者的声门开口设置；

监测该充气根套内的压力；以及

当该压力的偏差超过一选定等级时启动报警。"

驳回决定指出：该申请的权利要求 1 请求保护一种监测患者的方法，权利要求 15 请求保护一种可充气根套的喉罩导气管装置的使用方法，虽然其限定的技术方案不包括诊断步骤或外科手术步骤，但其是为实施外科手术治疗方法所采用的辅助方法，都是以有生命的患者为对象，在施行全身麻醉的外科手术过程中监控患者，因此上述方法是为使有生命的人体或者动物体恢复或获得健康或减少痛苦，进行阻断、缓解或者消除病因或病灶的过程，属于疾病的治疗方法，根据《专利法》第二十五条第一款的规定，不能授予专利权。

申请人对上述驳回决定不服，向专利复审委员会提出复审请求，未对申请文件进行修改，其理由为：该申请的权利要求仅涉及一种监测患者状态的方法，该方法不涉及对患者疾病的治疗服药用法，也不涉及患者身体接受任何有创处理的流程，因此上述权利要求均不涉及对患者疾病的诊断与治疗，不属于《专利法》第二十五条第一款第（三）项所述疾病治疗方法的范围。

经审查，专利复审委员会于 2009 年 4 月 13 日作出第 16576 号复审审查决定。决定认为：该申请的权利要求请求保护的方法，一种是对已经位于患者体内的设备进行压力监测，并且在压力超过某一阈值时报警或根据压力的函数产生一信号；另一种是用于与已安装在患者内的人造气路装置一起使用的监测方法，其利用位于患者咽部的装置监测患者咽部区域中的肌肉活动性，并当所述活动性超过某阈值时报警或产生代表所述肌肉活动性的信号。根据说明书的记载，上述各项权利要求所限定的方法是在外科手术中对实施全身麻醉的患者进行麻醉深度监控的方法，属于实施外科手术治疗方法所采用的辅助方法，因此应当视为治疗方法，属于《专利法》第二十五条第一款第（三）项规定的不能授予专利权的情形。

【评析】

本案涉及的问题是，在外科手术中对实施全身麻醉的患者进行麻醉深度监控的方法是否属于专利授权的客体。

1. 关于疾病的诊断和治疗方法的规定

《专利法》第二十五条第一款第（三）项规定疾病的诊断和治疗方法不能授予专利权。《专利审查指南2010》第二部分第一章第4.3.2节中明确规定：治疗方法，是指为使有生命的人体和动物体恢复或获得健康或减少痛苦，进行阻断、缓解或者消除病因或病灶的过程。

为实施外科手术治疗方法和/或药物治疗方法采用的辅助方法，例如返回同一主体的细胞、组织或器官的处理方法、血液透析方法、麻醉深度监控方法、药物内服方法、药物注射方法、药物外敷方法等属于治疗方法的发明。

2. 本案的法律适用

本案的技术方案是外科手术中对实施了全身麻醉的患者进行生理参数的监控方法。根据本案说明书的记载可知，麻醉是一种均衡行为，太大或太小的麻醉都可能导致严重或致命的后果，因此非常需要一种具有一定精确度的判断麻醉深度的方法。人体的咽道具有响应机械和化学刺激的感觉神经，而局部或全身麻醉能全部或部分地抑制其神经反射反应；人体的喉部在存有强痛苦刺激且未充分麻醉时，可导致声带完全关闭的喉痉挛而不发出声音，其与咽收缩肌的紧张性有关，因此可使用咽收缩肌紧张性的改变作为麻醉深度的指示器。该申请的技术方案就是通过将一人工气路置于患者体内，监测其受到的脉动压力或监测咽收缩肌活动的生理参数，当监测结果超过阈值时报警。

通观该申请说明书的记载，其仅描述了手术期间或重症监护期间，通过监测患者体内人工气路的压力状况或咽收缩肌活动的生理参数来对患者的麻醉状况进行监控，从而在所监测的数据超出阈值时报警，提醒医护人员进行处理，因此该申请的技术方案属于一种外科手术中或重症监护期间监测患者麻醉深度的监测方法，虽然其本身并不涉及使有生命的人体和动物体恢复或获得健康或减少痛苦，进行阻断、缓解或者消除病因或病灶的过程，但其实质属于一种使有生命的人体和动物体恢复或获得健康的外科手术中的辅助方法。即使权利要求中并未限定将人工气路置于患者体内的操作步骤，而是仅针对已经置于体内的人工气路进行监测的方法，但就其本质而言，这种监测方法是应用于外科手术中或重症监护期间的、对患者麻醉深度进行监控的方法。另外，该申请的说明书中只记载了人工气路在麻醉深度监控及重症监护期间的使用，并未具体说明其在除诊断、治疗之外的其他用途，因此其权利要求所限定的技术方案应为治疗方法发明，属于《专利法》第二十五条第一款第（三）项规定的情形，非专利授权的客体。

（撰稿人：赵鑫）

【案例 3-3】包含疾病治疗目的的方法发明在一定条件下允许放弃式修改——"用于输液设备的光学位移传感器"复审请求案

【案情】

2009 年 8 月 19 日，专利复审委员会作出第 18752 号复审请求审查决定。该决定涉及名称为"用于输液设备的光学位移传感器"的第 03817718.8 号发明专利 PCT 申请，其申请日为 2003 年 7 月 23 日。

驳回决定针对的权利要求 17 如下：

"17. 一种利用具有活塞的分配器测量分配物质的速率的方法，该活塞被在物质的容器内沿着运动轴驱动，该方法包括：

a. 照亮被设置在和活塞耦合的活塞杆上的编码零件的编码图形；

b. 检测来自照亮的编码图形的光线并产生检测器信号；以及

c. 至少基于检测器信号确定活塞杆相对于基准参考位置的位移。"

驳回决定指出：该申请权利要求 17 请求保护一种利用具有活塞的分配器测量分配物质的速率的方法，由说明书的记载可知，该方法包括了药物注射方法，是以有生命的人体为直接实施对象，用于治疗疾病，属于《专利法》第二十五条第一款第（三）项所述的疾病的治疗方法，不能被授予专利权。

申请人对上述驳回决定不服，向专利复审委员会提出了复审请求，同时对权利要求 17 进行了修改，修改后的权利要求 17 如下：

"17. 一种利用具有活塞的分配器测量分配物质的速率的方法，该物质不输送给病人，且该活塞在物质的容器内沿着运动轴线被驱动，该方法包括：

a. 照亮被设置在和活塞接合的活塞杆（38）上的多个编码零件（46）的编码图形；

b. 检测来自照亮的多个编码零件（46）的光线并产生检测器信号；以及

c. 至少基于检测器信号确定活塞杆（38）相对于基准参考位置的位移。

其特征在于，多个编码零件之间的任意两个相邻间隔的组合唯一地标识容器的特性，以及确定位移的步骤包括利用两个相邻间隔之间的距离确定容器的特性。"

申请人认为：修改后的权利要求 17 中进一步限定了"该物质不输送给病人"，而且说明书的最后一部分中也记载了该发明的教导可用于其他应用的多种流体，比如把化学品输送到饮用水源等，因此，修改后的权利要求 17 应属于可授权的范围，不属于《专利法》第二十五条第一款规定的情形。

经审查，专利复审委员会最终作出了第 18752 号复审请求审查决定，撤销了驳回决定。第 18752 号复审请求审查决定认为：该申请权利要求 17 请求保护一种利用具有活塞的分配器测量分配物质的速率的方法，在独立权利要求 17 中限定"该物质不输送给病人"，从而对权利要求的主题进行了限定，已经明确排除了将其请求保护的方法以治疗目的应用于人体的情形。尽管在该申请说明书的实施例中，将分配物质具体化为药剂，但说明书中还记载了"本发明的实施例也可以有益的应用于，例如传输净化剂给供水装置""应该理解本发明的教导可应用于其他应用的多种流体，比如传送化学品给便携水的提供者"，故本领域技术人员在该申请说明书记载的上述内容的基础上，可以理解权利要求 17 请求保护的方法可以应用于除为病人给药之外的其他领域。因此，权利要求 17 请求保护的方法不属于《专利法》第二十五条第一款第（三）项规定的疾病的治疗方法。

【评析】

本案涉及的问题是，属于疾病治疗方法的权利要求是否可以通过放弃式修改加以克服，以及进行这种修改的前提条件。

1. 关于疾病的治疗方法及相关规定

《专利法》第二十五条第一款第（三）项规定疾病的诊断和治疗方法不能授予专利权。《专利审查指南 2010》第二部分第一章第 4.3.2 节中明确规定：治疗方法，是指为使有生命的人体或者动物体恢复或获得健康或减少痛苦，进行阻断、缓解或者消除病因或病灶的过程。对于既可能包含治疗目的，又可能包含非治疗目的的方法，应当明确说明该方法用于非治疗目的，否则不能被授予专利权。

上述规定表明，属于治疗方法的权利要求不能授予专利权，但如果该权利要求能够通过修改，使其明确排除用于疾病的治疗，则排除修改后的该权利要求可以成为专利保护的客体。

2. 本案的法律适用

本案权利要求 17 请求保护一种利用具有活塞的分配器测量分配物质的速率的方法，其实质上是一种测量速率的方法。本案说明书是以对人体进行药物输注的医药流体泵为具体实施例，对其技术方案进行了详细的描述。通观本案说明书的内容可知，其技术方案的描述与人体药物输注密不可分。因此，根据本案说明书的记载可知，该技术方案的提出是为了解决目前医药流体泵中存在的缺陷，以便更好地进行疾病的治疗。可见，虽然本案的技术方案的直接目的并不体现在治疗疾病上，但本案发明创造的初衷仍然是为了方便治疗疾病。

由于本案说明书中明确记载了其技术方案可用于传送化学品给便携水的提供者等非疾病治疗的用途，这给本案通过放弃式修改克服疾病治疗方法的缺陷带来了可能。在确保修改不超范围的前提下，通过在权利要求中明确限定用于非治疗目的，则可使包括疾病治疗方法的更上位的技术方案，在明确排除用于疾病治疗之后，成为专利保护的客体。

应注意，并非任何可能涉及疾病治疗方法的权利要求都可以通过这种明确排除的方式而成为专利保护的客体，因为还要综合考虑该权利要求是否具备通过这种放弃式进行修改的前提条件。比如，说明书中仅记载该技术方案在治疗疾病中使用，放弃技术方案用于疾病治疗的修改则会导致超范围，不符合《专利法》第三十三条的规定。另外，还要考虑权利要求限定的技术方案是否还存在不能成为专利保护客体的其他限制因素。

最后，应当指出的是本案的审理存在一个瑕疵，即申请人对权利要求17的修改，仅仅排除了该方法应用于病人这种实施对象，但并未明确排除该方法应用于活的动物体。如果修改是将权利要求17的方法直接限定为非治疗目的，或者明确排除该方法用于活的人体或动物体中，则更为严谨。

（撰稿人：孙茂宇）

第二节　权利要求清楚并得到说明书支持

【案例3-4】实施例并非权利要求能否得到说明书支持的唯一判断依据——"胰岛素泵"无效宣告请求案

【案情】

2005年2月20日，专利复审委员会作出第6899号无效宣告请求审查决定。该决定涉及2000年9月20日授权公告的99255511.6号实用新型专利权，名称为"胰岛素泵"。该专利授权公告的权利要求共10项，其中权利要求1~6如下：

"1. 一种胰岛素泵，包括有一壳体、设于壳体上的一键盘和一显示装置、固设于壳体内的一主机板、一注射器及一电源装置，其特征在于：

所述的壳体内还设有一电机，该电机的输出端通过一传动装置驱动一直线运动机构，该直线运动机构联接于所述注射器的活塞，带动该活塞于注射器的针筒内伸缩，所述的注射器输出端通过一导管植入人体；

所述的主机板上至少设有一中央处理单元及其外围电路，该中央处理单元有信号线连接所述键盘和显示装置，接受键盘的控制信号，输出信号到显示装置，并通过一电机驱动电路连接上述电机的输入控制端，上述电机并有一反馈装置，其输出信号通过一电机检测电路连接到该中央处理单元。

2. 根据权利要求1所述的胰岛素泵，其特征在于：所述的直线运动机构是由丝杠以及与之相啮合的丝母构成，所述的活塞连接于该丝母上。

3. 根据权利要求1所述的胰岛素泵，其特征在于：所述的直线运动机构是由齿轮以及与之相啮合的齿条构成，所述的活塞连接于该齿条上。

4. 根据权利要求1或2或3所述的胰岛素泵，其特征在于：所述的传动装置包括有一减速机构。

5. 根据权利要求1或2或3所述的胰岛素泵，其特征在于：所述的传动装置可包括有换向机构，该换向装置最佳由齿轮组构成。

6. 根据权利要求1或2或3所述的胰岛素泵，其特征在于：所述的传动装置可由减速机构和换向机构组成，其减速机构连接于电机的输出端，再由减速装置的输出端连接于换向装置，通过换向装置连接于直线运动机构一端，由直线运动机构的另一端连接于活塞，该活塞、直线运动机构以及电机和减速机构相互呈并列设置。"

针对上述实用新型专利，请求人于2003年10月22日向专利复审委员会提出无效宣告请求，理由之一是该专利不符合《专利法》第二十六条第四款的规定，因为：该专利权利要求4～6中引用权利要求3的技术方案没有在说明书中给出具体实施例，得不到说明书支持。专利权人则认为：根据该专利附图2～5及说明书实施例所公开的内容，本领域技术人员可以实现权利要求4～6中引用权利要求3的技术方案，因此该专利符合《专利法》第二十六条第四款的规定。

经审理，专利复审委员会认为该专利符合《专利法》第二十六条第四款的规定。理由是：权利要求3和权利要求2都是对直线运动机构所作的进一步限定，权利要求4～6是对传动装置的进一步限定。在说明书第4页第2段中明确描述了权利要求4～6引用权利要求2的技术方案，也即由减速机构、换向机构组成的传动装置和由丝杠与丝母组成的直线运动机构组合的技术方案。同时，说明书第3页第4段描述了通过传动装置驱动直线运动机构的方案，而在后面的实施例中进一步说明直线运动机构可以是由丝杠与丝母组成或由齿轮和齿条组成，并对丝杠、丝母和齿轮、齿条的具体构成方式作了说明。虽然在说明书中只给出了由丝杠和丝母组成的直线运动机构与传动装置组合的方案，没有明确叙述由齿轮和齿条组成的直线运动机构和传动装置相组合的方案，但这一方案实际已经包含在说明书的内容中，只需用齿轮和齿条替换丝母和丝杠作为直线运动机构即可实现，而且这种替换是本领域技术人员根据说明书公开的内容显而易见的,因而权利要求4~6引用权利要求3的技术方案可以在说明书中找到依据,符合《专利法》第二十六条第四款的规定。

最终,专利复审委员会作出第6899号无效宣告请求审查决定,维持该专利有效。

【评析】

本案所涉及的问题在于,权利要求得到说明书的支持,是否意味着权利要求限定的技术方案一定要在说明书中有明确的实施例予以对应。

《专利法》第二十六条第四款规定:权利要求书应当以说明书为依据,说明专利保护的范围。

权利要求书应当以说明书为依据,是指权利要求应当得到说明书的支持。权利要求书中的每一项权利要求所要求保护的技术方案应当是所属技术领域的技术人员能够从说明书充分公开的内容中得到或概括得出的技术方案,并且不得超出说明书公开的范围。

权利要求书应当以说明书为依据的原因在于:第一,专利权是以公开换权利,发明人欲使其发明创造得到保护,首先要公开其发明创造,而这是通过说明书实现的;发明人获得的权利范围,应当与其公开的技术内容相适应,其不能要求保护那些其没有公开的内容。第二,权利要求是以简洁的文字对技术方案所作的概括,由于文字的简洁与概括性,仅根据权利要求难以清楚、明确地理解所要保护的技术方案,因此需要根据说明书公开的内容去理解权利要求的保护范围;如果权利要求所要保护的技术方案在说明书没有相应的依据,则难以正确地理解其方案以及其方案能实现何种效果,也就难以对该权利要求所要保护的技术方案是否具备新颖性、创造性、实用性等进行有效判断。

但是,权利要求书以说明书为依据,并不是说权利要求的每个技术方案都必须在说明书中有对应的具体实施例,否则也就谈不上权利要求对说明书中技术方案的概括了。本案请求人认为权利要求4~6引用权利要求3的技术方案在说明书中没有给出具体实施例。单从这一主张而言,并不必然导致权利要求不符合以说明书为依据的规定,因为权利要求本身通常就是对说明书中的一个或多个实施例概括而成的,只要根据说明书中所给的实施例,本领域技术人员能够合理预测说明书给出的实施方式的等同替代方式或明显变型方式都具备相同的性能或用途,则应当允许申请人将权利要求的保护范围概括至覆盖其等同替代或明显变型的方式。

本案中的专利涉及一种胰岛素泵装置,其由三大部分组成:控制系统、动力系统、输送装置,其中动力系统由电机、直线运动机构和传动装置构成。图 3-1 中的图 3 和图 4 是该专利直线运动机构的两个实施例的示意图,其中图 3 中的直线运动机构由丝杠 303 和丝母 304 构成,图 4 中的直线运动机构由齿轮 403 和齿条 404 构成。

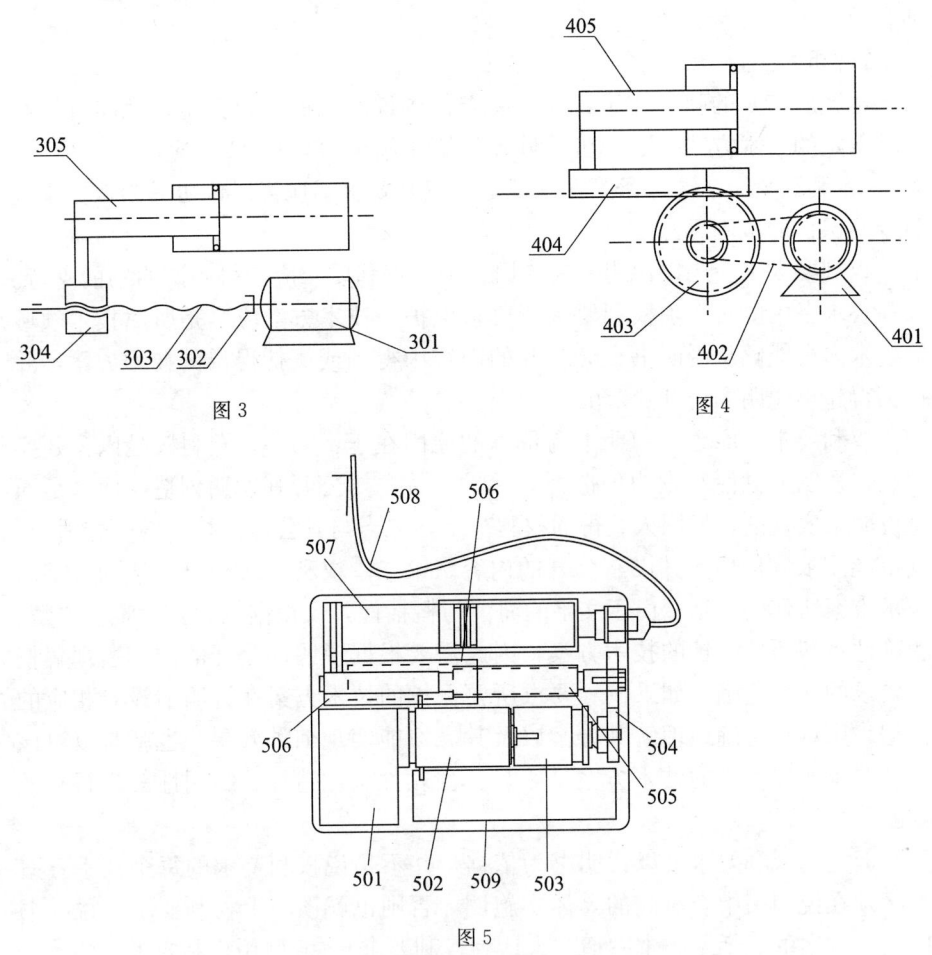

图 3-1 该专利附图中的图 3、图 4 和图 5

图 3:直线运动机构的第一实施例;图 4:直线运动机构的第二实施例;
图 5:该专利技术方案的结构示意图。

图 5 是该专利的最佳实施例结构示意图,其显示了电机、直线运动机构、传动装置和主机板的结构和位置连接关系,其中的直线运动机构是由丝杠 505 和丝母 506 组成,该实施例实际上对应权利要求 4~6 引用权利要求 2 的技术方案。

虽然上述最佳实施例中采用的是由丝杠和丝母构成的直线运动机构,但对于本领域技术人员而言，其可以将图 4 所示的由齿轮和齿条组成的直线运动机构替换到图 5 所示的实施例中，并且能够合理预测这种替换方式与图 5 所示的实施例具有相同的性能或用途，因此即使说明书中没有明确给出这样的实施例——即权利要求 4～6 引用权利要求 3 的技术方案，也可以将该技术方案概括入权利要求的保护范围中。

（撰稿人：刘颖杰）

【案例 3－5】瑕疵表述不必然使得专利权利要求的保护范围不确定——"正子放射性药物辐射屏蔽装置"无效宣告请求案

【案情】

2008 年 12 月 1 日专利复审委员会作出了第 12619 号无效宣告请求审查决定，该决定涉及 2007 年 3 月 28 日授权公告的第 200520127475.3 号实用新型专利权，名称为"正子放射性药物辐射屏蔽装置"。

该专利授权时的权利要求书为：

"1. 一种正子放射性药物辐射屏蔽装置，由前盖体、容置体、后盖体、钨套及夹取器所构成，其特征为容置体内设有供钨套放置的容置空间，该钨套放置于具放射性药物的针筒，前盖体及后盖体结合于容置体两侧，容置体内部具有密闭空间；在其容置体外缘设有沟槽，与供夹取器的夹架结合，夹取器所设的勾体紧扣于凸体；在前盖体外端设置有扣环。"

该专利的说明书附图如下：

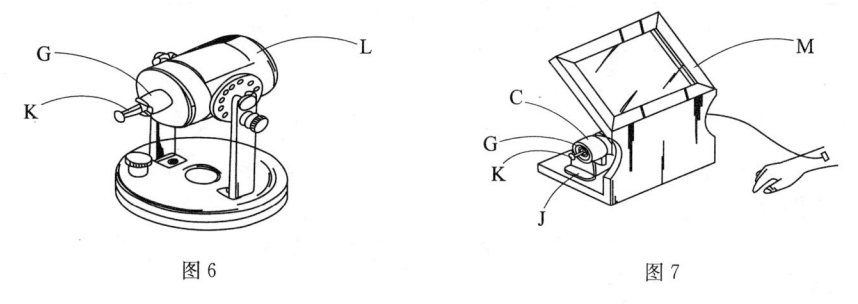

图 6   图 7

图 3－2　该专利的附图中的图 6 和图 7

图 6：钨套和针筒存储状态图；图 7：钨套和针筒使用状态图。

对上述专利权，请求人向专利复审委员会提出无效宣告请求，其理由是：该专利权利要求 1 中的"该钨套放置于具放射性药物的针筒"及"与供夹取器的夹架结合"语句含糊不清，本领域技术人员无法理解其确切含义，因此不符合《专利法实施细则》第二十条第一款的规定。

经审理，专利复审委员会作出第 12619 号无效宣告请求审查决定，认定该专利权利要求1符合《专利法实施细则》第二十条第一款的相关规定，维持专利权有效。具体理由是：

（1）权利要求1中包括如下技术特征："该钨套放置于具放射性药物的针筒"，按照现代汉语的语法习惯来看，该句的句子结构是不完整的，上述瑕疵是否足以造成该专利权利要求1保护的技术方案不清楚是本案的争议焦点之一。对此，根据《专利法》第五十六条的规定，说明书及附图可以对权利要求书进行解释说明。在该专利的说明书第1页最后一段中记载了如下内容："而具放射性药物的针筒是放置于钨套内，以阻隔药物所产生的辐射"，从说明书附图6和7中也可以看出，钨套G是套设在装有放射性药物的针筒K外侧的，而说明书其他部分也没有记载除了钨套G置于针筒K外侧这一技术方案之外，钨套G相对于针筒K还具有其他位置关系，即该专利中仅给出将钨套G置于针筒K外侧这一唯一的技术方案。此外，结合本领域的公知常识可知，钨套的作用是用于屏蔽来自针筒中放射性药物的辐射，因而除了钨套套置于针筒外侧这一位置关系外，也没有其他可以实现的合理的实施方式来获得屏蔽针筒内放射性药物的技术效果，因此该专利权利要求1中的上述文字部分虽然有表述上的瑕疵，但根据该专利说明书的内容可以唯一确定钨套置于针筒外侧这一种位置关系，因此上述瑕疵并不足以造成权利要求1保护范围不清楚。

（2）对于权利要求1中"与供夹取器的夹架结合"，结合权利要求1的上下文，即"在其容置体外缘设有沟槽，与供夹取器的夹架结合"可以理解，容置体外缘上设置的沟槽是用来与夹取器的夹架相结合的，该专利说明书所描述的技术方案也是这样。在说明书第3页第1段中记载了如下内容："其容置体C外侧设有沟槽C2，是供夹取器F做结合，……其夹取器F结合于容置体C是通过勾体F2与凸体F3的扣合，使其夹架F1紧夹于沟槽F1，以利于使用者做移动、运送之用"，根据说明书的上述记载可知，容置体外缘上的沟槽是用于与夹取器的夹架结合，并且除此之外说明书其他部分也没有记载关于沟槽与夹架结合的其他实施方式。

综上所述，权利要求1中的"该钨套放置于具放射性药物的针筒"和"与供夹取器的夹架结合"并不足以造成权利要求1的保护范围不清楚。

【评析】

本案涉及的问题是，已授权的专利权利要求如果存在瑕疵表述，是否必然导致该权利要求含义不清，界定不明，从而应宣告无效。

请求人之所以会提出权利要求1不符合《专利法实施细则》第二十条第一款（本案中指2010年修订前的版本，对应于2008年修改后的《专利法》

第二十六条第四款）的无效理由，是因为该权利要求中确有不符合中文语法表达习惯之处，这一瑕疵是由于在专利申请阶段的撰写不严谨导致的，由于说明书及其附图所描述的技术方案是清楚、明确的，故上述瑕疵在本案中还没有严重到影响权利要求保护范围界定的程度。因此，对于已授权的专利，在面对权利要求中出现语句不通顺等瑕疵或形式缺陷时，专利复审委员会通常会基于已授权专利的说明书文字部分的描述及其附图所描述的内容，从本领域技术人员的角度进行全面合理的判断和把握。如果通过说明书及其附图能对该瑕疵或形式缺陷进行合理解释，使得含有该瑕疵或形式缺陷的权利要求所确定的保护范围清楚、明确，则该瑕疵或形式缺陷并不必然会导致该权利要求被宣告无效。

由于我国现行专利法规中，对于已授权专利的权利要求的修改方式仅限于权利要求的删除、合并和技术方案的删除这三种形式，不允许为克服形式缺陷而对已授权专利的权利要求进行文字改动。因此，对于已授权的专利，尤其是未经过实质审查的实用新型专利而言，一般来说专利权人并没有修改撰写瑕疵的途径，而在一些撰写瑕疵不会影响技术方案理解的情况下，如果仅因中文语法错误来认定权利要求不符合《专利法实施细则》第二十条第一款的规定，并据此宣告该权利要求无效，则对专利权人显失公平，也不符合专利制度鼓励发明创造的精神。专利复审委员会对本案作出如此决定并非是不严格执行权利要求应当清楚的审查标准，而是根据本案的具体情况，更多地从公平的角度以及价值判断的角度进行了取舍。

需要提醒申请人以及专利代理人注意的是，在撰写申请文件时也应认真检查，避免在后续程序中产生不必要的麻烦。

（撰稿人：刘畅）

第三节 新 颖 性

【案例3-6】仅体现在用药过程中的效果特征对药物产品权利要求通常不具有限定作用——"用丁丙诺啡实现持续止痛"复审请求案

【案情】

2008年2月1日专利复审委员会作出第12607号复审请求审查决定。该决定涉及申请号为98804261.4、名称为"用丁丙诺啡实现持续止痛"的发明专利PCT申请，申请日为1998年2月24日。

驳回决定针对的权利要求1为：

"1. 丁丙诺啡在制备用于通过与患者的疼痛部位接触5～8天来治疗疼痛

168小时的透皮贴剂中的应用,其中

所述透皮贴剂包含粘合组合物,该组合物含有10%重量丁丙诺啡基剂、10%～15%重量乙酰丙酸、10%重量软化剂、55%～70%重量聚丙烯酸酯和0～10%重量聚乙烯吡咯烷酮;和

所述透皮贴剂被设计和配制成在给药至给药后120小时后获得19～1052pg/ml的丁丙诺啡基剂血浆水平。"

驳回决定认为:对比文件1(WO96/19975A1)公开了丁丙诺啡在治疗疼痛的透皮贴剂中的应用,其中公开了与权利要求1完全相同的透皮贴剂的组分,各组分的含量也在权利要求1的含量范围内;虽然权利要求1中还进一步限定了透皮贴剂和皮肤的接触时间,但该特征体现的是医生的治病行为,不属于有关制备药物用途的特征,对透皮贴剂的技术方案不产生限定作用。而对于权利要求1中进一步限定的给药一定时间后获得一定范围的丁丙诺啡基剂的血浆浓度以及治疗疼痛时间,由于对比文件1中透皮贴剂和该权利要求1中的组成成分完全相同,其施加到患者身上必然可以获得一样的效果。虽然申请人认为药物的第二用途是可以获得专利权的,但丁丙诺啡用于制备治疗疼痛的用途已经被对比文件1公开。因此,该申请权利要求1相对于对比文件1不具备《专利法》第二十二条第二款规定的新颖性。

申请人不服上述驳回决定,于2005年11月24日向专利复审委员会提出复审请求。在复审程序中,申请人提交了权利要求书全文的修改替换页。其中权利要求1内容如下:

"1. 一种持续释放的透皮制剂,它包含丁丙诺啡作为活性组分,所述透皮制剂施加到患者皮肤上为期7天,在从给药期开始后72小时到168小时的平均相对释放速度为0.3～9μg/小时,其中实现了以下的丁丙诺啡血浆平均浓度:

给药期开始后6小时时,血浆平均浓度为0.3～113pg/ml;

给药期开始后12小时时,血浆平均浓度为3～296pg/ml;

给药期开始后24小时时,血浆平均浓度为7～644pg/ml;

给药期开始后36小时时,血浆平均浓度为13～753pg/ml;

给药期开始后48小时时,血浆平均浓度为16～984pg/ml;

给药期开始后60小时时,血浆平均浓度为20～984pg/ml;

给药期开始后72小时时,血浆平均浓度为20～1052pg/ml;

给药期开始后96小时时,血浆平均浓度为23～1052pg/ml;

给药期开始后120小时时,血浆平均浓度为23～1052pg/ml;

给药期开始后144小时时,血浆平均浓度为22～970pg/ml;

给药期开始后168小时时,血浆平均浓度为19~841pg/ml;

其中所述制剂含有10%重量丁丙诺啡基剂、10%~15%重量酸、10%重量软化剂、55%~70%重量聚丙烯酸酯和0~10%重量聚乙烯吡咯烷酮。"

申请人认为,对比文件1中没有述及7天里制剂的相对释放速率特征,且能达到持续释放而长期止痛的效果,因此权利要求1符合《专利法》第二十二条第二款和第三款的规定。

经审查,专利复审委员会最终作出第12607号复审请求审查决定,维持了驳回决定。第12607号复审请求审查决定认为:修改后的权利要求1中对化学成分重量含量数值范围的限定已经完全被对比文件1所公开。该申请权利要求1与对比文件1公开的内容相比,其区别仅在于:权利要求1中的透皮制剂施加到患者皮肤上为期7天,在从给药期开始后72小时到168小时的平均相对释放速度为0.3~9μg/小时,以及权利要求1中还记载了给药期开始后6、12、24、36、48、60、72、96、120、144、168小时的血浆平均浓度值。而上述特征描述的是该透皮制剂产品的给药方式、用量以及用药时间等仅仅体现在药物使用过程中的特征,其体现的是该申请药品的使用性能,但上述特征并没有包括请求保护的产品具有区别于对比文件1中产品的结构和/或组成,本领域普通技术人员根据这些体现在用药过程中的效果特征也并不能将要求保护的产品与对比文件1中的产品区分开,并且在该申请说明书的内容中也未体现出其产品与对比文件1中的产品在结构和/或组成上的区别,因此认为其与对比文件1所公开的产品相同,该权利要求1相对于对比文件1不具备《专利法》第二十二条第二款所规定的新颖性。而且本领域技术人员根据对比文件1中公开的贴片的成分也完全可以预期到其能起到与本权利要求1中产品相同的作用,因此,申请人的上述主张不能成立。

【评析】

本案涉及的问题是在产品权利要求中记载的效果特征是否必然对权利要求的新颖性判断产生影响。

《专利审查指南2010》第二部分第三章第3.1节明确了新颖性的审查原则包括:(1)同样的发明或者实用新型;(2)单独对比。第二部分第三章第3.2.5节明确规定:对于包含性能、参数特征的产品权利要求,应当考虑权利要求中的性能、参数特征是否隐含了要求保护的产品具有某种特定结构和/或组成。如果该性能、参数隐含了要求保护的产品具有区别于对比文件产品的结构和/或组成,则该权利要求具备新颖性;相反,如果所属技术领域的技术人员根据该性能、参数无法将要求保护的产品与对比文件产品区分开,则可推定要求保护的产品与对比文件产品相同,因此申请的权利要求不具备新颖性，除非申请人能够根据申请文件或现有技术证明权利要求中包含性能、参数特征的产品与对比文件产品在结构和/或组成上不同。

本案权利要求1请求保护的是一种持续释放的透皮制剂，其主题名称已经明确了其属于产品权利要求，而产品权利要求通常用产品的结构特征来描述。但在实践中，在产品权利要求中也经常会出现写入要求保护的产品或其各组成结构的性能、参数、用途、功能等特征的情况。如果这类特征的存在并不会带来权利要求不清楚或得不到说明书支持的问题，则在允许这类特征存在的情况下，审查时还会考虑这类特征对权利要求的技术方案产生何种限定作用。

在进行新颖性的判断时，应当以权利要求中文字记载的技术特征的总和所构成的技术方案作为评判基础，判断方案所属的技术领域、所解决的技术问题、技术方案和预期效果是否与现有技术实质上相同。但是，由于文字的表现力是有限的，通过文字限定的技术方案有时并不能完全与申请人完成的技术方案严丝合缝地匹配；而且，申请人为了获得尽可能宽的保护范围，也往往会采取抽象概括的方式。因此，很多时候，如果不进一步结合说明书的记载，比如，本申请技术方案的应用领域、所要解决的技术问题、所采用的技术手段以及所能达到的技术效果等问题，等等，则很难理解权利要求真正想要表达的含义。需要指出的是，"技术方案"仍然是判断的核心，而"领域、问题、手段、效果"均是针对具体技术方案而言的，与技术方案密不可分。通常情况下，技术手段的集合构成技术方案。也有一些情况下，权利要求中不仅仅记载直接限定方案内容的技术手段，还记载了方案所解决的技术问题或所实现的技术效果等，此时应当具体判断这些内容是否对权利要求具有限定作用。

还应该注意的是，一项技术方案所能解决的技术问题和达到的技术效果虽是客观存在的，但针对不同的现有技术所要解决的技术问题和达到的预期效果仍会有所差别，这依赖于申请人对现有技术的了解以及撰写过程中侧重点的取舍。因此，在进行新颖性判断时，有时不能仅依据说明书或权利要求书中的文字表述进行判断，而需要将文字的表述还原到申请人所完成技术方案时的真实情况进行理解和把握。

本案申请权利要求1就是一种典型地包括了产品组成结构和产品性能效果两部分特征的产品权利要求。对于一种药物制剂而言，其结构组成就是制剂的组分以及含量比例，即权利要求1中记载的：包含丁丙诺啡作为活性组分，其中所述制剂含有10%重量丁丙诺啡基剂、10%～15%重量酸、10%重量软化剂、55%～70%重量聚丙烯酸酯和0～10%重量聚乙烯吡咯烷酮，上述技术特征已经完全被对比文件1所公开。而该申请权利要求1中还记载了其他特征，也就是对比文件1未披露的药物代谢动力学效果，其描述的是该透皮制剂产品的给药方式、时间、用量以及药物分阶段缓释情形等体现药物使用过程中的性能特征。这些性能中的给药方式、时间、用量实际上对该药物制剂组成结构本身没有限定作用，其中的药物分阶段缓释情形实际上是在给药方式、时间、用量确定的情况下，由药物制剂的组分、含量所直接决定的。因此，上述性能效果特征对该药物制剂本身没有任何影响，不会影响该药物制剂的组分及含量比例。换句话说，相同组分和含量比例的药物制剂在同样的施用条件下，同样会达到上述限定的性能效果。仅凭上述体现药物施用条件、药物缓释性能等特征并不能将权利要求1中要求保护的药物制剂与对比文件1中的药物制剂区分开，因此该申请权利要求1相对于对比文件1不具备新颖性。

（撰稿人：佟仲明）

第四节　创　造　性

【案例3-7】对方法针对对象的新认识不一定能使方法具备创造性——"用于循环性巨噬细胞的性质确定和/或分类的方法"复审请求案

【案情】

2009年7月20日，专利复审委员会作出第18615号复审请求审查决定。该决定涉及发明名称为"用于循环性巨噬细胞的性质确定和/或分类的方法以及施行该方法的分析安排"的第03816702.6号发明专利申请，其申请日为2003年6月2日。

驳回决定所针对的权利要求1为：

"1. 用于循环性巨噬细胞和/或外周血液单核细胞的性质确定和/或分类的方法，其具有下列步骤：

——抽取全血以及进行梯度离心以分离巨噬细胞，

——将巨噬细胞穿孔，

——用至少一种经挑选的抗体进行所述细胞的细胞内染色，以及

——进行所述经预处理的细胞的流式细胞计量分析，并随后对于更多的细胞进行统计学评价。"

驳回决定指出：该申请权利要求1与对比文件1（WO96/13615A1）相比，区别在于权利要求1中使用了梯度离心法进行分离，并且权利要求1中分离的对象为巨噬细胞，而对比文件1中为单核细胞。梯度离心法是本领域

的常用技术。单核细胞与巨噬细胞均属于单核巨噬细胞系，外周血液中的单核细胞与巨噬细胞实质上是相同的，这也是本领域的公知常识。因此，该申请权利要求1不具备《专利法》第二十二条第三款规定的创造性。

申请人对上述驳回决定不服，于2008年2月3日向专利复审委员会提出复审请求。在复审程序中，申请人对权利要求1进行了修改，删除了"和/或外周血液单核细胞"这一技术特征，并将"抽取全血以及进行梯度离心以分离巨噬细胞"修改为"进行梯度离心以从全血中分离巨噬细胞"。修改后的权利要求1如下：

"1. 用于循环性巨噬细胞的性质确定和/或分类的方法，其具有下列步骤：
—进行梯度离心以从全血中分离巨噬细胞，
—将巨噬细胞穿孔，
—用至少一种经挑选的抗体进行所述细胞的细胞内染色，以及
—进行所述经预处理的细胞的流式细胞计量分析，并随后对于更多的细胞进行统计学评价。"

申请人认为：根据现有技术，从全血中能够分离出巨噬细胞并进行分析是本领域技术人员不能预见的；尽管巨噬细胞与单核细胞都属于单核吞噬细胞系统，但它们功能性质存在根本区别；单核细胞不具有主动吞噬能力，因此不可能包含免疫细胞原始内容物以外的例如组织细胞的组成结构部分，而巨噬细胞是单核细胞离开血液进入组织后分化而成的，在全血中不存在巨噬细胞，因此本领域技术人员不会对从全血中分离出来的单核细胞系特定地针对巨噬细胞的性质进行分析，进而该申请具备创造性。

经审查，专利复审委员会最终作出第18615号复审请求审查决定，维持了驳回决定。第18615号复审请求审查决定认为：该申请权利要求1请求保护一种用于循环性巨噬细胞的性质确定和/或分类的方法，该方法通过从全血中分离出巨噬细胞，将巨噬细胞穿孔并进行细胞内染色，最后将经预处理的细胞进行流式细胞计量分析，并随后对更多的细胞进行统计学评价。对比文件1公开了一种外周血液单核细胞中抗原物质的检测及统计分析方法，并公开了具体步骤：首先将外周静脉血室温离心分离，得到单核细胞；加入固定剂对分离得到的单核细胞进行固定；加入足够量的穿孔剂破坏细胞膜使具有可检测标记的结合试剂能够进入细胞内与细胞内的病原体抗原进行选择性结合（相当于该申请权利要求1中的穿孔操作）；用特异性抗体对穿孔后的单核细胞进行免疫细胞化学法染色（相当于该申请权利要求1中的用至少一种经挑选的抗体进行所述细胞的细胞内染色）；对细胞样本进行流式细胞计数分析，并对大量的细胞进行统计学评价。

该申请权利要求1与对比文件1相比，区别之处在于：（1）权利要求1是对从全血中分离出的巨噬细胞进行一系列分离、穿孔、染色和流式细胞分析的处理，而对比文件1是对外周血中分离出的单核细胞进行一系列分离、穿孔、染色流式细胞分析的处理；（2）权利要求1中采用梯度离心来分离巨噬细胞，而对比文件1中没有明确说明具体采用何种离心技术。

对于区别（1），合议组认为，巨噬细胞与单核细胞均由同一细胞分化而来，一般而言，血液中的单核细胞迁移到身体的组织中则进一步变为组织中的巨噬细胞。因此，单核细胞是巨噬细胞的前体，其发育成熟后就成为巨噬细胞，两者在很多方面的功能性状非常相似，在医学检测分析中常常将两者统称为单核吞噬细胞系，并放在一起共同进行研究分析。因此，本领域技术人员根据本领域的公知常识，很容易想到将对比文件1中应用于单核细胞的方法应用到功能性状与之相似的巨噬细胞的检测分析中，这无需创造性劳动。

对于区别（2），合议组认为，梯度离心技术是本领域从复杂生物样品中分离如细胞、蛋白质等目标物质的常用技术手段，而对比文件1给出了将检测样本进行离心分离的技术启示，因此在对比文件1公开内容的基础上，本领域技术人员很容易根据实际检测的样本而确定是否采用本领域常见的梯度离心技术进行分离。

因此该申请权利要求1相对于对比文件1与本领域常用技术手段的结合不具备创造性，不符合《专利法》第二十二条第三款的规定。

【评析】

本案涉及的问题是，对某方法所针对的对象具有新的认识能否必然说明该方法具备创造性。

1. 创造性的含义以及创造性的评价标准

《专利法》第二十二条第三款规定：创造性，是指与现有技术相比，该发明有突出的实质性特点和显著的进步，该实用新型有实质性特点和进步。

《专利审查指南2010》对于发明专利创造性的判断进行了具体规定，《专利审查指南2010》第二部分第四章第3.2.1节有关突出的实质性特点的判断规定：

判断发明是否具有突出的实质性特点，就是要判断对本领域的技术人员来说，要求保护的发明相对于现有技术是否显而易见。

如果要求保护的发明相对于现有技术是显而易见的，则不具有突出的实质性特点；反之，如果对比的结果表明要求保护的发明相对于现有技术是非显而易见的，则具有突出的实质性特点。

从上述规定可以看出对技术方案的创造性评判,与其相对于现有技术是否显而易见密切相关。

2. 本案的法律适用

本案权利要求1请求保护的方法与对比文件1公开的方法相比,除了所用的离心步骤不同外,其他步骤均一致,申请人对此并未持异议,并且也认可权利要求1中的离心步骤是本领域的常用技术。本案争议的焦点在于权利要求1中的方法能否凭借"从全血中分离出巨噬细胞"这一代表其所谓最新发现的技术特征而具备创造性。

关于创造性判断中的非显而易见性,是指技术方案本身相对于现有技术而言是否显而易见,如果认识发明所要解决的技术问题本身已经超出了本领域技术人员的能力或水平,即使该问题一经提出,其解决手段是显而易见的,此时,也应当认为发明与现有技术相比是非显而易见的,具备创造性。表面上看,本案符合上述情况,申请人声称发现了全血中存在巨噬细胞,改变了人们对"单核细胞存在于血液中,巨噬细胞存在于组织和器官中"的常规认识。然而,进一步研究申请人声称的上述发现,可知其并非真正属于"超出本领域技术人员能力或水平的认识"。

首先,这是对有关巨噬细胞存在位置的认识,但并非是打破人们常规认识的创新性科学发现。如复审请求审查决定中所指出,单核细胞是巨噬细胞的前体,其发育成熟后就从血液迁入到人体组织中,成为巨噬细胞。因此,根据上述单核细胞与巨噬细胞发育的原理,本领域技术人员能够得知,由于检测的时间不同,检测的部位不同,血液中偶尔存在零星的巨噬细胞属正常情况,申请人所声称的"从全血中分离出巨噬细胞"不属于超越本领域技术人员认知的开创性发现。

其次,该发现不能给权利要求的检测方法带来创造性。尽管检测对象有所不同,但如上所述,由于该血液中存在巨噬细胞这一发现本身是本领域技术人员能够预期的,且已知单核细胞和巨噬细胞具有类似的检测特性,故使用检测单核细胞的方法来检测血液中的巨噬细胞没有意想不到的技术效果,该技术方案也是显而易见的。

因此,虽然申请人声称,本案所请求保护的方法首次揭示了全血中存在成熟的巨噬细胞,并针对巨噬细胞的特性进行检测,从而根据检测统计结果可提示临床医师是否应针对早期肿瘤作进一步的检测,具有较大的临床应用价值。但是,该临床应用价值并非是由本案所请求保护的方法本身带来的,而是由"全血中存在巨噬细胞"这一所谓的新发现带来的。就本案的技术方案而言，不论是从方法步骤上考量，还是从方法所针对的对象上考量，其相对于现有技术均未产生意料不到的技术效果，因此，本案所请求保护的技术方案相对于现有技术而言不具备《专利法》第二十二条第三款规定的创造性。

应当注意的是，本案还容易与《专利审查指南2010》中所说的用途发明相混淆。首先，《专利审查指南2010》明确规定的用途发明仅仅是产品的用途发明，方法的用途发明没有作为典型的用途发明类型加以规定。其次，《专利审查指南2010》明确规定了在产品用途发明的创造性判断中，要考虑用途特征是否隐含了要求保护的产品具有某种特定结构和/或组成，而对于已知产品新用途发明的创造性判断时，通常需要考虑新用途与现有用途技术领域的远近、新用途所带来的技术效果等。类似的道理，对于已知方法的新用途发明，也应当考虑所述新用途对方法本身步骤和条件等具有何种影响，以及考虑技术领域和技术效果等因素。本案所请求保护的是一种检测方法，首先不属于《专利审查指南2010》中明确定义的用途发明；而且，本案请求保护的方法在应用领域上与现有技术相同，在操作步骤上与现有技术相似，在作用对象上与现有技术同源，即便从用途发明的角度来考虑，其并未带来意料不到的技术效果，因此也不具备《专利法》第二十二条第三款规定的创造性。

（撰稿人：赵鑫）

第五节　实　用　性

【案例3-8】不能以临床实践的视角看待专利法意义上的"外科手术方法"——"一种改进的刺入皮肤进行抽血的方法"复审请求案

【案情】
本案涉及申请号为200380100162.2、发明名称为"一种改进的刺入皮肤进行抽血的方法"的发明专利PCT申请。在本案实质审查过程中，驳回决定的驳回理由是该申请权利要求不符合《专利法》第二十二条第四款的规定。驳回决定所针对的权利要求1为：

"1.一种用于得到血样的方法，所述方法包括步骤：

提供刺入器具，其具有锋利尖端和从所述锋利尖端附近延伸到传感器的槽，所述传感器连接到所述刺入器具的的近端；

使所述锋利尖端刺入所述皮肤到达所述外表面下的第一预定深度，其中所述锋利尖端在所述皮肤表面上形成切口；

从所述切口完全抽出所述锋利尖端；

重新使所述锋利尖端刺入所述切口到达第二预定深度，其中所述第二预

定深度比所述第一预定深度浅；和

通过所述槽抽血到所述传感器。"

驳回决定认为：该申请请求保护一种用于得到血样的方法，该方法涉及将刺入器具的锋利尖端刺入皮肤，即使用器械对皮肤实施了创伤性和介入性的处置，属于外科手术方法；由于这种非治疗目的的外科手术方法是以有生命的人为实施对象，无法在产业上使用，因此不具备实用性，不符合《专利法》第二十二条第四款的有关规定。

申请人在向专利复审委员会提出复审请求时，提交了权利要求书的全文修改替换页。修改后的权利要求1为：

"1. 一种穿过皮肤的外表面刺入皮肤以用于得到血样的方法，所述方法包括步骤：

提供刺入器具，其具有锋利尖端和从所述锋利尖端附近延伸到传感器的槽，所述传感器连接到所述刺入器具的近端；

使所述锋利尖端刺入所述皮肤到达所述外表面下的第一预定深度，其中所述锋利尖端在所述皮肤表面上形成切口；

从所述切口完全抽出所述锋利尖端；

重新使所述锋利尖端刺入所述切口到达第二预定深度，其中所述第二预定深度比所述第一预定深度浅；和

通过所述槽抽血到所述传感器。"

申请人认为：该申请不是一种进行创伤性或介入性治疗或处置的手术方法，所以该申请的主题不属于外科手术方法。该申请在于提供一种取样方法，不是用于介入人体或实施剖开、切除、缝合、纹刺中任一种的创伤性手术方法，是可以授权的一种取样方法。对已经脱离了活的人体的组织或流体进行处理或检测的方法是可以授权的，不是对于所有涉及人体的处理或分析方法都不能授权。

专利复审委员会在复审通知书中指出：该申请权利要求涉及一种刺入皮肤以用于得到血样的方法，该方法通过提供刺入器具并使刺入器具的锋利尖端刺入皮肤来获得血样，其是以有生命的人体作为实施对象，无法在产业上使用，因此不具备《专利法》第二十二条第四款所规定的实用性。

在复审程序中，申请人未在规定的时间内对专利复审委员会发出的复审通知书进行答复，本案以视撤结案。

【评析】

本案涉及的问题是以采集血样为目的对人体皮肤进行穿刺的方法是否具备实用性。

1. 关于实用性的含义及外科手术方法的相关规定

《专利法》第二十二条第四款规定：实用性，是指该发明或者实用新型能够制造或者使用，并且能够产生积极效果。

《专利审查指南2010》第二部分第一章第4.3.2.3节规定：外科手术方法，是指使用器械对有生命的人体或者动物体实施的剖开、切除、缝合、纹刺等创伤性或者介入性治疗或处置的方法，这种外科手术方法不能被授予专利权。但是，对于已经死亡的人体或者动物体实施的剖开、切除、缝合、纹刺等处置方法，只要该方法不违反《专利法》第五条第一款，则属于可被授予专利权的客体。

《专利审查指南2010》第二部分第五章第3.2.4节规定：外科手术方法包括治疗目的和非治疗目的的手术方法。以治疗为目的的外科手术方法属于本部分第一章第4.3节中不授予专利权的客体；非治疗目的的外科手术方法，由于是以有生命的人或者动物为实施对象，无法在产业上使用，因此不具备实用性。

2. 本案的法律适用

从上述《专利审查指南2010》关于"外科手术方法"的定义可以看出，专利法意义上的"外科手术方法"不同于临床实践中认定的"外科手术方法"，专利法意义上的"外科手术方法"要比临床实践中的"外科手术方法"涵盖的范围更广泛。判断是否属于专利法意义上的外科手术方法，可从以下几个方面入手：（1）是否使用器械；（2）是否是以对有生命的人体或者动物体为实施对象；（3）采用的手段是否是剖开、切除、缝合、纹刺等创伤性或者介入性的。

其中第（1）方面通常很好判断，例如本案的申请中就有"提供刺入器具"的明确记载，即使不明确记载，本领域技术人员根据技术方案也能够很容易地判断出其采用的是哪种或者哪些器械。第（2）方面的重点在于"有生命"，对于离体的、已死亡的标本进行处置的方法，并不属于专利法意义上的外科手术方法。就本案例而言，其目的是获取血样，然后将该血样用于例如血糖测试的血液分析，得到与人体身体状况有关的检测结果，其显然也是以"有生命"的人体为对象的，即本案例中的"皮肤"指的是"有生命的人体的皮肤"。第（3）方面中的重点在于"创伤性或介入性"，其虽然列举了"剖开、切除、缝合、纹刺"这几种常见的方式，但并非穷举，关键还是要判断是否造成了创伤或者是否为介入性的。在该申请中可以明显看出，其方法必须在皮肤上造成一定程度的切口，给人体造成了创伤。

另外，根据《专利审查指南2010》的上述规定可以看出，外科手术方法不论其目的是否是用于治疗，均不能获得专利保护。其中以治疗为目的的外科手术方法属于《专利法》第二十五条第一款第（三）项之疾病的诊断和治疗方法，不符合专利保护客体的规定；而非治疗目的的外科手术方法，由于不具备《专利法》第二十二条第四款规定的实用性，不能授予专利权。

综上可见，该申请权利要求记载的技术方案是对人体进行介入性处置的方法，属于专利法意义上的外科手术方法。并且从说明书的记载来看，没有强调方案目的在于治疗疾病，故应将其归为非治疗目的的外科手术方法，由于这类方法不能在产业上应用，故不具备实用性。

（撰稿人：佟仲明）

【案例3-9】技术方案具有实用性要求产业上具有再现性——"用于制造可成形的体内植入物的组合物和方法、以及由此制造出的植入物"复审请求案

【案情】

本案涉及申请号为02806823.8，名称为"用于制造可成形的体内植入物的组合物和方法、以及由此制造出的植入物"的发明专利PCT申请。在本案的实质审查程序中，驳回决定的驳回理由是该申请权利要求不具备《专利法》第二十二条第四款规定的实用性。驳回决定所针对的独立权利要求1和13为：

"1. 一种可成形的人工眼内晶体，包括：于体内在体腔中形成的第一聚合物基质；分散于第一聚合物基质中各处的屈光和/或形状调节组合物单体，所述屈光和/或形状调节组合物单体分散于第一聚合物基质中各处，所述屈光和/或形状调节组合物单体在暴露于外界刺激中时可形成第二聚合物基质。"

"13. 一种制备可成形的人工眼内晶体的方法，该方法包含：

(a) 制备第一种复合物，所述第一种复合物含有第一种前体、屈光和/或形状调节组合物；

(b) 制备第二种复合物，所述第二种复合物含有第二种前体以及所述第一和第二种前体的催化剂；

(c) 将所述第一种和第二种复合物相结合；

(d) 将结合后的第一种和第二种复合物注射到体腔中；

(e) 在所述形成人工眼内晶体的体腔中从所述第一种和第二种前体中形成第一聚合物基质，所述第一聚合物基质含有分散于其中的屈光和/或形状调节组合物。"

驳回决定认为：该申请权利要求的技术方案均涉及在体腔内形成第一聚合物基质，由于不同的人或动物在个体上存在差异，相应的体腔也存在个体差异，这种个体差异完全是随机因素，足以使得针对每个个体的实施结果完全不同，因此该申请权利要求的技术方案无再现性，不符合《专利法》第二十二条第四款的规定。

申请人在向专利复审委员会提出复审请求时认为，根据该申请说明书的记载，例如在猪眼和人眼中进行的实验表明，本领域技术人员能如实地再现该申请的技术方案，而且一个实施例使用了猪眼，另一个使用了人眼，在两种情况中，都达到了满意的结果，这是对于各种哺乳动物具有再现性和实用性的证据。

专利复审委员会在复审通知书中指出：该申请权利要求 1 请求保护一种可成形的人工眼内晶体，其技术方案中包含"于体内在体腔中形成的第一聚合物基质"，可见该权利要求的技术方案是以有生命的人或动物为实施对象，上述"第一聚合物基质"在特定生命体的体腔中形成，其各种特性受该特定体腔各种条件的限制而具有独一无二性，且该第一聚合物基质一旦在某一生命体的体腔中形成，就不能再取出用于其他生命体；因此该申请权利要求 1 的技术方案无法在产业上使用，不具备实用性。

该申请权利要求 13 请求保护一种制备可成形的人工眼内晶体的方法，该方法包含的步骤（d）、（e）涉及将复合物注射到生命体的体腔中，并在该体腔内形成第一聚合物基质，上述两个步骤以有生命的人或动物为实施对象。向体腔内的注射需要专业技术人员进行操作，在体腔内形成第一聚合物基质的步骤受限于所述体腔的具体条件，由于每一个特定体腔中形成的第一聚合物基质都是独一无二的，不能在产业上使用。因此权利要求 13 的方法不具备再现性，不符合《专利法》第二十二条第四款规定的实用性。

在复审程序中，申请人未在规定的时间内对复审委员会发出的复审通知书进行答复，本案以视撤结案。

【评析】

本案涉及的问题是，在活体内进行组织培育或形成的方法及该方法所获得的器官组织是否具备实用性。

1. 关于实用性的定义及涉及再现性的相关规定

《专利法》第二十二条第四款规定：实用性是指该发明或者实用新型能够制造或者使用，并且能够产生积极效果。

积极的效果和能够在产业上制造或使用是实用性判断中的两个关键因素。

《专利审查指南 2010》第二部分第五章第 3.2.1 节规定：

"具有实用性的发明或者实用新型专利申请主题，应当具有再现性。反之，无再现性的发明或者实用新型专利申请主题不具备实用性。

再现性，是指所属技术领域的技术人员，根据公开的技术内容，能够重复实施专利申请中为解决技术问题所采用的技术方案。这种重复实施不得依赖任何随机的因素，并且实施结果应该是相同的。

值得一提的是，申请发明或者实用新型专利的产品的成品率低与不具有再现性是有本质区别的。前者是能够重复实施，只是由于实施过程中未能确保某些技术条件（例如环境洁净度、温度等）而导致成品率低；后者则是在确保发明或者实用新型专利申请所需全部技术条件下，所属技术领域的技术人员仍不可能重复实现该技术方案所要求达到的结果。"

从上述规定可见，专利申请的技术方案是否具有产业上的再现性是判断其是否具备实用性的关键条件。

2. 本案的法律适用

本案权利要求 1 请求保护一种可成形的人工眼内晶体，其包括在活体体腔中形成的第一聚合物基质。权利要求 13 请求保护一种制备可成形的人工眼内晶体的方法，其包括在体腔内形成第一聚合物基质的步骤。根据本案说明书记载的内容，其技术方案是通过向人眼的囊袋注射一种或多种可形成第一种聚合物基质的前体，该前体是与可刺激诱导发生聚合的屈光调节组合物相结合注入的。所述前体在囊袋中发生反应形成一种在其中散布屈光调节组合物的聚合物基质，从而使得该聚合物基质连同对其进行包裹的囊袋共同构成可矫正视力的人工眼内晶体。由此可知，本案的人工眼内晶体实际上是由聚合物基质的前体在人眼中发生聚合反应而形成，人眼即是该聚合反应的发生场所，同时又为该聚合反应提供一定的环境条件以促使该聚合反应顺利实现，故人眼是实施该技术方案必不可少的条件之一，可以说没有人眼的参与，就没有该技术方案。因此，上述权利要求 1 和 13 中限定的活体体腔是其技术方案不可或缺的技术特征。

众所周知，对于人体或动物体而言，不同的活体及其器官彼此并不完全相同，具有一定的特质性，这导致了在不同活体内重复进行相同的所述聚合反应，所得的结果或效果并不完全一致。其依赖于各个不同活体的特质性因素，即在不同活体内进行的所述聚合反应并不能如工业化生产那样具备严格的可复制性。另外，该技术方案的因人而异完全符合《专利审查指南 2010》中关于在确保发明或者实用新型专利申请所需全部技术条件下，所属技术领域的技术人员仍不可能重复实现该技术方案所要求达到的结果的规定。即，由于本案的技术方案以活体作为必要的技术特征，由于人体的个体差异，导致了即使满足本案所述的全部技术条件，本领域技术人员仍无法重复实现其技术方案所声称的结果，因此不符合实用性的要求。

（撰稿人：孙茂宇）

【案例 3－10】 从技术方案的整体视角把握权利要求各技术特征之间的逻辑关系——"静脉留置针止血密封塞"无效宣告请求案

【案情】

2008 年 12 月 19 日，专利复审委员会作出第 12717 号无效宣告请求审查决定。该决定涉及申请号为 200620080002.7、名称为"静脉留置针止血密封塞"的实用新型专利。

静脉留置针是一种用于静脉留置输液的医疗器械，现有的多数留置针在拔出穿刺针后，由于密封塞上有穿刺针遗留下的针孔或针缝，导致密封不可靠。该申请提供一种简单、方便、密封可靠的静脉留置针止血密封塞。如图 3－3 所示，圆柱形密封塞的长度为 2～10mm，直径为 1～8mm，用弹性好的橡胶材料制作。密封塞的前部沿轴向整体均匀地剖切为两半，中间有缝隙 1，后部沿前部同一切面在中心冲切设有一个剖痕 3。缝隙 1 和剖痕 3 连通。前部剖切的长度是整个密封塞长度的 1/5～3/5，前部剖切的长度一般为 0.4～6mm。后部剖痕 3 冲切宽度一般为 0.6～6mm。密封塞外表面中间设有和套管座配合的环形凹槽 2。整个切开的缝隙和部分冲切的剖痕便于穿刺针的穿过，穿刺针穿过时不会带出胶屑；当拔出穿刺针时，缝隙 1 和剖痕 3 能立即密封住针孔，

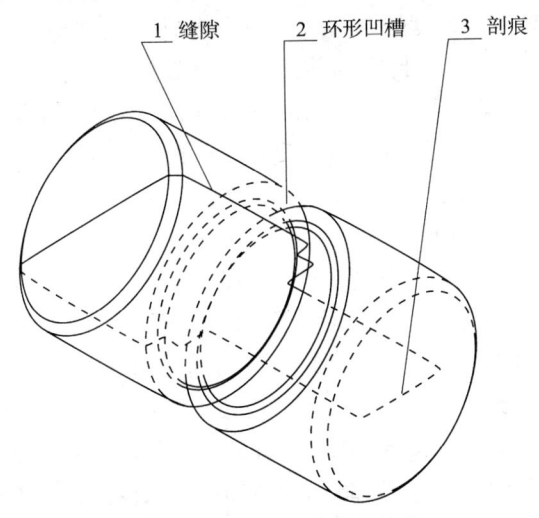

图 3－3 该申请密封塞结构

密封可靠。

该专利授权公告时的权利要求1和权利要求2如下：

"1. 一种静脉留置针止血密封塞，其安装在留置针套管座内，呈圆柱形，其特征是：前部沿轴向均匀地剖切为两半，后部沿前部同一切面在中心冲切设有一个宽度小于圆柱形直径的剖痕。

2. 根据权利要求1所述的静脉留置针止血密封塞，其特征在于：前部剖切长度为0.4～6mm。"

请求人于2008年3月19日向专利复审委员会提出无效宣告请求，其中的一个无效理由是，该实用新型不具有实用性。请求人认为：该专利实施例中限定了密封塞的长度是2～10mm，权利要求2附加技术特征限定的前部剖切长度是0.4～6mm，那么当剖切长度选6mm时不满足密封塞的长度是2mm这一限定，保护范围是没有实用性的。

专利权人认为：该专利中还规定了前部剖切的长度是整个密封塞长度的1/5～3/5，当密封塞确定的时候，本领域技术人员根据权利要求2的限定可以理解，该限定不影响该留置针的实际应用，因此具备《专利法》第二十二条第四款规定的实用性。

经审查，专利复审委员会作出第12717号无效宣告请求审查决定。该决定认为：首先，从该专利说明书具体实施方式中对于静脉留置针止血密封塞结构的描述，本领域技术人员可以得出以下关系：密封塞的前部长度与前部剖切长度相等，前部剖切长度是整个密封塞长度的1/5～3/5。由此，当密封塞的长度在2～10mm的范围内选定后，将整个密封塞分为前后两部分，在前部沿轴向取整个密封塞长度的1/5～3/5进行整体均匀剖切，也就是说当密封塞的长度最小为2mm时，密封塞的前部长度与前部剖切的长度范围均是0.4～1.2mm，当密封塞的长度最大为10mm时，密封塞的前部长度与前部剖切的长度范围均是2～6mm。即密封塞长度在2～10mm时，密封塞的前部长度与前部剖切的长度范围均是0.4～6mm，该数值范围是合理的，并且本领域技术人员可以制造实施该数值范围内的前部剖切长度。

其次，权利要求2引用权利要求1，权利要求1中限定了将密封塞的前部沿轴向均匀地剖切为两半，后部沿前部同一切面在中心冲切设有一个宽度小于圆柱形直径的剖痕，即限定了密封塞分为前后两部分，前部完全均匀剖切，在此基础上权利要求2进一步限定前部剖切长度为0.4～6mm。根据上面的分析可知，前部的剖切长度要根据密封塞的前部长度以及前部剖切长度与密封塞长度的逻辑关系来确定，即密封塞的前部剖切长度要满足两个条件：一是前部剖切长度等于前部长度，二是前部剖切长度是密封塞整个长度的1/5～3/5。

当密封塞的长度选定为 2～10mm 时，所选定的密封塞的前部长度与前部剖切长度的取值范围为 0.4～6mm。请求人所认为的前部剖切长度取 6mm 不满足密封塞的长度为 2mm 的意见，是没有考虑上述密封塞的前部长度以及前部剖切长度与密封塞长度的比例关系。权利要求 2 限定的"前部剖切长度为 0.4～6mm"与该专利说明书中的记载并不矛盾，其要求保护的范围合理，要求保护的技术方案可以在产业上制造或使用，并具有积极的效果，符合《专利法》第二十二条第四款的规定。请求人的主张不成立。

【评析】

本案所涉及的问题是《专利法》第二十二条第四款规定的实用性应如何理解。

1. 实用性的含义

《专利法》第二十二条第四款规定，实用性是指该发明或者实用新型能够制造或者使用，并且能够产生积极效果。

关于该法条中的"能够制造或者使用"，《专利审查指南 2010》第二部分第五章第 3.2 节的解释是：指发明或者实用新型的技术方案具有在产业中被制造或使用的可能性。满足实用性要求的技术方案不能违背自然规律，并且应当具有再现性。其中，以下几种情形被认为不具备实用性：（1）无再现性；（2）违背自然规律；（3）利用独一无二的自然条件的产品；（4）人体或者动物体的非治疗目的的外科手术方法；（5）测量人体或者动物体在极限情况下的生理参数的方法；（6）无积极效果。

2. 本案的法律适用

在本案中，请求人认为：权利要求 2 附加技术特征限定前部剖切长度是 0.4～6mm，那么当剖切长度选 6mm 时不满足说明书限定的密封塞是 2mm 这一取值，两者存在矛盾，因此权利要求 2 不具备实用性。

专利复审委员会在第 12717 号无效宣告请求审查决定中结合说明书相关实施例部分的描述阐述了当密封塞的长度为 2～10mm 时，其前部剖切长度必然为 0.4～6mm。这个前部剖切长度是本领域技术人员根据说明书的记载完全能够清楚理解和实施的。从实用性的概念来看，权利要求 2 限定的技术方案能够在产业上制造或使用，可以产生积极的效果。从《专利审查指南 2010》所列举的几种不符合实用性规定的实例来看，请求人的观点也不符合上述任一种情况。

其实，在本案中，请求人认为权利要求 2 的限定与该专利说明书实施例中记载的内容矛盾,故认为权利要求2保护范围不具备实用性的表述方式本身就存在问题,其混淆了权利要求没有得到说明书支持和实用性的概念。

仔细阅读该专利的权利要求1和权利要求2可以发现,其请求保护的技术方案是能够制造或使用的,且具有积极效果。请求人对此也没有异议。那么,根据实用性的概念来看权利要求2是符合实用性的规定的。请求人对于说明书相关实施例记载的内容也没有异议。其异议在于,权利要求2请求保护的内容从说明书记载的内容中推导不出来,两者是矛盾的。这其实属于权利要求书是否得到说明书支持的问题,即权利要求应当以说明书为依据,得到说明书的支持。权利要求书中的每一项权利要求所要求保护的技术方案应当是所属技术领域的技术人员能够从说明书充分公开的内容中得到或者概括得到的技术方案,并且不得超出说明书公开的范围。请求人的本意应该是认为权利要求2得不到说明书的支持,基于此,合议组在第12717号无效宣告请求审查决定中也按照该思路对说明书具体实施例的内容进行了分析,得出权利要求2限定的前部剖切长度能够推导出来的结论,同时也对请求人质疑的实用性问题进行了评述,得出权利要求2具备实用性的结论。

对于由多个部件组成的产品而言,如果对其某个部件尺寸的数值范围的选取没有脱离产品整体结构的限定,并且数值范围合理,本领域技术人员应从技术方案的整体视角理解权利要求中限定的各部件的尺寸范围,使该技术方案中的各个部件满足符合实际生产应用的逻辑关系,并以此为基础来综合判断该技术方案的实用性。

(撰稿人:陈力)

第四章 分析领域

分析领域的专利申请主要包括 IPC 分类号为 G01N（借助于材料的化学或物理性质来测试或分析材料）的一整类案件。单从名称上看，人们很难将"分析"与"光电技术"联系到一起，而这个问题与光电技术申诉处的历史沿革有关。光电技术申诉处的前身是物理申诉处，成立于复审委建立初期，当时 IPC 分类号为 G01（测量、测试）的一大类案件都属于物理申诉处的负责范围，G01N 就是其中较为特殊的一个小类，涉及材料性质的测量或分析，这种审查领域分工一直沿续至今。目前该领域案件仍由更名后的光电技术申诉处的审查员组成合议组进行审查。

由于分析对象和分析手段都具有多样性，该领域案件的一个显著特点就是涉及知识面广、交叉领域案件多。在分析对象方面，大到宏观的机械设备性能、空气污染指数、锅炉燃烧效率，小到微观的薄膜表面缺陷、材料红外特性、食品中微量元素含量、生物样品成分等，乃至抽象的工业控制过程等，都包含在内。在分析手段方面，更是包罗万象，机械、电学、光学、热学、化学、免疫学、电磁学、微波、超声等，应有尽有，乃至上述多种手段的综合运用，都常见于该领域的专利和专利申请当中。因此，与其他领域的案件相比，分析领域案件的"本领域技术人员"通常具有更为多样化和综合性的背景技术知识，不同案件的背景技术知识也往往存在较大的差异。

分析领域案件涉及的法律问题，除了常见的新颖性、创造性、超范围等其他领域案件也通常存在的问题之外，涉及《专利法》第二十五条第一款第（三）项规定的不授权客体之一"疾病诊断方法"的案件特别集中，这类案件也是实践中的争议热点之一。此外，由于现代科技大量地运用微观的化学或生物学方法来分析研究对象，相较于光电技术领域内其他分类号的案件，G01N 分类号下的案件更多地运用了化学或生物学技术手段。在审查这类案件时，往往要注意适用《专利法》《专利法实施细则》以及《专利审查指南 2010》中有关化学和生物学领域案件的特殊规定。譬如，化学或生物学产品权利要求喜欢借用参数特征和/或方法特征来限定。在判断新颖性和创造性时，需要考虑这些参数特征和/或方法特征对要求保护的产品的结构和/或组成有无影响；再如，作为试验性较强的学科，化学或生物学产品或方法的发明往往需要在专利申请的说明书中提供一定的实验数据来证明其技术方案可以实现所声称的用途和/或达到预期技术效果，否则申请文件可能存在公开不充分的缺陷。为此，申请人要特别注意《专利审查指南 2010》第二部分第十章"关于化学领域发明专利申请审查的若干规定"中的内容。

下面，选取一些分析领域的典型案例进行评析。当然，由于本书篇幅和个案具体情形的局限性，要全方位地展现该领域的纷繁复杂性是不可能的，但起码在一定程度上，这些案例代表了分析领域专利申请和审查的一些侧面，希望对读者有积极的启迪作用和借鉴意义。

（撰稿人：周航）

第一节　专利权保护的客体

【案例 4-1】疾病诊断方法发明的判断——"通过同时测量至少两种不同分子标记物来提高检测肿瘤及其前体阶段时的临床特异性的方法"复审请求案

【案情】

2007 年 5 月 22 日，专利复审委员会作出第 10638 号复审请求审查决定。该决定涉及申请号为 01143708.1、名称为"通过同时测量至少两种不同分子标记物来提高检测肿瘤及其前体阶段时的临床特异性的方法"的发明专利申请。

国家知识产权局专利实质审查部门于 2004 年 12 月 3 日以该申请权利要求 1~6 要求保护的方案属于《专利法》第二十五条第一款第（三）项规定的"疾病的诊断方法"为由作出驳回决定。

驳回决定针对的权利要求书如下：

"1. 鉴定癌细胞及其前体的自动化方法，其特征在于同时检测细胞或组织样本中至少两种标记物，并且合并和确认信号强度。

2. 按照权利要求 1 的方法，其特征在于所述的自动化信息处理与一个诊断专家系统连接，该系统将图像信息归纳为建议性诊断。

3. 按照权利要求 1~2 的方法，其特征在于通过分析组织样本的组成区域内的显色反应或荧光信号定量检测出所述的分子标记物，并且将二级色彩或各个色彩的空间接近在使用至少两种标记物提供附加信息时与单一染色比较。

4. 按照权利要求 1~3 的方法，其特征在于检测下列标记物的联合物：her2/neu 和 Ki67、her2/neu 和 p53、her2/neu 和 bcl-2、her2/neu 和 MN、her2/neu 和 mdm-2、her2/neu 和 EGF 受体、bcl-2 和 Ki67、bcl-2 和 MN、

bcl-2 和 mdm-2、bcl-2 和 EGF 受体、her2/neu 和 bcl-2、p53 和 bcl-2、p53 和 MN、p53 和 mdm-2、p53 和 EGF 受体、p16 和 p53、p16 和 MN、p16 和 mdm-2、p16 和 EGF 受体、p16 和 Ki67、p16 和 her2/neu、p16 和 bcl-2、MN 和 mdm-2、MN 和 EGF 受体、mdm-2 和 EGF 受体。

5. 按照权利要求 1～4 的方法，其特征在于检测乳腺、肺、子宫颈、结肠、皮肤和前列腺的肿瘤。

6. 按照权利要求 1～5 的方法，其特征在于它包括反射性试验。"

申请人不服上述驳回决定，向专利复审委员会提出复审请求，未修改申请文件。申请人认为该申请的方法只涉及体外诊断，没有施用到有生命的有机体中，不属于疾病的诊断方法。

经审查，专利复审委员会两次发出复审通知书，均指出该申请权利要求的技术方案属于疾病诊断方法，按照《专利法》第二十五条第一款第（三）项的规定，不能被授予专利权。

针对上述问题，申请人在权利要求主题中加入了"体外"二字，并将权利要求 1～6 的主题修改为原方法的用途权利要求，同时在独立权利要求 1 中限定了分子标记物的种类，修改后的独立权利要求 1 如下：

"1. 用于鉴定癌细胞及其前体的自动化体外方法的用途，其特征在于同时检测细胞或组织样本中至少两种标记物，并且合并和汇总信号强度，并且至少一个分子标记物选自：her2/neu、p16、p53、Ki67、MN、mdm-2、bcl-2 和 EGF 受体。"

专利复审委员会最终作出第 10638 号复审请求审查决定，维持驳回决定。第 10638 号复审请求审查决定指出：就权利要求 1～6 的方案来说，无论要求保护一种方法还是一种方法的用途，实质上都涉及疾病的诊断方法，其主要内容是检测细胞或组织样本中的至少两种肿瘤或癌症标记物并处理得到一定信息。尽管其直接实施对象是处于体外离体的生物学样品——细胞或组织，但根据说明书的记载和本领域的公知常识，这些生物学样品通常来自活的有机体，对该生物学样品的处理结果也直接应用于其来源的主体，因此其实质上仍是以有生命的人体或动物体为对象；此外，权利要求 1～6 的方案中虽未明确包括诊断步骤，但包括了检测步骤，而且根据说明书的记载，本领域技术人员基于该方法获得的信息，足以得知该个体中是否存在癌细胞及其前体，从而得知该个体是否患病或者是否存在患病风险，故权利要求 1～6 的用途技术方案的目的仍然是为了获得个体的疾病诊断结果或健康状况信息。因此权利要求 1～6 的技术方案满足《专利审查指南 2010》关于疾病诊断方法的两个判断条件，属于《专利法》第二十五条第一款第（三）项规定的不能授予专利权的客体。

上述第 10638 号复审请求审查决定作出后,申请人不服,向北京市第一中级人民法院提起诉讼。法院经过审理,作出(2007)一中行初字第 1379 号行政判决书,维持第 10638 号复审请求审查决定。

【评析】

判断一项方法权利要求是否属于《专利法》第二十五条第一款第(三)项规定的不能授予专利权的客体——疾病的诊断方法,我们通常首先依据《专利审查指南 2010》第二部分第一章第 4.3.1.1 节规定,判断如下两个条件是否满足,即:(1)是否以有生命的人体或者动物体为对象;(2)是否以获得疾病诊断结果或健康状况为直接目的。

对于涉及在体外检测方法的技术方案而言,显然是满足上述第(1)个条件的。而实践中最容易引起争议的情况是,方法的检测或鉴定步骤在体外进行,即所称的"离体检测"。许多申请人认为,这种方案不满足上述第(1)个条件,因此不应当依据《专利法》第二十五条第一款第(三)项的规定排除在授权客体之外。

然而,应当注意的是,《专利审查指南 2010》在紧接着上述条件之后规定:"如果一项发明从表述形式上看是以离体样品为对象的,但该发明是以获得同一主体诊断结果或健康状况为直接目的,则该发明仍然不能被授予专利权。"

可见,诊断方法并不必然以样品是否离体为判断依据,故上述第(1)个条件中的"以有生命的人体或者动物体为对象"不应狭义地理解为仅包含所有步骤都直接在活体上实施的方法。因为随着现代医学技术的发展,诊断个体是否患有疾病已经不再像传统的医术那样,望、闻、问、切,每个步骤均在被诊断的个体身上直接实施,很多时候需要从被诊断对象身上提取一点样品,通过仪器或试剂在体外处理分析,得出被测对象是健康还是患病、患病程度、患病风险度的诊断结论。换句话说,对来自有生命的人体或动物体的样品或材料进行研究,也是一种识别、确定该有生命的人体或动物体病因或病灶的诊断方法。与传统的在体诊断方法一样,出于人道主义和社会伦理的原因,目前我国不给这类方法以专利保护,使医生在诊断和治疗过程中,在操作上有选择各种方法和条件的自由。

上述规定的第(2)个条件,实践中容易引起争议的内容是"以获得疾病诊断结果或健康状况为直接目的"中的"直接"二字,例如,有些方案采用了"疾病治疗效果预后""药物筛选方法""患病风险度预测"等似乎与"诊断"二字不太相关的表述形式,这时申请人往往认为,方案的直接目的不是诊断，不应当以《专利法》第二十五条第一款第（三）项为由拒绝授予专利权。

　　需要注意的是，在判断权利要求的技术方案是否属于疾病诊断方法时，应该从实质上分析对象、结果、疾病/健康状况之间的关系，而不应将眼光仅停留于权利要求的撰写形式上。对此，《专利审查指南2010》第二部分第一章第4.3.1.1节明确规定："如果请求专利保护的方法中包括了诊断步骤或者虽未包括诊断步骤但包括检测步骤，而根据现有技术中的医学知识和该专利申请公开的内容，只要知晓所说的诊断或检测信息，就能够直接获得疾病的诊断结果或健康状况，则该方法满足上述条件（2）"。以上面"疾病治疗效果预后""药物筛选方法""患病风险度预测"为例，如果究其实质，方案包含了检测有生命的人或动物体的生理状态特征，如施药前后的血糖含量、血压、癌症标记物含量等等，由此所属技术领域的技术人员已经能够得出该被测主体疾病或健康状况如何的结论，则仍然属于疾病诊断方法发明，不能被授予专利权。

　　在本案中，驳回的权利要求涉及鉴定癌细胞及其前体的自动化体外方法，后修改为该方法的用途，所采用的技术手段是同时检测细胞或组织样本中至少两种标记物，并将检测信号结果进行处理。根据说明书的记载以及本领域的背景知识可知，上述方案中要检测的标记物都是肿瘤或癌症标记物，其检测目的就在于通过这些检测结果判断被检测的个体是否患有或容易患有相应的肿瘤疾病或癌症。可见，虽然检测和处理检测结果的步骤本身可以在体外进行，但这种体外试验只是获得被检测个体信息的一种手段，其试验样品取自该被检测个体，其实质研究对象是该被检测个体本身的病因和病灶状况，同时获得了该被检测个体疾病或者健康状况的结论。由于检测结果与样品来源主体的疾病或健康状况直接相关联，故其技术方案是以获得同一主体疾病诊断结果或健康状况为直接目的，属于专利法意义上的疾病诊断方法，不能被授予专利权。

　　从该案我们可以看出，疾病诊断方法评价的关键不在于方案是否离体进行，而在于能否根据方案所获得的诊断或检测信息直接获得被测主体的疾病或健康状况。能够获得疾病或健康状况的信息称为诊断结果，不能够获得的则称为中间结果。当然，判断某信息属于诊断结果还是中间结果，需要借助现有技术的医学知识和该专利申请文件中记载的内容，如果该信息能够反映被测主体的健康状况好坏、患有何种疾病、疾病发展进程或者患病风险度高低，则该信息属于专利法意义上的疾病诊断结果。

（撰稿人：周航）

【案例 4-2】以药效测定等主题形式呈现的疾病诊断方法——"用于监测抗血小板制剂的方法和装置"复审请求案

【案情】

2010 年 11 月 4 日，专利复审委员会作出第 27808 号复审请求审查决定。该决定涉及申请号为 01810898.9，名称为"用于监测抗血小板制剂的方法和装置"的 PCT 发明专利申请。

在实质审查程序中，审查部门认为该申请权利要求 1 的方案属于疾病的诊断方法，根据《专利法》第二十五条第一款第（三）项的规定不能授予专利权。

所述权利要求 1 的内容如下：

"1. 测定抗血小板剂的效力的方法，所述方法包括以下步骤：

提供血液凝固分析仪（10），该血液凝固分析仪（10）能够测定血液凝块强度；

用所述血液凝固分析仪（10）测定在不进行抗血小板治疗的情况下获得的第一血液样品（13）的第一血液凝固参数；

用所述血液凝固分析仪（10）测定在进行抗血小板治疗的情况下获得的第二血液样品（13）的第二血液凝固参数；和

根据所述第一和第二血液凝固参数测定所述抗血小板剂的效力；

其中测定第一血液凝固参数的步骤包括：测定所述第一血液样品（13）的在体外进行过处理以便抑制凝血酶活化并保留血纤蛋白原和血小板活化的一部分样品，以便确定第一凝块强度特征，测定所述第一血液样品（13）的以血小板对血液凝块强度的作用被抑制的方式进行过处理的对照部分，以便确定第二凝块强度特征，

其中测定第二血液凝固参数的步骤包括：测定所述第二血液样品（13）的在体外进行过处理以便抑制凝血酶活化并保留血纤蛋白原和血小板活化的一部分样品，以便确定第一凝块强度特征；测定所述第二血液样品（13）的以血小板对血液凝块强度的作用被抑制的方式进行过处理的对照部分，以便确定第二凝块强度特征。"

实质审查部门认为，权利要求 1 请求保护测定抗血小板制剂效力的方法，其中将非抗血小板治疗情况下获得的参数与抗血小板治疗情况下获得的参数进行比较。所述抗血小板治疗是通过使用不同的抗血小板药物，其必然是以有生命的人体或动物体为对象，并可用于疾病治疗效果的监测，也就是《专利审查指南 2010》中明确规定的属于诊断方法发明的"疾病治疗效果预测方法"，因此该权利要求 1 属于《专利法》第二十五条第一款第（三）项规定的

不授权客体。

经过申请人修改申请文件和陈述意见后,最终专利实质审查部门以该申请修改超范围、不符合《专利法》第三十三条为由作出驳回决定。

在复审程序中,申请人修改了权利要求1,在其中增加了有关测定第一和第二血液凝固参数的步骤:"通过将所述第一血液样品(13)的第一特征与第二特征进行比较来测定第一血液凝固参数""通过将所述第二血液样品(13)的第一特征与第二特征进行比较来测定第二血液凝固参数""并且其中所述第一和第二血液样品(13)的第一特征和第二特征是基于下列参数之一:血液凝块形成的持续时间,血液凝块形成的速度,最大血液凝块强度和血液凝块裂解速度。"申请人陈述了修改不超范围的理由,同时认为:修改后的权利要求不是在有生命的人体或动物体上实施,不是以获得疾病的诊断结果或健康状况为直接目的,而是为了确定可能用作抗血小板剂的化合物,或是为了测定凝血促进剂或血小板活化剂的效力,因此不属于《专利法》第二十五条第一款第(三)项规定的不授权的客体。

经过复审程序,专利复审委员最终作出第27808号复审请求审查决定,维持原驳回决定。

第27808号复审请求审查决定指出:权利要求1请求保护测定抗血小板剂效力的方法,其中记载了检测血液样品的第一和第二血液凝固参数的具体步骤,第一血液凝固参数是在不进行抗血小板治疗的情况下获得的,第二血液凝固参数是在进行抗血小板治疗的情况下获得的,由此该权利要求所限定的测定方法分别针对患者未治疗和治疗之后的情况测得上述参数,其反映了患者的同一生理参数值,即血液凝固参数,在治疗前后的差异。根据现有技术的医学知识可知,由这种差异能够直接获得对于疾病治疗效果的预测和评估结果。可见,权利要求1的测定方法虽然其表述形式是将作为检测对象的血液样品在体外进行处理,但本领域技术人员依据该检测结果足以直接获得所取样患者的血小板方面的健康状况,其以获得疾病诊断结果或健康状况为直接目的,属于疾病治疗效果预测方法,属于《专利法》第二十五条第一款第(三)项规定的不授权客体。

【评析】

本案告诉我们,权利要求主题形式为药效测定方法,其实质仍有可能属于《专利法》第二十五条第一款第(三)项所说的疾病诊断方法,不能被授予专利权。

由于《专利法》明确规定疾病的诊断方法为不授权客体,在实践中申请人往往不会直接采用诊断方法、甚至检测方法作为权利要求保护的主题,而是尽可能地选择其他的表述形式，期望藉以规避非专利权保护客体的风险。然而，在前一案例的评析中我们已经知道，发明专利申请实质审查过程中，判断权利要求的技术方案是否属于诊断方法，不会仅仅将眼光停留在权利要求的撰写形式上，而是从实质上分析对象、结果、疾病或健康状况之间的关系。

从本案可以进一步了解上述审查标准。涉案申请权利要求1的主题为药物效力的测定方法，一般来说，对药物效力的评价分为两种方式：一种是临床分析，即直接将被测药物施加给患病组和对照组，其均由有生命的人或者动物组成，比较并分析检测结果后，判定药物是否具有预期的效果；另一种是对被测药物的化学成分进行分析，比如采用HPLC、质谱分析法等，测定其中有效成分的含量和比例，再结合医学或者药物学背景知识，预测被测药物是否具有效果。在药物的研发过程中，上述两种方法是互为补充的，前期开发以化学分析为主，而成品或半成品药在上市之前必须进行临床分析。

药物的化学分析与人体或动物体无关，这类方法是可以被授予专利权的客体。而进行药物的临床分析时，要对来自有生命的人体或动物体的样品进行检测，为了达到分析药物是否起效的目的，待测目标物通常是特定疾病的特异性标志物，比如前列腺特异性抗原PSA、血管性血友病因子VWF等等。一般说来，如果患病个体在施药前后疾病标志物含量下降，则表明被测药物具有一定的疗效；反之，药物效力可能不合要求。可见，在药物的临床分析中，为了得知药物的效果如何，必须首先对患病个体进行疾病特异性检测分析，这种检测分析的结果已经能够表征该个体健康还是患病，或者患病风险度高低，也就是说，药物的临床分析方法往往已经包含了疾病的诊断过程。此外，再进一步看，临床分析中如果施加给患者的是已知有效的药物，则说明方法客观上还包含了对患者的治疗过程，这同样属于《专利法》第二十五条第一款第（三）项规定的内容。因此，这类方法不能被授予专利权。

本案即属于上述临床分析药效的情况。本领域技术人员已知，血液凝固参数与血栓形成有关，血栓形成是造成心脑血管疾病的最主要原因，而抗血小板药就是为了治疗这类疾病而开发出来的药物。该申请方法虽然是测定抗血小板剂的效力，但其方法实质上是对药物进行临床分析，即对患者施药前后的血液凝固参数进行测量，从而获得了被测主体是否患有心脑血管疾病、疾病程度如何的诊断结果。因此权利要求1的方法尽管形式上未出现诊断字样，但仍无法规避其为诊断方法的实质，属于《专利法》第二十五条第一款第（三）项规定的不授权客体。

除了以药效测定方法形式出现的诊断方法权利要求之外，实践中还存在其他一些主题看似与诊断无关、但方案实质仍为诊断方法的权利要求，如药物筛选方法、患病风险度评估方法、体检方法和疾病预后等等。《专利审查指南 2010》第二部分第一章第 4.3.1.1 节关于"属于诊断方法的发明"部分，也以非穷举的方式列出了一些主题，包括血压测量法、诊脉法、足诊法、X光诊断法、超声诊断法、胃肠造影诊断法、内窥镜诊断法、同位素示踪影像诊断法、红外光无损诊断法、患病风险度评估方法、疾病治疗效果预测方法和基因筛查诊断法。当然，将来还可能出现更多的为规避诊断方法发明的申请主题。这里应当提醒申请人注意，《专利法》第二十五条第一款第（三）项所说的不授权客体"疾病诊断方法"要求对发明创造的实质内容进行审查，仅仅在撰写形式上避免出现诊断方法的字样是不够的。

（撰稿人：李晓娜）

第二节 清楚、支持、必要技术特征和公开充分

【案例 4-3】 排除式写法并不必然导致权利要求不清楚——"亲和反应的化学放大电化学检测方法及其试剂盒"复审请求案

【案情】

2007 年 9 月 24 日，专利复审委员会作出第 11505 号复审请求审查决定。该决定涉及申请号为 02153665.1、名称为"亲和反应的化学放大电化学检测方法及其试剂盒"的发明专利申请。

国家知识产权局专利实质审查部门于 2005 年 7 月 8 日对此案作出了驳回决定，驳回理由涉及该申请权利要求 1 不清楚，不符合《专利法实施细则》第二十条第一款的规定。驳回决定认为权利要求 1 的步骤 4）中的"还原剂"是针对具体的反应而言，同一种物质在一反应中为还原剂，在另一反应中却可能为氧化剂，从而难以确定上述技术特征的具体含义，对还原剂的限定采用了排除式的撰写方式，导致其技术方案不清楚。

驳回决定所针对的权利要求 1 为：

"1. 亲和反应的化学放大电化学检测方法，包括以下步骤：

1）提供能在氧化电极上与被分析的目的分析物结合和/或反应的反应物；

2）将可能含有目的分析物的样品与步骤 1）中所提供的所述反应物接触；

3）所述分析物与所述反应物结合，形成亲和物；所述反应物、分析物或者额外反应物或额外分析物或分析物类似物与处于还原态的电化学活性标记分子共价键连接；继而标记分子在电极上被氧化；

4）用在电极上不发生电化学反应的还原剂将所述亲和物的电化学活性分

子还原到还原态；

5）所述被还原的电化学活性分子重复参与步骤3）和4）的所述氧化－还原反应，产生放大的电化学信号；

6）评价放大的电化学信号，确定目的分析物在样品中的存在和/或目的分析物的量。"

申请人不服上述驳回决定，向专利复审委员会提出复审请求，并在复审程序中对申请文件进行了修改，但未修改上述被驳回决定认定为不清楚的排除式撰写方式。申请人认为权利要求1采用排除式撰写方式，其限定的内容是清楚的，符合《专利法实施细则》的相关规定。

针对上述争议焦点，专利复审委员会经审查认为：关于权利要求1的步骤4）中的"还原剂"的具体含义，虽然存在同一物质在一反应中为还原剂，在另一反应中为氧化剂的情况，但由步骤4）中的"将所述亲和物的电化学活性分子还原到还原态"可知，该还原剂在参与该化学反应时对电化学活性分子进行还原，由于"所述电化学活性分子"在该权利要求1的亲和反应中是有确定含义的物质，即只要采用一种满足权利要求1要求的电化学活性分子，那么该电化学活性分子的物理和化学性质则是确定的，那么在与之进行的化学反应中能够对该物质进行还原的物质则必然是其还原剂，因此该"还原剂"的含义是清楚的，权利要求1的步骤4）中采用排除式写法表明该还原剂与电极不会发生电化学反应，其含义也是清楚、确定的。

最终，专利复审委员会作出撤销原驳回决定的第11505号复审决定。

【评析】

《专利法》第二十六条第四款规定：权利要求书应当清楚、简要地限定要求专利保护的范围。

关于上述规定的具体要求，《专利审查指南2010》中作出了解释：一是指每一项权利要求应当清楚，二是指构成权利要求书的所有权利要求作为一个整体也应当清楚。在这个原则之下，《专利审查指南2010》还列举了一些可能造成权利要求不清楚的写法，例如包含含义不确定的用语或限定出不同保护范围的用语，如"厚""薄""强""弱""例如""最好是"等。对于排除式的限定方式，即在权利要求中采用"排除""不包括""不是"这样的用语来明确某些或某类特征不包含在权利要求的保护范围内，《专利审查指南2010》中并没有特别禁止。但实践中，这种限定方式却应当慎用。因为按照常理，正面描述方式是最为简明和清楚的，而排除式限定方式不仅容易使权利要求的简明性和易理解性大打折扣，还容易造成权利要求的保护范围过大，得不到说明书的支持，本案不涉及这种情况。因此，权利要求应当尽可能地采用正面的描述方式，在能够采用正面描述的情况下，排除式用语是没有必要的，以免引起权利要求不清楚、不支持等诸多问题。只有在不能以其他方式清楚简明地限定权利要求的保护范围时，才允许使用排除式的表述。

那么，什么属于"不能以其他方式清楚简明地限定权利要求的保护范围"的情况呢？本案就给出了一个很好的示例。

本案中，根据权利要求1的记载可知，要求保护的亲和反应化学放大电化学检测法原理是，在氧化电极上使得反应物与目的分析物结合，形成亲和物，并用电化学活性标记分子标记所述亲和物，继而使标记分子在电极上被氧化，然后用还原剂还原所述被氧化的电化学活性标记分子，此还原过程能产生放大的电化学信号，分析该信号即可得知目的分析物的存在或含量。基于上述检测原理，本领域技术人员显然明白，权利要求1中之所以要限定还原剂"在电极上不发生电化学反应"，是为了使还原剂在还原电化学活性分子的过程中，不与电极本身发生副反应而干扰还原过程的进行，因此，"在电极上不发生电化学反应的还原剂"含义也是清楚的，并且这样的描述方式很好地反映了方法的检测原理。

接下来的问题是，能否采用正面描述的方式来限定这些还原剂呢？如果"在电极上不发生电化学反应的还原剂"是确定的某些或某类物质，当然优选正面描述这些还原剂。但是就本案亲和反应的化学放大电化学检测原理而言，本领域技术人员清楚地知道，其适用于不同样品的检测过程。而针对不同的目的分析物，检测过程所用到的标记物，即电化学活性分子并不相同，进而还原剂的种类也应适应性地选择不同的物质。因为物质的氧化还原性是相对的，正如驳回决定中所指出那样，某物质在一反应中为还原剂，在另一反应中却可能为氧化剂，这取决于与之发生氧化还原反应的另一物质的氧化还原性大小。因此，本案中，用某些或某类物质的名称来正面限定还原剂反而不适用，不能清楚地反映方案所遵循的技术原理，采用排除式的限定方式相对来说是最简明、最清楚的，这种情况下，应当允许所述排除式限定。

需要强调的是，排除式限定容易造成权利要求得不到说明书支持的问题，因为被排除的范围往往比剩余的范围小得多，能够最大化权利要求的保护范围，这也是许多申请人喜欢选择排除式限定的原因，但这时候要根据说明书的记载来分析是否这些范围内的所有方案都能够实现同样的技术效果。以本案为例，"在电极上不发生电化学反应的还原剂"实际上包含了非常广泛的物质种类，假设本案中还原剂的选择是发明相对于现有技术的贡献之一，则在上述排除式限定的同时，还应当以类似"所述还原剂选自……"的方式正面进一步限定还原剂的种类。也就是说，排除式限定与正面特征描述不是排他性的，两者都是为确定权利要求保护范围服务的手段，无论采用何种限定方式，权利要求清楚、简要，并且得到说明书支持，才是撰写权利要求应当追求的最终目标。

（撰稿人：高桂莲）

【案例 4-4】清楚、支持与必要技术特征相关法律条款的竞合——"一种检查图象以检测缺陷的方法及装置"复审请求案

【案情】

2007 年 7 月 17 日，专利复审委员会作出第 11194 号复审请求审查决定。该决定涉及申请号为 01119658.0、名称为"一种检查图象以检测缺陷的方法及装置"的发明专利申请。

该申请涉及一种检验缺陷织物的方法，其目的是为了改进传统方法对微小密度变化的缺陷检测不够敏感的问题，提供一种能采集图像中微小密度变化的方法。该方法所采用的主要技术手段是，在采集织物图像之后，运用特定算法，更精确地区分缺陷区像素和无缺陷区像素，并划分出该缺陷。

经实质审查后，国家知识产权局专利实质审查部门于 2004 年 12 月 31 日做出驳回决定。驳回决定认为：权利要求 1 中的特征"减弱所采集图象中对应于缺陷区域的像素""获得每个像素能量"以及"切分缺陷"含义不清楚，而且未给出具体的实现手段，导致保护范围不清楚，不符合《专利法实施细则》第二十条第一款的规定。驳回决定所针对的权利要求 1 如下：

"1. 一种检验含缺陷织物的方法，该方法包括：采集织物图象，所采集的图象包括多个像素；减弱所采集图象中对应于无缺陷区域的像素；获得每个像素能量；以及切分缺陷。"

申请人不服上述驳回决定，向专利复审委员会提出复审请求，申请人认为权利要求 1 的技术方案通过设置各种过滤器和阈值技术实现是很普通的，该申请的技术方案所实现的效果是通过 $h_{op}(x, y)$ 表示的优化过滤器获得的，"切分缺陷"即为将缺陷划分出来，而获取各像素的能量值和将缺陷划分出来的技术特征可根据说明书中记载的方程式得到，因此权利要求 1 的技术方案是本领域技术人员可以理解和实施的，不存在不清楚之处。

专利复审委员会对本案进行审理后向申请人发出复审通知书，指出该申请的独立权利要求 1 缺少实现该申请技术方案的最佳滤波器表达式、估算像素处能量值的表达式，以及划分缺陷的阈值处理表达式等必要技术特征，不符合《专利法实施细则》第二十一条第二款的规定。除非申请人能够证明说明书中记载的上述表达式并非该申请所发现而是本领域公知的现有技术或者是本领域技术人员根据需要很容易确定的，否则仅根据该权利要求 1 记载的

技术信息本领域技术人员无法实施该申请的技术方案并达到该申请说明书中所声称的技术效果。

针对上述复审通知书，申请人进行了意见陈述并提交了权利要求书的修改替换页，其中加入了用最佳滤波器处理图像、估算像素处能量值和划分缺陷阈值处理相关的表达式。修改后的权利要求1如下：

"1. 一种检验含缺陷织物的方法，该方法包括：

采集织物图像 $I(x, y)$，所采集的图像 $I(x, y)$ 包括多个像素 (x, y)；

用一个最佳滤波器 $h_{op}(x, y)$ 对所采集的图像进行滤波以产生一个新的图像 $w(x, y)$

$$w(x, y) = h_{op}(x, y) * I(x, y)$$

其中 * 表示二维卷积；

将最佳滤波器 $h_{op}(x, y)$ 的参数设计成与目标函数最大值 $J_1(h_{op})$，$J_2(h_{op})$ 或 $J_3(h_{op})$ 相对应；

通过非线性平方获得每个像素处的能量值

$$z(x, y) = w^2(x, y);$$

用一平滑滤波器 $g(x, y)$ 将图像 $z(x, y)$ 平滑化

$$F(x, y) = z(x, y) * g(x, y);$$

通过从一无缺陷区域获取的阈值 Φ_{th} 对加工的图像 $F(x, y)$ 作阈值处理以将缺陷划分出来

$$\Phi_{th} = \max_{x, y \in W} \{F_r(x, y)\}$$

其中 F_r 表示一无缺陷样本的加工图像，W 为集中在图象 $F_r(x, y)$ 中心的窗口。"

复审委员会认为上述修改克服了驳回决定和复审通知书中指出的缺陷，因此作出第11194号复审请求审查决定，撤销驳回决定。

第11194号复审请求审查决定认为：修改后的独立权利要求1明确了其方法步骤，记载了实现该申请所必需的最佳滤波器表达式、估算能量值的表达式，以及划分缺陷的阈值处理表达式，即克服了复审通知书中指出的缺乏必要技术特征的缺陷。而且，在修改后的权利要求中，申请人将原权利要求中有关"削弱所采集图像中对应于缺陷区域的像素""获得每个像素能量"和"切分缺陷"的表达方式分别改为"用一个最佳滤波器 $h_{op}(x, y)$ 对所采集的图像进行滤波以产生一个新的图像 $w(x, y)$""通过非线性平方获得每个像素处的能量值"和"通过从一无缺陷区域获取的阈值 Φ_{th} 对加工的图像 $F(x, y)$ 作阈值处理以将缺陷划分出来"，使其含义明确化；并且该权利要求1中还包括了上述各步骤所对应的处理表达式，从而本领域技术人员能够

清楚地理解所述技术方案和该权利要求的保护范围,故驳回决定指出的不清楚缺陷也同时得以克服。

【评析】

本案值得我们关注的问题是专利法律法规中的法条竞合现象。

实质审查程序和复审程序中针对同一事实,即独立权利要求 1 缺乏"减弱所采集图像中对应于无缺陷区域的像素""获得每个像素能量"以及"切分缺陷"的具体手段这一问题,分别引用了不同的法律条款进行评述。在实质审查程序中,审查员认为权利要求 1 不清楚,不符合 2010 年修订前的《专利法实施细则》第二十条第一款关于权利要求应当清楚的规定;而复审程序中,合议组却引用了 2010 年修订前的《专利法实施细则》第二十一条第二款的规定,认为独立权利要求缺乏必要技术特征。实际上,还可以认为上述事实使得权利要求 1 概括了一个较大的范围,得不到说明书支持,不符合《专利法》第二十六条第四款的规定。

从法理上讲,专利法律法规作为一个有机的整体,各个条款应是从不同角度对相关问题予以规定,其适用条件和范围是不同的,但在某些情形下,某些条款之间存在一定程度的竞合现象。法律条款的竞合,也称法律责任的竞合,是指由于某种法律事实的出现,导致两种或两种以上的法律责任产生,而这些责任之间相互冲突的现象。因此,专利法律法规当中的竞合,是指申请文件当中的某一缺陷,同时触犯了两个或两个以上的专利法律或法规条款。

从法律含义上看,2008 年修订后的《专利法》第二十六条第四款前半部分要求权利要求以说明书为依据,是指要求保护的技术方案应当与说明书充分公开的内容相适应,立足点在于使专利权利的范围与公开发明创造义务之间具有对等性;而其后半部分要求权利要求清楚、简要地限定要求专利保护的范围,则是指权利要求的类型要明确,并且其中每个技术特征的含义要清楚,整体上没有歧义和相互矛盾之处,使得保护范围清楚,立足点在于确定权利范围。2010 年修订后的《专利法实施细则》第二十条第二款要求独立权利要求包含必要技术特征,是指独立权利要求能从整体上反映出发明创造的技术方案,包含发明创造解决技术问题的必要特征,使之区别于背景技术的技术方案,其立足点在于使权利要求保护的发明创造完整,并包含发明对现有技术的贡献之处。从法律法规的含义和立法目的就可以看出,上述条款的侧重点是不同的,彼此之间并没有必然的相互包容关系。

那么,本案中之所以会产生法条适用的竞合现象,是因为驳回决定针对的独立权利要求 1 中存在一些功能性或者说目的性的技术特征,即"减弱所采集图像中对应于无缺陷区域的像素""获得每个像素能量"和"切分缺陷"。

首先，从确定保护范围的角度来看，"减弱""获得像素能量"和"切分缺陷"都是含义不明确的表达，本领域技术人员并不知道像素减弱的依据是什么、像素能量和缺陷用什么参数定义、按照什么标准来切分缺陷，而在侵权判定时，这些都是确定被控侵权方案是否落入专利权保护范围的依据，所以驳回决定认定该权利要求不清楚。其次，从发明创造的完整性和与现有技术的区分性角度来看，根据说明书的描述，对应于上述三个特征的具体技术手段是申请人发明的最佳滤波器表达式、估算能量值的表达式和划分缺陷的阈值处理表达式，这些具体表达式是实现发明创造所必不可少的，因此复审通知书指出该独立权利要求缺乏必要技术特征。第三，从权利范围与公开发明创造义务对等性的角度来看，对于权利要求中的上述三个技术特征，说明书中只给出了一种具体实现手段，即通过最佳滤波器表达式、估算能量值的表达式和划分缺陷的阈值处理表达式来实现，本领域技术人员并不清楚除此之外还有没有，或者将来可能出现什么新的"减弱像素""获得像素能量"和"切分缺陷"的依据和手段，即上述三个特征概括了较宽的范围，因此，也可以认为该权利要求1得不到说明书的支持。

可见，基于同一事实，本案权利要求同时触犯了《专利法》第二十六条第四款关于权利要求清楚并以说明书为依据的规定，和《专利法实施细则》第二十条第二款关于独立权利要求包含必要技术特征的规定。因此，实质审查部门认为权利要求不清楚及专利复审委员会认为权利要求缺少必要技术特征均正确。考虑到以缺乏必要技术特征为由指出那些应当加入到独立权利要求1中的技术特征，会使申请人更加明确修改方向，所以专利复审委员会适用关于必要技术特征的法律条款。通过本案，申请人或许可以举一反三地得到一些启示——有时候权利要求不清楚或者得不到说明书支持或者未包含必要技术特征的缺陷，其克服缺陷的修改方向也许是一致的。

（撰稿人：周航）

【案例 4-5】 隐藏技术方案的关键内容导致说明书公开不充分——"危险品持续燃烧试验仪"复审请求案

【案情】

2008年6月13日，专利复审委员会作出第13833号复审请求审查决定。该决定涉及申请号为00133492.1、名称为"危险品持续燃烧试验仪"的发明专利申请。

该申请涉及一种危险品持续燃烧试验仪，包括开关12、电源指示灯11、煤气喷嘴14、高压点火器5、加热金属块2、电热丝10等部件。根据说明书的记载，为了保证货物运输的安全，需要通过测试危险物质的持续燃烧能力以对其进行分类,在检测危险品的持续燃烧能力时,现有技术的手工操作存在温度值误差,不能保证温度维持在标准实验温度范围内,影响了测试结果的准确性。为了克服现有技术的上述缺陷,实现测试的准确性,该申请提供的试验仪除了包括上述硬件设备外,还包括实现试验操作、进行数据处理的计算机程序,该计算机程序的开始检测模块涉及初始温度与终止温度值的采集与比较,并将二者比较的结果"通过特定算法判断是否燃烧",从而滤除干扰信号,大大提高试验的准确性。

在实质审查过程中,专利实质审查部门发出审查意见通知书指出,该申请说明书中判断危险品是否燃烧采用了"特定算法"和"特殊的燃烧判断算法",但是说明书没有对该"特定算法"和"特殊的燃烧判断算法"予以披露,导致该申请的技术方案无法实施,说明书不符合《专利法》第二十六条第三款的规定。

申请人在随后的修改过程中,将"特定算法"和"特殊的燃烧判断算法"的描述删除。最终,专利实质审查部门作出驳回决定,认为申请人将说明书中的"特定算法"和"特殊的燃烧判断算法"删除属于超范围修改,不符合《专利法》第三十三条的规定。

申请人不服上述驳回决定,向专利复审委员会提出复审请求,在复审程序中提交了意见陈述书和申请文件的修改替换页,修改后的申请文件的内容与原始文件内容一致,恢复了对"特定算法"和"特殊的燃烧判断算法"的记载。

专利复审委员会经审理,最终以该申请说明书公开不充分为由作出第13833号复审请求审查决定,维持驳回决定。第13833号复审请求审查决定认为:该申请中所用到的"特定算法"或"特殊的燃烧判断算法"对于维持测量结果的准确性,进而取得该申请预期的效果是至关重要的,其不是一般或常规算法。由于该申请说明书对所述算法未充分公开,本领域技术人员根据常规技术知识也不能获知该"特定算法"或"特殊的燃烧判断算法"的具体内容,导致该申请的技术方案不能具体实施,不能解决其声称的技术问题,并产生预期的技术效果。因此,该申请的说明书公开不充分,不符合《专利法》第二十六条第三款的规定。

【评析】

《专利法》第二十六条第三款规定,说明书应当对发明或者实用新型作出清楚、完整的说明,以所属技术领域的技术人员能够实现为准。

《专利审查指南2010》第二部分第二章第2.1节对上述规定作出进一步细化:说明书对发明或者实用新型作出的清楚、完整的说明,应当达到所属技术领域的技术人员能够实现的程度。也就是说，说明书应当满足充分公开发明或者实用新型的要求。凡是与理解和实施发明或者实用新型有关，但所属领域的技术人员不能从现有技术中直接得到的内容，均应当在说明书中作出清楚、明确的表述。

在实践中，一些申请人在申请专利时，考虑到自己发明创造的不易，担心将发明内容毫无保留地记载到申请文件中，容易遭到恶意模仿，因此总想要隐藏或模糊一些关键内容，希望既获得专利授权，又保留一些技术秘密不予公开。像本案中，发明创造的关键显然包括"通过特定算法判断是否燃烧"这一步骤，而整个说明书中却没有披露该"特定算法"是什么，当然就无法实现测试危险物质持续燃烧能力的技术方案。

我们应当知道，授予发明创造专利权的目的在于鼓励发明创造，促进科学技术的发展，增加社会知识的总量，避免重复研究，节约社会资源。授予发明人在一定期限内独占专利权的前提是发明人要向公众充分完整地披露其发明内容，就是我们常说的"以公开换取保护"。因此，《专利法》第二十六条第三款对说明书清楚、完整的要求，是以本领域技术人员能够实现其要求保护的发明创造为衡量标准。也就是说，实施发明创造所必须采用的独创性技术手段应当在申请文件中详细地披露，使得本领域技术人员能够实现。如果该独创的技术手段既没有在申请文件当中记载，也不属于本领域技术人员可以获知的现有技术，则说明书不满足充分公开的要求。

本案属于典型的公开不充分的情形。实践中还有一种情形是，表面上看，方案中关键内容采用的是现有技术手段，但实际上，这些笼统而理论性的现有技术并不能够直接应用于发明创造所对应的具体技术方案，而必须经过具体选择、优化和组合等创造性加工，这种加工过程对于方案的实现也是关键的，因此同样应当在申请文件中披露。以本案为例，假设说明书中记载"特定算法"就是用最小二乘法、线性回归法、逻辑比较、条件修正等公知的算法对数据进行处理，这种情况下说明书是否就公开充分了呢？答案仍然可能是否定的，因为本领域技术人员知道，所谓最小二乘法、线性回归法、逻辑比较、条件修正等，都是些笼统的算法概念，在具体应用时针对不同的对象、条件和方法，往往还需要本领域技术人员付出创造性劳动，反复试验和校正以确定和设计出合适的计算公式和运算参数。因此，即使说明书如上述那样记载了"特定算法"的基本手段，对于本领域技术人员来说也过于上位和含糊不清，难以具体实施，仍然不满足公开充分的要求。

本案告诉我们，申请人在撰写申请文件时，如果认为其要求保护的技术方案中某个或某些技术特征是独创性的，就应该在说明书中对该独创性的特征予以详细披露，详细程度以本领域技术人员能够实施其方案为标准，否则会导致说明书公开不充分的严重缺陷。而且，上述公开不充分的缺陷还不能以向申请文件中补充信息的方式加以克服，因为这样又会带来修改超范围、不符合《专利法》第三十三条规定的问题，最终申请文件仍然不能获得授权。

（撰稿人：高桂莲）

【案例4-6】生化检测领域发明创造的充分公开与权利要求得到说明书支持——"通过至少二价的结合选择性结合底物到吸附剂上的方法"复审请求案

【案情】

2011年6月10日，专利复审委员会作出第32939号复审请求审查决定。该决定涉及申请号为200480013105.5、名称为"通过至少二价的结合选择性结合底物到吸附剂上的方法"的PCT发明专利申请。

该申请涉及一种选择性结合底物到吸附剂上的方法以及相关应用。根据说明书所述，传统方法的吸附剂上仅有一种类型的基团，当底物与吸附剂结合强度不够大时，底物容易被洗脱，从而不易将被筛选底物从混合物中分离出来。为克服上述问题，该申请提出一种使底物与吸附剂至少二价结合从而增强吸附的方式，即首先确定被筛选底物上的至少两个可结合基团，然后在吸附载体上连接上述可结合基团的互补基团，由此制造吸附剂并用以筛选底物。对于上述原理，说明书中认为适用于所有的物质，包括未知结构和/或结合性能的底物，只要在其上找到或连接上至少两个可结合的基团即可。

经实质审查，国家知识产权局原审查部门以该申请全部21项权利要求不具备《专利法》第二十二条第二款规定的新颖性为由作出驳回决定，驳回决定针对的权利要求1如下：

"1. 用于制造至少一种具有至少两个不同的能够结合的基团的吸附剂以选择性结合底物的方法，其特征在于它包括步骤（i）到（ii）：

（i）从合成的或天然的第一种底物中确定至少两个能够结合吸附剂的基团；

（ii）施加各至少两个不同的能够结合第二种合成的或天然的底物的基团到各载体上，产生至少一种吸附剂，其中所述基团是与步骤（i）相同的基团或是其互补基团，和步骤（ii）的第二种底物与根据步骤（i）的第一种底物相同或不同。

并且其中如此确定基团，使得单个基团的吉布斯能对与第二种底物的非共价结合的贡献得到负值的吉布斯能 ΔG，由此产生结合加强，其导致相对于至少一种要分离的物质提高的分离选择性。"

驳回决定认为：该申请权利要求1请求保护的方法步骤（i）、（ii）在对比文件1（WO 98/59360A1）中都已经公开，而关于吉布斯能 ΔG 为负的特征对权利要求没有限定作用，因此对比文件1破坏了权利要求1的新颖性。

申请人对上述驳回决定不服，向专利复审委员会提出复审请求。专利复审委员会经审查认为，尽管实质审查阶段仅涉及新颖性问题，但全部权利要求不具备新颖性的结论是在认为利用吉布斯能 ΔG 确定基团的特征不具有限定作用的基础上得出的。而阅读说明书后会发现，该说明书中首先存在技术方案公开不充分的严重问题，同时也存在权利要求得不到说明书支持的问题，因此复审委员会向申请人发出复审通知书，指出上述问题。

复审通知书中给出的具体理由如下：

（1）关于说明书公开不充分的问题

一方面，本领域技术人员公知，分子结构的化学物质构造是复杂多变的，理论上有的化合物的确能够如该申请中所述那样找到或连接上两个以上的可结合基团，但还有很多小分子物质，由于表面积太小或空间结构上存在位阻效应明显的较大取代基而根本不可能存在或连接上两个以上的可结合基团，而那些存在或者能够连接两个以上可结合基团的分子当中，也还有一部分会因为这两个以上的可结合基团之间的位阻效应而不可能同时与吸附剂结合。因此说明书给出的上述构思存在无法实施的内容。

另一方面，该申请的上述方案是以吉布斯能 ΔG 的变化导致增强的方式来选择基团，即每个可结合基团的吉布斯能对非共价结合的贡献导致取负值的吉布斯能 ΔG 的变化。然而，上述说明仅仅是理论性的。本领域公知，任何等温等压条件下不做非体积功的自发过程吉布斯能变化都为负值，故这种选择条件实际上仅仅是从理论上描述了两个基团发生结合的自然规律，而这一规律的描述就等同于在描述可结合基团"能够与其互补基团相结合"的固有性质，显然不能具体应用在定位或连接可结合基团的实践中，这也正是实质审查阶段审查意见通知书和驳回决定中认定上述特征对要求保护的技术方案没有进一步限定作用的原因所在。

虽然该申请说明书提供了一些实施例，欲以其试验结果证明该申请方案的实际效果。然而，虽然在理论上该申请构思对于某些分子是可行的，但并非对所有物质都可行。实施例中使用的都是结构已知的氨基酸衍生物，这些物质分子体积较大，容易找到两个以上的可结合位点，虽然通过试验证实在一定的条件下，这些特定物质可以通过吸附剂同时结合目标底物的两个以上的可结合位点来增强吸附，但是其并不能代表所有的分子种类，也不能由此推论所述方法对所有物质都行之有效，因而这些实施例证明不了该申请中提出的观点,即所有被测物质都能用至少二价结合的方式来增强吸附。另外,作为试验性很强的学科,生物化学反应可预测性很低,理论上可行的方式一方面需要明确具体的实施条件,另一方面还必须通过实际试验来验证结果。也就是说,即使不考虑有些小分子物质不存在或不能连上两个以上可结合基团的情况,对那些被认为可能存在或连上两个以上可结合基团的物质而言,是否真的能够发生至少二价吸附、在何种条件下会发生二价吸附都还需要试验探索和验证,因为分子三维构象往往会随化学反应的发生而改变,例如本来暴露在外的第二个可结合基团,有可能在第一个可结合基团结合到吸附剂上后,或者在环境条件发生变化后,被包围在改变了三维构象的分子当中,从而变得不再能够结合。因此,理论上的可行性并不能代替实际试验,否则本领域技术人员有理由怀疑方案的有效性和可实施性。

综上,该申请仅仅提供了一种理论上的构思,但其中存在许多问题未加以解决和证实,属于未完成的发明创造,以致本领域技术人员不能够实施,因此不符合《专利法》第二十六条第三款的规定。

(2) 关于权利要求得不到说明书支持

该申请权利要求1请求保护用于制造至少一种具有至少两个不同的能够结合的基团的吸附剂以选择性地至少二价地结合第二种底物的方法。这概括了一个非常宽泛的保护范围,本领域技术人员确有理由怀疑除实施例中提供的物质之外的其他合成或天然底物都能实现所声称的技术效果,因此,该权利要求1请求保护的范围包含了得不到说明书支持的技术方案,不符合《专利法》第二十六条第四款的规定。

申请人针对复审通知书陈述了意见并对申请文件进行了一些修改,但专利复审委员会认为上述说明书公开不充分和权利要求书得不到说明书支持的问题依然存在,最终作出第32939号复审请求审查决定,维持驳回决定。

【评析】

本案值得我们关注的地方有两点,一是生化检测领域发明创造对于说明书充分公开的特殊要求;另一个是说明书充分公开与权利要求得到说明书支持这两个条款之间的联系。

生化检测领域属于生化领域中的一个子类别,与机械、电学等领域的发明创造相比,生化领域发明创造的可实现性,即技术方案的充分公开性,往往需要给予特别的关注。这是由生化领域发明创造的特点所决定的。机械、电学等领域的发明创造的原理性较强,许多效果是可以通过原理和逻辑推测的,所以大多数情况下本领域技术人员根据方案所包含的技术特征就能够预期方案是否能够实施,以及可实现的技术效果;而生化技术更偏重存在诸多

第四章 分析领域

未知性的微观世界，因此经验性和实践性较强。虽然发展至今，生化领域也产生了很多理论，但大多是框架性理论或经验规则，其应用范围受很多已知或未知因素的影响和限制，具体到每一种特定的情形是否能按照理论上的预期进行，很难说得清。比如，利用抗原诱导抗体产生是公知的理论，但某种新发现的具体抗原能否、或者在何种条件下能够诱导产生稳定存在的特异性抗体，却存在不确定性，需要实验才可得知。因此，很多情况下，虽然能够在一定的理论或经验的指导下设计出技术方案，但是该方案能否确实实施却难以预测，必须借助于实验结果证实才能够令人信服。而使本领域技术人员相信要求保护的技术方案能够实施并实现预期的技术效果，是说明书充分公开规定的内在要求。这种内在要求，光凭一些主观断言性说明是远远不够的，必须以实验数据为证才具有说服力。

本案说明书中提出了一种看似可行的理论，即：针对被筛选物质上的至少两个可结合位点设计吸附剂，从而提供比传统的一价结合吸附力和选择性更强的吸附剂。然而，仔细分析后可以发现，如复审通知书中详细论述的那样，上述理论存在很多局限性，绝不是放之四海而皆准的。该申请权利要求中并没有对其适用的物质范围加以限定，要求保护对所有物质皆可适用的吸附剂制造方法。因此，本领域技术人员在阅读申请文件之后，会合理地怀疑权利要求保护范围内部分方案的可实现性。说明书在具体实施方式部分提供了一些实验结果，但这些实验中采用的被筛选物质是有限的，不能代表要求保护的技术方案范围内的所有物质。因而就要求保护的发明创造而言，说明书仍然达不到充分公开的要求，这一点结合下面对第二个问题的评析会更加清楚。

第二个问题是关于说明书充分公开与权利要求得到说明书支持这两个条款之间的联系。在本案复审程序中，除了涉及《专利法》第二十六条第三款有关说明书公开充分的规定之外，还同时涉及权利要求得不到说明书支持的问题，不符合《专利法》第二十六条第四款的相关规定，即权利要求应当以说明书为依据的规定，从而在这个问题上给我们提供了很好的示例。

《专利法》第二十六条第三款和第四款虽然分别是针对说明书和权利要求书提出的要求，但在某种意义上，却有着紧密的联系。《专利审查指南2010》第二部分第二章第3.2.1节规定：权利要求书应当以说明书为依据，是指权利要求应当得到说明书的支持。权利要求书中的每一项权利要求所要求保护的技术方案应当是所属技术领域的技术人员能够从说明书充分公开的内容中得到或概括得出的技术方案，并且不得超出说明书公开的范围。

以上规定表明，对于权利要求所要求保护的技术方案来说，说明书相应部分的内容符合公开充分的要求是该权利要求得到说明书支持的一个必要条件。换句话说，如果权利要求所要求保护的技术方案在说明书中未充分公开，即说明书的相应部分不符合《专利法》第二十六条第三款的规定，则权利要求也缺乏足够的说明书依据，从而不符合《专利法》第二十六条第四款的规定。这也是本案中复审通知书同时指出说明书不符合《专利法》第二十六条第三款和权利要求不符合《专利法》第二十六条第四款规定的原因。本案权利要求所涵盖的范围是所有的被筛选物质（底物），而说明书具体实施方式仅验证了一部分被筛选物质的可实施性，其他大量的未被验证的物质在物理和化学结构上与其存在很大的差异，因此是否同样能够应用并获得同样的技术效果未得以证实，即存在公开不充分的问题，而包含所有被筛选物质的权利要求也得不到说明书充分公开内容的支持。

当然，换个角度来看，当说明书涉及多个技术方案，仅对其中某一或某些技术方案公开不充分，但权利要求书中并未要求保护所述技术方案时，显然不会存在权利要求得不到说明书支持的问题。并且在目前的实践中，对于这种情况，基于权利和义务对等的原则，审查员也多倾向于不再指出仅在说明书中公开、但不要求保护的内容的公开不充分问题。因此，如果本案申请人缩小权利要求的保护范围，使其要求保护的方案限定在"具体实施方式"部分通过实验验证可行的那些被筛选物质范围当中，则可以认为这种修改同时克服了复审通知书指出的公开不充分和权利要求得不到说明书支持的问题。

（撰稿人：周航）

第三节 新颖性

【案例4-7】 包含性能和参数特征的产品权利要求新颖性的判断——"用于高级微电子应用的平面化薄膜及其生产装置和方法"复审请求案

【案情】

专利复审委员会编号第1F20615号复审请求案涉及申请号为200380110394.6、名称为"用于高级微电子应用的平面化薄膜及其生产装置和方法"的PCT发明专利申请。

经实质审查，国家知识产权局专利实质审查部门于2008年6月27日以该申请全部权利要求不具备新颖性或创造性为由作出驳回决定。其中，驳回决定认为权利要求1相对于对比文件1（CN1156421A）不具备《专利法》第二十二条第二款规定的新颖性。

驳回决定所针对的独立权利要求1如下：

"1. 一种平面化组合物，包括：

结构组分；

至少一种表面活性剂；和

溶剂体系，该溶剂体系与结构组分相容并且降低了平面化组合物的分子间力或表面力分量的至少一种。"

关于权利要求1，驳回决定认为：与该申请属于同一技术领域的对比文件1中公开了一种用于微电子结构的酚醛清漆聚合物的平面化薄膜，其中同样公开了包括与权利要求1相同组分的平面化组合物，因此权利要求1相对于对比文件1不具备《专利法》第二十二条第二款规定的新颖性。

申请人不服驳回决定，向专利复审委员会提出复审请求，同时提交了权利要求书全文的修改替换页。其中，在权利要求1中增加了特征"其中所述溶剂体系将表观粘度降低至少10%"。申请人认为：对比文件1中完全没有涉及溶剂体系与结构组分相容性的研究，也没有涉及溶剂体系与平面化组合物的分子间力或表面力分量之间的关系的研究，该申请用特征"所述溶剂体系将表观粘度降低至少10%"和"该溶剂体系与结构组分相容并且降低了平面化组合物的分子间力或表面力分量的至少一种"能够区别于对比文件1的技术内容。

专利复审委员会经过审理认为，修改后的全部权利要求仍然不具备新颖性或创造性，因此向申请人发出复审通知书。其中，关于修改后的权利要求1，复审通知书中指出：对比文件1公开了一种形成平面化薄膜的组合物，与该申请属于相同的技术领域，其中含有：分子量优选为200～1200amu的低分子量酚醛清漆聚合物，即公开了该申请权利要求1中上位概念"结构组分"中的一种具体化合物；表面活性剂和有机溶剂，所述有机溶剂包括脂肪族和芳香族烃、醇、酮、酯、醚、醚醇、醚酯、醇酯、酮酯、酮醚、酮醇、酰胺、腈及其组合，即所述有机溶剂公开了该申请权利要求1中的溶剂体系。尽管对于权利要求1中涉及性能参数的特征"该溶剂体系与结构组分相容并且降低了平面化组合物的分子间力或表面力分量的至少一种，其中所述溶剂体系将表观粘度降低至少10%"，对比文件1中并没有明述，但从对比文件1公开的上述内容可知，其组合物中已经公开了权利要求1请求保护的组合物中各种组分的更具体的下位概念，而本领域技术人员根据上述性能和参数，无法将权利要求1请求保护的组合物与对比文件1所公开的上述组合物区分开，故根据《专利审查指南2010》第二部分第三章第3.2.5节的规定，推定权利要求1请求保护的组合物涵盖了对比文件1的上述组合物，即对比文件1所公开的组合物同样也可以具备权利要求1中所限定的性能和参数，因此，该申请权利要求1相对于对比文件1不具备新颖性，不符合《专利法》第二十二条第二款的规定。

申请人在复审通知书指定的答复期限内未予答复，最终该复审请求视为撤回。

【评析】

对于包含性能、参数特征的产品权利要求，其新颖性的判断在《专利审查指南2010》第二部分第三章第3.2.5节作了如下规定："应当考虑权利要求中的性能、参数特征是否隐含了要求保护的产品具有某种特定结构和/或组成。如果该性能、参数隐含了要求保护的产品具有区别于对比文件产品的结构和/或组成，则该权利要求具备新颖性；相反，如果所属技术领域的技术人员根据该性能、参数无法将要求保护的产品与对比文件产品区分开，则可推定要求保护的产品与对比文件产品相同，因此申请的权利要求不具备新颖性，除非申请人能够根据申请文件或现有技术证明权利要求中包含性能、参数特征的产品与对比文件产品在结构和/或组成上不同。"

根据上述规定，我们可以将性能、参数限定的产品权利要求的新颖性分为三种情形：（1）能够肯定性能、参数特征确实使产品具有区别于对比文件产品的结构和/或组成，这种情形下权利要求具备新颖性；（2）能够肯定性能、参数特征不会使产品具有区别于对比文件产品的结构和/或组成，这种情形下权利要求不具备新颖性；（3）介于前两者之间，即难以判断性能、参数特征能否使产品具有区别于对比文件产品的结构和/或组成，这时根据规定，推定权利要求不具备新颖性。上述第一和第二种情况，通常是本领域技术人员根据其所掌握知识即可得到的明确结论，争议比较小。而第三种情况则相对复杂，常见的情形是，组合物权利要求中组分特征涵盖的范围过宽，以致于覆盖了现有技术中已公开的组分组合，而又没有充分的信息让审查员确定该权利要求中的性能、参数特征能够令其产品区别于现有技术。这种情况下，往往需要申请人通过举证说理的方式来证明其产品的组分和/或结构不同于现有技术，或者通过修改的方式进一步缩小其保护范围。

本案就属于上述第三种情况。权利要求1笼统地限定其组合物产品包括结构组分、表面活性剂和溶剂体系三种成分，显然这些成分都是内涵相当宽泛的概念，对比文件1公开的组合物同样也具备上述三种成分，并公开了处于上述概念内的具体选择，与该申请说明书中列举的具体选择有交叉重叠。虽然申请人强调该申请中的所述三种成分是通过溶剂体系与结构组分相容来降低平面化组合物的分子间力分量或表面力分量的至少一种，这一性质未在对比文件中披露,但由于属于同样组分的产品,产品性质由其组分决定,因而本领域技术人员有理由认为对比文件1的产品同样具备该申请所述的相容性质。更何况,该申请权利要求1中记载的性能、参数特征为"该溶剂体系与结构组分相容并且降低了平面化组合物的分子间力或表面力分量的至少一种,其中所述溶剂体系将表观粘度降低至少10%",该特征与权利要求1前半部分限定的三种组合物成分之间具有何种关系并不清楚,一种可能的关系是以具有所述性质为条件对所述组合物的范围作出进一步的限定,另一种可能的关系是由前面三种成分组成的组合物产品必然具有所述性质。

综合上述因素,实质审查过程中审查员出于谨慎的怀疑,推定所有满足权利要求1组成结构限定的溶剂体系均具有权利要求1中所述的性能和参数变化,即"所属技术领域的技术人员根据该性能、参数无法将要求保护的产品与对比文件产品区分开",从而推定权利要求1相对于对比文件1不具备新颖性。

在推定不具备新颖性的情况下,申请人如果认为对比文件的产品确与该申请不同,一方面可以通过产品的组成结构特征来体现这种不同,比如,该申请中可以将权利要求的组合物成分具体限定为对比文件1中未公开的下位概念;另一方面,有些情况下,申请人还可以通过说理或举证的方式来说服审查员其产品不同于现有技术。比如,某权利要求请求保护一种聚酯薄膜,其厚度为$6.0 \sim 10.0\ \mu m$,并且在无负载、90℃下热处理1小时的热收缩率不大于0.8%。对比文件1也涉及一种聚酯薄膜,其厚度为$8\ \mu m$,并且在无负载、150℃下热处理1小时的热收缩率不大于1.4%。由于对聚酯薄膜来说,通常测量温度越低、热收缩率越小,因此审查员推定对比文件1的薄膜在90℃下测量的热收缩率落在权利要求限定的范围内,进而推定权利要求不具备新颖性。此时,申请人用其申请文件中记载的测定方法去测定对比文件1中的所有产品,提供实验数据证明对比文件1的产品在无负载、90℃下热处理1小时的热收缩率均大于0.8%,则对比文件1不再能破坏该权利要求的新颖性。当然,新颖性仅仅是专利授权的实质性条件之一,如果要进一步证明上述方案相对于对比文件1具备创造性,则还需要进一步说明所述区别为何能给方案带来突出的实质性特点和显著的进步,比如,其克服了技术偏见、给方案带来了意料不到的技术效果等。

不仅仅是在分析领域,包含性能和参数特征的产品权利要求可能存在于各个领域的申请案当中,上述推定不具备新颖性的情况在审查实践中也并非罕见,申请人和代理人在撰写权利要求、答复审查意见通知书和修改申请文件时应当考虑清楚的问题是,性能和参数特征对产品的组成/结构而言究竟会带来怎样的影响。明确了这一点,才更有可能为发明创造寻求到合理的保护范围。

(撰稿人:杨加黎)

第四节 创 造 性

【案例 4-8】已知物质新用途发明的创造性判断——"作为早期 CNS 损伤标记物的 τ"复审请求案

【案情】

2007 年 6 月 15 日,专利复审委员会作出第 10812 号复审请求审查决定。该决定涉及申请号为 99812850.3、名称为"作为早期 CNS 损伤标记物的 τ"的 PCT 发明专利申请。

国家知识产权局专利实质审查部门于 2004 年 9 月 3 日以全部权利要求相对于对比文件 1(WO94/13795A1)或者对比文件 2("Combination assay of CSF Tau, Aβ1-40 and Aβ1-42 (43) as a biochemical marker of Alzheimer's disease", Journal of the Neurological Sciences 158 (1998), 134~140)不具备《专利法》第二十二条第三款规定的创造性为由驳回了该申请。驳回决定针对的文本共包括 14 项权利要求,其中独立权利要求 1 如下:

"1. 特异识别 τ 的抗体在制造用于个体 CNS 损伤的早期检测和/或量化的诊断试剂盒中的用途,其中 CNS 损伤是由原发性良性或恶性脑肿瘤、脑转移瘤、来自寄生虫的包囊、CNS 的转移、化学因素或这些机理联合导致的。"

申请人不服上述驳回决定,向专利复审委员会提出复审请求,请求时未修改申请文件。

经审查,专利复审委员会发出复审通知书指出,该申请权利要求 1~12 的技术方案相对于对比文件 1 或对比文件 2 不具备创造性,不符合《专利法》第二十二条第三款的规定。

针对上述复审通知书,申请人在权利要求 1 中加入了特征"CNS 损伤的个体中的 τ 水平相对于健康对照个体是升高的"。申请人认为对比文件 1 只公开了某些 CNS 损伤的形式,如 AD、脑积水、缺血性脑梗塞;而权利要求 1 中限定的 CNS 损伤形式均未在对比文件 1 中公开,因此本领域技术人员不能得知权利要求 1 所述的 CNS 损伤形式是否能诱导 τ 蛋白水平的增加,例如对比文件 2 中的一些 CNS 损伤病症就没有表现出这一现象,即对比文件不存在将 τ 蛋白的抗体应用于权利要求所限定的 CNS 损伤的技术启示。修改后的权利要求 1 为:

"1. 特异识别τ的抗体在制造用于个体CNS损伤的早期检测和/或量化的诊断试剂盒中的用途，其中CNS损伤是由原发性良性或恶性脑肿瘤、脑转移瘤、来自寄生虫的包囊、CNS的转移、化学因素、或这些机理联合导致的，其中所述CNS损伤的个体中的τ水平相对于健康对照个体是升高的。"

专利复审委员会最终作出第10812号复审请求审查决定，认定该申请全部权利要求仍然不具备《专利法》第二十二条第三款规定的创造性。该决定中指出：权利要求1要求保护特异识别τ蛋白的抗体在制造用于个体CNS损伤（即中枢神经系统损伤）的早期检测和/或量化的诊断试剂盒中的用途，对比文件1中公开了一种用于诊断Alzheimer's病，Down's综合征等神经退化性疾病（属于中枢神经系统损伤）的试剂盒，所述试剂盒中含有特异性识别τ蛋白的抗体，同时对比文件1的说明书第19页末段记载"相对于患有各种神经系统疾病的患者群组（τ蛋白平均值：26.4pg/ml）来说，对照患者的（τ蛋白）水平基本较低（平均：16.4 pg/ml）"，表明CNS损伤个体中的τ蛋白水平相对于健康对照个体来说较高。因此，权利要求1所请求保护的技术方案与对比文件1的技术方案相比，其区别仅在于：权利要求1进一步限定了所述CNS损伤是由原发性良性或恶性脑肿瘤、脑转移瘤、来自寄生虫的包囊、CNS的转移、化学因素或者这些机理联合导致的。

对于上述区别，首先，对比文件1已经公开了多种具体的CNS损伤实例（说明书表II列出），并且得出了τ蛋白水平与神经系统疾病（即CNS）存在相关性的结论（即CNS损伤能诱导τ蛋白水平升高）。对于本领域人员来说，在已知上述结论的情况下，很容易想到或者通过常规试验证实除了对比文件1所披露的CNS损伤形式之外，其他的CNS损伤形式也能引起τ蛋白水平的增加，因而也很容易想到将特异性τ蛋白用于其他CNS损伤的早期诊断和/或量化检测。其次，尽管目前权利要求1中CNS损伤的形式不同于对比文件1所披露的CNS损伤形式，但引起CNS损伤的因素本身是医学领域已知的内容，τ蛋白水平的增加也并非排他性地针对该申请权利要求1所涉及的那些CNS损伤因素，其他形式的CNS损伤因素（如对比文件1中披露的那些因素）同样能引起τ蛋白水平的增加，因而将对比文件1中未记载的其他CNS损伤形式应用于对比文件1的试剂盒制备中从而得到该申请权利要求1的技术方案并没有带来意料不到的技术效果；此外，尽管在一些神经系统疾病的实际实验中（例如对比文件2试验记录中的一些数据所显示），没有表现出τ蛋白水平显著升高的现象，但根据本领域常识，生化测定结果经常会受到许多因素的影响，通常不会出现百分之百阳性结果，在合理范围内出现一些波动是正常的，对比文件1的实验数据中也存在这种波动，但其中仍然得出了患有各种神经系统疾病的患者中τ蛋白水平相对于健康对照个体来说较高的结论,因此对比文件2中一些神经系统疾病与对照组相比τ蛋白水平没有升高,也仅能表明其实验条件下所得的结果,并不能因此而否定对比文件1中得出的τ蛋白水平与CNS间存在相关性的结论。故复审请求人的上述理由不成立,本领域技术人员在对比文件1所记载的内容基础上,结合本领域的技术常识,无需创造性劳动就能够实现权利要求1的技术方案,该权利要求1不符合《专利法》第二十二条第三款有关创造性的规定。

【评析】

生化检测是一类应用面广、技术先进的分析方法,因而生化检测类案件也是光电技术领域案件的重要组成部分。由于涉及较为微观的生化原理,与纯粹的物理分析手段相比,生化检测类申请案具有一定的特殊性,所以要特别注意《专利审查指南2010》第二部分第十章的相关规定。

本案涉及一种已知物质的用途发明。《专利审查指南2010》第二部分第十章第6.2节规定,对于已知产品的用途发明,如果该新用途不能从产品本身的结构、组成、分子量、已知的物理化学性质以及该产品的现有用途显而易见地得出或者预见到,而是利用了产品新发现的性质,并且产生了预料不到的技术效果,可认为这种已知产品的用途发明有创造性。换句话说,判断已知物质的新用途发明是否具备创造性,需要满足三个条件:(1)利用了该已知物质新发现的性质;(2)该新性质不能从所述物质本身的结构、组成、分子量、理化性质或已知用途显而易见地得出或预见到;(3)由该新性质决定的新用途具有预料不到的技术效果。

本案申请权利要求1请求保护特异识别τ蛋白的抗体在制造用于个体CNS损伤的早期检测和/或量化的诊断试剂盒中的用途。从作为现有技术的对比文件1和2中可知,τ蛋白是一种已知的与神经系统疾病(CNS)相关的蛋白质,并且特异性识别τ蛋白的抗体也已经公开,利用该抗体可以检测一些神经系统疾病,例如Alzheimer's病,Down's综合征等等。因此,作为该申请请求保护的主题已经被现有技术公开,区别仅在于对比文件中没有公开权利要求1中具体限定的CNS致病因素——由原发性良性或恶性脑肿瘤、脑转移瘤、来自寄生虫的包囊、CNS的转移、化学因素或者这些机理联合导致。本案争议焦点在于,依据τ蛋白抗体可检测一些CNS的现有技术信息是否能够显而易见地得知其可以用于检测更多种类的与CNS相关的疾病。

首先,对比文件1中已经明确得出了τ蛋白水平与CNS存在相关性的结论,进而表明τ蛋白的特异性抗体能够用于检测CNS。尽管对比文件1所披露的CNS损伤形式不同于该申请,但CNS存在共性,已知τ蛋白水平变化是

CNS 的共性之一，因而对比文件 1 通过检测几种不同的 CNS 与 τ 蛋白水平关系，归纳得出 CNS 会引起 τ 蛋白浓度升高的结论，同时也暗示了符合上述结论的 CNS 不应仅仅限于对比文件 1 中提到的那些。换言之，其他形式的 CNS 能够引起 τ 蛋白水平的增加是本领域技术人员在对比文件 1 基础上可以预期得到的，并且通过常规试验就能够证实，其并不能算是该申请新发现的、预料不到的性质。

其次，引起 CNS 的因素或者 CNS 的临床表现形式本身也并非该申请的新发现，而是医学领域已知的内容。虽然权利要求 1 在这方面的具体限定与对比文件 1 披露的内容不同，但引起 CNS 的因素或者 CNS 的临床表现形式的不同并不会影响本领域技术人员确定 τ 蛋白水平与 CNS 之间的关联性。换言之，在用 τ 蛋白水平升高表征 CNS 的情况下，具体应用于不同损伤形式的 CNS 诊断/量化检测这一用途限定并没有给该申请请求保护的技术方案带来预料不到的技术效果。

最后，在 τ 蛋白水平与 CNS 具有如上所述关联性的基础上，利用 τ 蛋白的特异性抗体来早期诊断和/或量化检测多种 CNS 损伤也是显而易见的。

通过上述分析可知，对于已知物质的新用途发明，如果这种用途所利用的性质是现有技术已知的，或者是根据该物质的已知结构组成、理化性质、用途等可以预期得到的，且未产生预料不到的技术效果，则这种用途发明相对于现有技术不具备创造性。

（撰稿人：周航）

【案例 4-9】制药用途权利要求不是使疾病的诊断和治疗方法有关发明获得授权的"金钟罩"——"对乙酰氨基苯乙醚用于检测肝脏功能的用途"复审请求案

【案情】

2007 年 12 月 11 日，专利复审委员会作出第 11997 号复审请求审查决定。该决定涉及申请号为 200410066858.4、名称为"对乙酰氨基苯乙醚用于检测肝脏功能的用途"的发明专利申请。

该申请的创新之处是发现了对乙酰氨基苯乙醚可以用来检测肝脏功能。根据说明书的记载，现有技术中对乙酰氨基苯乙醚被用作感冒药，其在肝脏细胞色素 P50 IA2 氧化酶的作用下，生成代谢产物对乙酰氨基酚。而申请人发现，血液中对乙酰氨基苯乙醚与其代谢产物对乙酰氨基酚的含量比是指示肝脏功能是否受损的指标，比如，慢性乙肝病人血液中对乙酰氨基酚只有正常人的 28%，而对乙酰氨基苯乙醚的浓度比正常人高了 1.15 倍。因此，通过测定对乙酰氨基酚与对乙酰氨基苯乙醚的比值，可以评价肝脏功能。

该申请要求保护的权利要求1如下：

"1. 对乙酰氨基苯乙醚在制备检测肝脏功能制剂中的应用。"

经审查，专利实质审查部门于2006年7月7日以该申请权利要求1相对于对比文件1（崔贞福等，"非那西丁在二乙基亚硝胺诱发肝癌大鼠的代谢"，中国药理学通报，2000年，第16卷第2期，第202~204页）不具备《专利法》第二十二条第三款规定的创造性为由驳回了该申请。

驳回决定认为：对比文件1中描述了非那西丁（即对乙酰氨基苯乙醚）试验是常见的用于评估肝脏功能的指标，权利要求1与对比文件1的区别在于：权利要求1请求保护的是对乙酰氨基苯乙醚在制备检测肝脏功能制剂中的应用。然而，本领域技术人员在对比文件1公开内容的基础上，可以很容易地想到将非那西丁作为检测肝脏功能的制剂或者用于制备检测肝脏功能的制剂，因此权利要求1不具备创造性。

在复审程序中，申请人修改了权利要求，将权利要求1中的"检测肝脏功能"进一步限定为"检测慢性乙型肝炎病人肝脏功能"，修改后的权利要求1如下：

"1. 对乙酰氨基苯乙醚在制备检测慢性乙型肝炎病人肝脏功能制剂中的应用。"

申请人认为：虽然对比文件1中的非那西丁也是评价肝脏功能的工具药，但其中披露非那西丁在二乙基亚硝胺诱发肝癌大鼠的代谢与正常大鼠无明显差异，因此本领域技术人员不能从中得到该申请方案的技术启示；该申请的发明点是对乙酰氨基苯乙醚的新用途，用血液中对乙酰氨基苯乙醚与对乙酰氨基酚的浓度比值来评价肝脏功能是该申请的首创。

经审查，专利复审委员会最终作出第11997号复审请求审查决定，维持驳回决定。

专利复审委员会认为，对比文件1公开了以下内容：非那西丁（即对乙酰氨基苯乙醚）试验作为评估肝脏功能的指标，备受推崇；同时测定游离型及结合型非那西丁代谢产物的含量，才能正确反映肝脏的生物转化功能，不宜只测定游离型代谢产物含量；以慢性肝细胞损害的大鼠为对象进行实验，非那西丁在大鼠体内的代谢产物可反映肝脏的生物转化功能。可见，权利要求1与该对比文件1相比，其区别仅在于权利要求1请求保护对乙酰氨基苯乙醚在制备检测慢性乙型肝炎病人肝脏功能制剂中的应用，而对比文件1只披露了对乙酰氨基苯乙醚可以评估慢性肝细胞损害的大鼠的肝脏功能，并没有涉及检测制剂的制备，也没有涉及慢性乙型肝炎病人。

对于上述区别，首先，对本领域技术人员来说，将已知功能的化合物用于制备实现该功能的制剂是很容易想到的，而且，本领域技术人员都知道，动物实验是药物制剂临床实验前的必经步骤，在动物实验（如大鼠实验）之后，技术人员显然希望将所实验的药物制剂继续用在人类患者中，对比文件1以慢性肝细胞损害的大鼠为实验对象，由此将适用于慢性肝细胞损害大鼠的制剂用于临床上的慢性乙型肝炎病人是本领域技术人员容易想到的。其次，对比文件1只提到非那西丁在某些情况下检测灵敏度低，并没有否定非那西丁代谢物表征肝细胞功能的基本原理，不能据此认定现有技术否认了对乙酰氨基苯乙醚作为评价肝脏功能的可能性；更重要的是，对比文件1已经披露了能够正确反映肝脏生物转化功能时所采用的测试方法，即"同时测定游离型及结合型非那西丁代谢产物的含量，才能正确反映肝脏的生物转化功能"，因此在该对比文件1的基础上，本领域技术人员可以得知，采用正确的、合理的测试方法，即同时测定游离型及结合型非那西丁代谢产物的含量，就可以测定肝脏功能如肝脏的生物转化功能，从而容易想到将非那西丁（即对乙酰氨基苯乙醚）用于相应制剂的制备中，得到该申请权利要求1的技术方案。此外，对乙酰氨基苯乙醚对慢性乙型肝炎病人的作用效果与其对慢性肝损害大鼠的作用效果是相同的，换句话说，与制备检测慢性肝损害的制剂相比，对乙酰氨基苯乙醚用于制备检测慢性乙型肝炎病人肝脏功能的制剂并无预料不到的技术效果。因此，该权利要求1相对于对比文件1不具备创造性。

针对申请人主张的该申请对现有技术的贡献——通过比值法（即对乙酰氨基苯乙醚与对乙酰氨基酚的浓度比值）来检测慢性肝病，复审委员会在审查过程中也给出了如下认定：首先，权利要求1中并未体现使用比值法来评价肝脏功能的技术特征；其次，比值法实际上是在患者用药之后的结果检测分析方法中使用，而给药之后的分析方法对药品制剂本身没有限定作用；第三，该申请中检测肝脏功能制剂的活性成分和药理作用与对比文件1中的完全相同，均是对乙酰氨基苯乙醚在肝脏作用下代谢为对乙酰氨基酚。因此，即使复审请求人将使用所述比值法的技术特征限定到权利要求1中，该权利要求1的技术方案也不具备创造性。

【评析】

本案表面上仅涉及创造性问题，但通过仔细研究发明实质，我们可以挖掘到另外的一些信息。

根据对比文件1的记载，现有技术已知非那西丁（即对乙酰氨基苯乙醚）试验可作为评估肝脏功能的指标，其采用的技术手段是"同时测定游离型及结合型非那西丁代谢产物的含量"。而该申请发现，对乙酰氨基苯乙醚在体内的代谢产物——对乙酰氨基酚与对乙酰氨基苯乙醚的浓度之比更能反映肝脏功能是否受到损害，因此，该申请相对于现有技术的贡献在于，通过采用比值法，将对乙酰氨基酚与对乙酰氨基苯乙醚的浓度比作为评价指标，提出了用对乙酰氨基苯乙醚评价肝脏功能的新方式。

一般来说，权利要求的保护范围应与发明创造对现有技术的贡献相适应，例如，一项关于已知产品的新制造方法的发明申请，其对现有技术的贡献在于方法步骤，则其要求保护的应当是包括对现有技术作出贡献的方法权利要求，而非对现有产品进行保护的产品权利要求。按照上述惯常做法，该申请权利要求应采用类似如下方式撰写：一种评价肝脏功能的方法，其特征在于，给被测对象施用对乙酰氨基苯乙醚，测定血液中对乙酰氨基酚与对乙酰氨基苯乙醚的含量，以二者浓度之比评价肝脏功能是否受到损害。然而，不难发现，上述权利要求的方案实际上落入了疾病诊断方法的范畴，根据《专利法》第二十五条第一款第（三）项的规定，不能授予专利权。因此，我们可以推测，本案申请人是为了规避驳回风险，才转而要求保护对乙酰氨基苯乙醚的制药用途这一方案。

上述"曲线保护"的方式在实践中并不少见，较本案更为常见的情形是，申请人发明了一种新药制剂，为了尽可能全面地保护该发明创造，在权利要求中保护药物产品本身之外，同时要求保护该药物的医药用途。在美国，物质的医药用途发明是可以获得专利权的客体，只不过专业人员的医疗活动享受专利侵权责任的豁免权；但在我国，为了给予行医者更大的自由度，法律明确规定疾病的诊断和治疗方法不授予专利权。因此，某种物质在治疗疾病、诊断疾病方面的医药用途在我国属于不能授权的客体，但是，由于药物制备方法可以授权，这就相当于给物质医药用途发明另外打开了一扇窗口。《专利审查指南2010》第二部分第十章第4.5.2节规定，物质的医药用途发明以药品权利要求或者例如"在制药中的应用""在制备治疗某病的药物中的应用"等等属于制药方法类型的用途权利要求申请专利，不属于《专利法》第二十五条第一款第（三）项规定的情形。

《专利审查指南2010》中的上述规定被很多申请人视为是避免其相关发明创造被认定为诊断或治疗方法的"金钟罩"。例如，当审查员指出某权利要求的技术方案属于疾病的诊断或治疗方法而非专利权保护客体时，申请人会尽可能地通过将该权利要求主题修改为"某物质在制备诊断或治疗某疾病的药物中的用途"，希望籍此克服缺陷。因为制药用途权利要求在产品权利要求之外至少可以从另一侧面对其发明创造提供保护，而且由于其主题中可以包含"治病""诊断"这样的用语，一些申请人希望借制药用途权利要求的外衣行保护诊断和治疗方法发明之实。

然而，本案告诉我们，虽然制药用途权利要求这个"金钟罩"规避了疾病诊断和治疗方法这类非授权客体的规定，然而这类权利要求往往因为不具有新颖性或创造性而仍不能获得授权。因为权利要求中每一个特征的实际限定作用应当最终体现在该权利要求所要求保护的主题上。《专利审查指南2010》第二部分第十章第5.4节规定了一些在审查化学产品医药用途发明的新颖性时应考虑的方面，其中一个方面是：给药对象、给药方式、途径、用量及时间间隔等与使用有关的特征是否对制药过程具有限定作用，仅仅体现在用药过程中的区别特征不能使该用途具有新颖性。也就是说，如果权利要求中的技术特征对整个权利要求的方案没有限定作用，则在新颖性评价时并不会考虑。类似地，创造性评价时亦如此。

本案的技术方案相对于现有技术的贡献在于利用比值法，即测定血液中对乙酰氨基酚与对乙酰氨基苯乙醚的浓度比值，对肝脏功能进行评价，该贡献特征即使记载在权利要求中，也仅仅体现于用药过程，对药品或其制备过程并无任何影响，因而对药品的制药用途权利要求也未起到限定作用，评价创造性时不予考虑。更何况本案的情况是，权利要求中根本未体现上述贡献特征，当然更没有理由加以考虑。由于该申请权利要求中记载的所有特征都在对比文件1中公开或者给出相关启示，因此是不具备创造性的。

本案告诉我们，制药用途权利要求可以获得保护的前提是发明人对现有技术的药品或制药技术作出了贡献，如果仅仅是对诊断和治疗方法的改进，无论写成何种权利要求主题形式，都不能获得专利权。

（撰稿人：李晓娜）

【案例4-10】已知具有免疫原性的物质在通用免疫测定方案中的应用——"测定被糖化蛋白的免疫分析方法、试剂及其装置"复审请求案

【案情】

2007年12月25日，专利复审委员会作出第12307号复审请求审查决定。该决定涉及申请号为00109077.1、发明名称为"测定被糖化蛋白的免疫分析方法、试剂及其装置"的发明专利申请。

国家知识产权局专利实质审查部门于2005年7月8日以该申请全部权利要求不符合《专利法》第二十二条第三款规定的创造性为由驳回了该申请。

驳回决定所针对的权利要求1内容如下：

"1. 一种用以测定最终糖化蛋白的试剂，其包括：

一种显示载体的悬浮液；和固定于该显示载体表面上的一亲和性物质；于是可经由待测样品与该试剂接触之后，有否产生凝集现象，来判断该待测样品中最终糖化蛋白抗原或抗体的存在与否。"

申请人不服驳回决定，向专利复审委员会提出复审请求。经审查，专利复审委员会向申请人发出复审通知书，指出该申请全部权利要求不具备创造性。针对权利要求1，复审通知书中指出：对比文件1（CN1081765A）涉及一种用于测定血液样品中血红蛋白衍生物含量的免疫试验，包括沉淀和絮凝试验等各种免疫试验均可适用，其中用到的试剂包括固定在作为凝集试剂的载体物质（相当于该申请中的显示载体）上的分析物专用抗体（相当于该申请中的亲和性物质），该试剂与待测样品接触后，可产生抗体沉淀或者浊度发生改变，据此可以检测血红蛋白衍生物。权利要求1与对比文件1的区别仅在于权利要求1中的测定对象是最终糖化蛋白，而对比文件1中是血红蛋白衍生物。然而，如本领域人员所公知，免疫凝集反应是一种测定抗原的常规方法，其原理是，根据不同的待测分析物抗原设计特异性抗体，并将该特异性抗体固定在较大的载体分子上，当分析物中存在待测抗原时，溶液中会形成凝集反应，由此可判断待测抗原是否存在。因此，在已知一种物质为抗原的情况下，本领域技术人员根据本领域的公知技术就能够应用针对该抗原的特异性抗体、实施该抗原的免疫凝集检测。由于对比文件4（CN1079825A）披露了最终糖化蛋白（AGE）具有免疫原性，故本领域技术人员在对比文件4的启示下，很容易想到将对比文件1中的分析物专用抗体替换成最终糖化蛋白抗体来检测样品中的最终糖化蛋白，从而得到该申请权利要求1的技术方案。因此，权利要求1相对于对比文件1和4不具有突出的实质性特点和显著的进步，不符合《专利法》第二十二条第三款的规定。

针对复审通知书，申请人提交了意见陈述书，其中表示对比文件1中的测定对象血红蛋白衍生物与该申请中的最终糖化蛋白两者完全不同，测定难易度及所应用之抗体完全不相干，不能相提并论；而对比文件4使用的是ELISA对最终糖化蛋白进行的测定，与该申请使用的一步法或比浊法或目测凝集法的技术方案并不相同，因此不能破坏该申请的创造性。

最终，专利复审委员会作出第12307号复审请求审查决定，维持驳回决定。第12307号复审请求审查决定中对于权利要求1创造性的认定与复审通知书中相同。针对申请人的意见陈述，该复审请求审查决定中进一步指出：尽管最终糖化蛋白与糖化蛋白二者本身不是同一种物质，存在诸如分子量等一些物理性质上的差异，但根据该申请说明书和对比文件4可知，二者均可以作为抗原，因而均具有特异性的抗体（尽管抗体本身不同），由此可利用特异性的亲和物质来进行免疫测定。故二者可以采用类似的免疫亲和性原理进行测定；至于二者分子量差异引起的测定难易程度差异对于本领域技术人员来说也是很容易预料和处理的，例如本领域中经常通过将小分子量的抗原连接上载体分子来转化成容易测定的大分子抗原物质，故将对比文件1中测定血红蛋白衍生物的方法转用于最终糖化蛋白无需付出创造性的劳动；此外，审查创造性时，与新颖性"单独对比"的审查原则不同，可以将一份或多份现有技术中的不同技术内容组合在一起对要求保护的技术方案进行评价，尽管该申请与对比文件1和对比文件4的侧重点有所不同，但根据上述分析可知，本领域技术人员根据对比文件4的教导能够很容易地将对比文件1与对比文件4相结合构成该申请权利要求1的技术方案。故复审请求人的上述观点并不足以证明权利要求1的技术方案具备创造性。

【评析】

本案告诉我们，生化免疫检测领域的发明创造，如果仅仅是用公知的免疫技术检测已知的免疫原性的物质，是很难获得专利授权的。生化免疫检测类的发明创造通常归于IPC分类号G01N33之下，在此分类号下，与本案类似的情况并不少见。

典型的情形是，专利申请文件中声称发现或者发明了一种新的免疫原性物质，并希望保护该物质在各种公知的免疫测定方法或产品当中的应用，比如检测该物质受体的试剂盒、利用该物质进行特异性检测的方法，等等。前述公知的免疫测定方法或产品包括但不限于：ELISA（酶联免疫吸附试验）、EIA（酶免疫测试）、化学发光免疫分析（CLIA）、免疫荧光技术（IF）、胶体金检测试纸、试剂盒等，当然也包括本案所涉及的免疫凝集试验，如对比文件1中公开的形式。问题是，审查员经过检索发现，所述免疫原性物质实际上并非发明人的首创，而是已被现有技术公开，如本案那样，对比文件4已经公开了该申请的核心物质——最终糖化蛋白（AGE）具有免疫原性。这种情况下，实践中许多申请人主张，如果现有技术中并没有披露要求保护的权利要求中的具体应用形式，如本案中，具体应用形式是一种免疫凝集法的测定试剂，则该免疫原性物质具体应用权利要求具有创造性。

然而，对于本领域技术人员而言，只要从免疫学角度确定了某物质具备免疫原性，那么利用该免疫原性进行定性或定量检测就是很容易想到的应用方向。甚至可以说，应用于免疫检测，无论是检测产品还是方法，正是本领域技术人员不断开发免疫原性物质的动力和目标所在。因此，如果上述应用过程仅仅是现有技术顺理成章的结合，即：将已知免疫原性物质应用于公知免疫检测产品或方法的过程中未遇到任何技术上的困难，无需克服任何技术偏见，比如直接将该免疫原性物质与本领域广泛使用的胶体金免疫检测试纸相结合，则这种结合得到的技术方案在审查实践中通常会被认为是显而易见的，达不到专利法意义上的创造性高度。

应当注意的是，上述结论并不意味着所有免疫原性物质在免疫检测方面的应用都不再具有获得专利授权的可能性。且不说很多物质是否具有免疫原性的结论是不确定的，或者是不稳定的，如众所周知的 HIV 不具备可利用的免疫原性，即使是那些确定具有稳定免疫原性的物质，在实际应用过程中，也有可能遇到各种各样的技术上的困难，或者需要克服一些技术偏见。例如，通过试验证实所述免疫原性物质本身并不适用于公知的检测方法，而必须对其进行特定的修饰或者处理。在这方面，如果对现有技术做出贡献，当然可以申请专利保护。另一种可能获得专利权的情况是，在免疫原性物质具体应用的过程中，对各种条件进行优化、选择和组合，取得了意料不到的技术效果。当然，相信本领域技术人员将来还会到更为广阔的领域去探寻更具人类智慧的改进，去开发更多造福于人类的发明创造。

我国在生化免疫领域与发达国家相比还存在一定差距，类似于本案申请这样的低端发明专利申请比较多，驳回比例也较大。希望今后发明人能够转换角度，开阔思路，开发出更多更有价值的发明创造。

（撰稿人：倪晓红）

【案例 4-11】 对现有技术手段进行公知变换或适应性改型——"电子照相用调色剂"复审请求案

【案情】

2009 年 12 月 18 日，专利复审委员会作出第 20524 号复审请求审查决定。该决定涉及申请号为 200510087635.0、名称为"电子照相用调色剂"的发明专利申请。

经实质审查，国家知识产权局专利实质审查部门于 2008 年 7 月 18 日以该申请全部权利要求不具备《专利法》第二十二条第三款规定的创造性为由作出驳回决定。驳回决定针对的权利要求 1 如下：

"1. 即使在 35℃的高温高湿下保存之后使用本底灰雾也少的电子照相用调色剂，其含有聚酯树脂、着色剂、脱模剂及带电控制剂，聚酯树脂的酸价为 5～15mgKOH/g，而且带电控制剂是中心原子为锆的水杨酸金属络合物，其特征在于，将该调色剂导入氩大气压微波感应等离子体中，在使来源于碳原子和水杨酸金属络合物的原子激发并发光时，将来源于水杨酸金属络合物的锆原子的发光电压的 3 次根相对于每个调色剂粒子的碳原子的发光电压的 3 次根的分布用最小二乘法近似得到近似直线，表示该近似直线的离散的绝对偏差为 0.08 以下。"

驳回决定中引用了两篇对比文件，其具体理由是：对比文件 1（CN1480790A）公开了一种高温高湿，即 30℃和 90%湿度条件下电子照相用的调色剂,并具体披露了调色剂包含粘合树脂、着色剂、蜡(相当于脱模剂)和水杨酸锆络合物,粘合树脂优选聚酯树脂,粘合树脂的酸值为5～25mgKOH/g,权利要求1相对于对比文件1的区别在于"将该调色剂导入氦大气压微波感应等离子体中,在使来源于碳原子和水杨酸金属络合物的原子激发并发光时,将来源于水杨酸金属络合物的锆原子的发光电压的3次根相对于每个调色剂粒子的碳原子的发光电压的3次根的分布用最小二乘法近似得到近似直线,表示该近似直线的离散的绝对偏差为0.08以下",但该区别特征已经被对比文件2(JP2002-189309A)公开,且其在对比文件2中所起作用与该申请中所起作用相同,因此权利要求1相对于对比文件1和对比文件2的结合不具备《专利法》第二十二条第三款规定的创造性。

申请人对上述驳回决定不服,向专利复审委员会提出复审请求,在复审程序中提交了权利要求书全文的修改替换页,在权利要求1中加入了带电控制剂含量的技术特征,并限定聚酯树脂、着色剂、脱模剂及带电控制剂是"用开式辊型捏炼机熔融捏炼的",修改后的权利要求1如下:

"1. 即使在35℃的高温高湿下保存之后使用本底灰雾也少的电子照相用调色剂,其含有用开式辊型捏炼机熔融捏炼的聚酯树脂、着色剂、脱模剂及带电控制剂,聚酯树脂的酸价为5～10.1mgKOH/g,而且带电控制剂是中心原子为锆的水杨酸金属络合物,其特征在于,相对于聚酯树脂100重量份,含有0.5～3.5重量份的带电控制剂,将该调色剂导入氦大气压微波感应等离子体中,在使来源于碳原子和水杨酸金属络合物的原子激发并发光时,将来源于水杨酸金属络合物的锆原子的发光电压的3次根相对于每个调色剂粒子的碳原子的发光电压的3次根的分布用最小二乘法近似得到近似直线,表示该近似直线的离散的绝对偏差为0.08以下。"

复审请求人认为:对比文件1和对比文件2结合所得到的技术方案仅是提高水杨酸金属络合物在调色剂粒子中的分散性,其所得调色剂的带电性能是否稳定,尤其是在35℃高温高湿下是否稳定是不可预料的,不存在为了高温高湿下的带电稳定性并去除本底灰雾而将对比文件2组合到对比文件1的启示;此外,该申请说明书中记载了开式辊型捏炼机对分散有利,并在实施例中具体记载,和双螺杆挤出机相比,开式辊型捏炼机在分散性上有优势。因此该申请权利要求具备创造性。

经过审查,专利复审委员会认为该申请全部权利要求仍然不具备创造性,最终作出第20524号复审请求审查决定,维持驳回决定。该复审请求审查决定对权利要求1创造性的具体评述如下:

该申请权利要求1请求保护一种电子照相用调色剂,对比文件1公开了一种调色剂，包括粘合树脂、着色剂、电荷控制剂以及起脱模作用的蜡（相当于该申请权利要求中的脱模剂），其中，所述粘合树脂可为聚酯树脂，且优选聚酯树脂的酸值为 5~25mg KOH/g，与权利要求 1 中聚酯树脂的酸价范围重叠，所述电荷控制剂是由锆和芳香族羟基羧酸形成，且以芳香族羟基羧酸作为配体的锆化合物，所述芳香族羟基羧酸优选使用 3,5-二叔丁基水杨酸，即公开了其电荷控制剂可为中心原子为锆的水杨酸金属络合物，其含量按 100 重量份所使用的树脂计，优选 0.5~5 重量份（与权利要求 1 中带电控制剂的含量范围重叠）。

将该申请权利要求 1 与对比文件 1 公开的上述内容相比，其区别在于该申请权利要求 1 中还限定了：①将该调色剂导入氦大气压微波感应等离子体中，在使来源于碳原子和水杨酸金属络合物的原子激发并发光时，将来源于水杨酸金属络合物的锆原子的发光电压的 3 次根相对于每个调色剂粒子的碳原子的发光电压的 3 次方根的分布用最小二乘法近似得到近似直线，表示该近似直线的离散的绝对偏差为 0.08 以下；②聚酯树脂、着色剂、脱模剂及带电控制剂用开式辊型捏炼机熔融捏炼；③调色剂即使在 35℃ 的高温高湿下保存之后使用本底灰雾也少。

上述区别技术特征①所要解决的技术问题是要提高作为带电控制剂的水杨酸金属络合物在调色剂粒子中的分散性。对比文件 2 公开了一种含有粘合树脂和作为带电控制剂的金属络合物的调色剂粒子，为了改善金属络合物在调色剂粒子中的分散性，其采用了以下技术手段：通过将来源于每个调色剂粒子的碳原子的发光电压设为 X，将来源于金属络合物的中心原子的发光电压设为 Y，并用最小二乘法得到回归式为 $Y=a(X)$ 的近似直线，且表示该近似直线的离散的绝对偏差为 0.08 以下。由此可见，对比文件 2 给出了利用调色剂粒子的碳原子和金属络合物的中心原子的发光电压得到线性函数、用最小二乘法得到其近似直线并将该直线的离散绝对偏差控制在 0.08 以下的技术手段，其虽然没有公开利用所述发光电压的 3 次方根来得到近似直线，但是基于得到更加精确的直线的常规需求而由上述 X、Y 值的 n 次根来得到近似直线对本领域技术人员而言是容易想到的。此外，在等离子体例如氦大气压微波感应等离子体中获得上述原子的发光电压值也是本领域常规技术手段，在此基础上，出于提高带电控制剂在调色剂粒子中的分散性的目的，而将对比文件 2 公开的上述技术手段应用于对比文件 1 中，并基于获得更精确的近似直线的常规需求而在获取直线前先将发光电压的值求 3 次方根，这对本领域技术人员而言是显而易见的，无需付出创造性劳动。

对于上述区别特征②，对比文件 1 中公开了粘合树脂、电荷控制剂、着色剂等调色剂原料的混合工艺可以使用单轴或双轴连续捏制机和带有辊子搅拌的成批式捏制机,对比文件2公开了其混合工艺可以采用两个辊的熔融捏炼机,即两篇对比文件均公开了采用辊型捏炼机熔融捏炼调色剂原料的技术手段,由于开式辊型捏炼机是辊型捏炼机中的一种常规的捏炼机种类,在对比文件1和对比文件2中均已给出的混合工艺可采用辊型捏炼机的技术启示的情况下,选择常规辊型捏炼机中的具体一种例如开式辊型捏炼机来熔融捏炼调色剂原料,对本领域技术人员而言是显而易见的,这种选择无需付出创造性劳动。

上述区别技术特征③是效果特征,结合该申请说明书的记载可知,权利要求1的调色剂实现该效果特征的原因取决于其中限定的各组分特性,以及调节带电控制剂在调色剂中的分散性,如前所述,对比文件1和对比文件2与本领域常规技术手段的结合能够得到具有权利要求1限定的组成且提高了带电控制剂在调色剂粒子中的分散性的调色剂,因而也应当能够达到区别技术特征③所限定的效果。

综上所述,权利要求1相对于对比文件1、对比文件2和本领域常规技术手段的结合不具备创造性,不符合《专利法》第二十二条第三款的规定。

【评析】

本案主要涉及创造性评价中对于技术启示的认定。根据《专利审查指南2010》的规定,对于一项权利要求相对于最接近的现有技术所具有的区别特征来说,在以下情况下通常认为现有技术中存在技术启示:(1)区别特征为公知常识;(2)区别特征为与最接近的现有技术相关的技术手段,例如被同一份对比文件的其他部分披露且所起作用相同;(3)区别特征为另一份对比文件中披露的相关技术手段,且其在该对比文件中所起的作用与在该权利要求中所起的作用相同。

事实上,除了《专利审查指南2010》中例举的上述三种情况之外,如果在其他对比文件中披露了与所述区别特征不完全相同、但十分相似的技术手段,该技术手段与所述区别特征具有相同或类似的作用,本领域技术人员能够利用公知的原理适应性地将该技术手段改型成所述区别特征,并将其应用于最接近的现有技术中,获得所述权利要求的技术方案,也应当认为现有技术中存在相应的技术启示。

本案主要争议焦点在于区别特征①的技术启示认定。针对该区别特征①,即"将该调色剂导入氦大气压微波感应等离子体中,在使来源于碳原子和水杨酸金属络合物的原子激发并发光时,将来源于水杨酸金属络合物的锆原子的发光电压的3次根相对于每个调色剂粒子的碳原子的发光电压的3次根的分布用最小二乘法近似得到近似直线,表示该近似直线的离散的绝对偏差为

0.08以下",对比文件2公开了与其十分类似的技术手段,即首先利用调色剂粒子的碳原子和金属络合物的中心原子的发光电压得到线性函数,然后用最小二乘法得到其近似直线,并将该直线的离散绝对偏差控制在0.08以下。并且该技术手段在对比文件2中的作用与区别特征①在该申请中的作用相同,都是为提高带电控制剂在调色剂粒子中的分散性的目的,因此本领域技术人员容易想到将对比文件2公开的技术手段应用到对比文件1的技术方案中。

然而,对比文件2仍未公开区别特征①中的一些具体细节:在等离子体例如氦大气压微波感应等离子体中获得上述原子的发光电压值,以及利用发光电压的3次方根来得到近似直线。但上述具体细节都是本领域的一些常规技术手段,在实际应用时,为适应具体需要,将对比文件2公开的技术手段进行常规的变换和适应性的改型,成为区别特征①,是本领域技术人员很容易想到的,其所产生的技术效果也完全在预期之中。在此情况下,应当认为现有技术中已经给出了应用区别特征①的技术启示。

(撰稿人:黄玉平)

第五节 修 改

【案例4-12】修改申请文件中存在的错误——"一种利用玉米胚芽提取制备纳米活性物质的方法及其产品"复审请求案

【案情】

2008年6月25日,专利复审委员会作出第13801号复审请求审查决定。该决定涉及申请号为200410050686.1、申请日为2004年10月27日、发明名称为"一种利用玉米胚芽提取制备纳米活性物质的方法及其产品"的发明专利申请。

根据原始申请文件中的记载,其采用的技术手段是对分子量在32 000以下的玉米胚芽提取物进行纳米化处理,获得分子量为50～200的玉米胚芽活性物质,这类活性物质分子量小,吸收利用率高,因此在医疗保健领域具有广泛的应用价值。

原权利要求书中请求保护9项权利要求,其中独立权利要求1为:

"1.一种利用玉米胚芽提取制备纳米活性物质的方法,在于将分子量在32 000以下玉米胚芽提取物纳米化处理,玉米胚芽活性物质分子量可在200～50。"

经实质审查,国家知识产权局专利实质审查部门于2006年7月7日以该申请的说明书不符合《专利法》第二十六条第三款为由驳回了该申请,其理由是:该发明要解决的技术问题是:对玉米胚芽提取物进行纳米化处理,获得分子量为50～200的玉米胚芽活性物质。但是，该申请的说明书中所给出的超音速纳米射流技术、纳米匀质机内处理和纳米对撞机这些技术手段并不能实现上述技术问题；没有公开对玉米胚芽提取物进行处理的具体操作条件，致使本领域的技术人员根据说明书的内容无法具体掌握如何能获得本发明所述的分子量为50～200的玉米胚芽活性物质；另外，说明书中没有提供能够证明可以得到分子量为50～200的玉米胚芽活性物质这一技术效果的实验数据。

申请人对上述驳回决定不服，于2006年10月18日向专利复审委员会提出复审请求，并提交了权利要求书和说明书的全文修改替换页，其中将原权利要求1、权利要求5和权利要求6以及说明书第3页和第4页中表述的"玉米胚芽活性物质分子量可在200～50"均修改为"玉米胚芽活性物质粒径为200～50nm"。申请人指出，原说明书和权利要求书中记载的"分子量可在200～50nm"应为笔误，实际应为"玉米胚芽活性物质粒径为200～50nm"，经上述修改后，本领域的技术人员能够具体实施该申请的技术方案。

此外，在复审程序中，申请人先后提交一些附件和证据，如下：

附件1：《生物化学》，沈同、王镜岩编著，高等教育出版社出版，1990年12月第2版，2000年1月第11次印刷，第76页的复印件；

附件2：《生物化学》，沈同、王镜岩编著，高等教育出版社出版，1990年12月第2版，2000年1月第11次印刷，第110页的复印件；

附件3：廊坊通用机械有限公司生产的纳米对撞机械装备（NC系列纳米机）产品说明书的原件；

附件4：复审请求人声称为北京奈诺生物机械科技有限公司设计的超音速纳米射流系统产品说明书的原件；

证据1：廊坊通用机械制造有限公司的记载了纳米机试验数据的网页打印件（复审请求人声称相应网址为http://www.namiji.com/sysj.htm）。

其中，附件1和附件2用于证明多肽的分子量最小为132，不可能处于131～50的范围，原说明书和权利要求书中所述的玉米胚芽活性物质的分子量在131～50的范围不能成立；附件3和附件4用于证明该申请中采用的纳米对撞机（即纳米匀质机）或超音速纳米射流系统可以获得纳米级的粒子产物；证据1可以表明采用纳米对撞机纳米化处理，由玉米胚芽提取物获得分子量为50～200的玉米胚芽活性物质是不合理的。

专利复审委员会经审查认为，上述修改超出了原说明书和权利要求书记载的范围，不符合《专利法》第三十三条的规定，据此向申请人发出复审通知书，并最终作出第13801号复审请求审查决定，维持驳回决定。

第13801号复审请求审查决定中指出：在该申请的原说明书和权利要求

书中，既没有有关"活性物质粒径"的记载，也没有将活性物质加工至200～50nm粒径的技术手段，因而从中无法直接地、毫无疑义地确定"玉米胚芽活性物质粒径为200～50nm"的内容。根据该申请原说明书的记载，小分子的肽在生理活性、溶解性和稳定性等方面具有独特的功能作用，并指出该申请中"将分子量在32 000以下玉米胚芽提取物纳米化处理，玉米胚芽活性物质分子量可在200～50"，并且说明书中还给出了采用聚丙烯酰胺凝胶电泳（SDS）来测定所获得的玉米胚芽活性物质的分子量大小，说明书附图3也表明了在纳米化处理后其分子量的变化。可见，"分子量"这一概念贯穿本发明始终，且原说明书中未提及玉米胚芽活性物质粒径的概念，因此申请人关于分子量是粒径笔误的观点不能被接受。

针对申请人提交的证据，复审委员会认为：证据1以及附件3和附件4仅能证明采用现有的纳米对撞机或超音速纳米射流系统能够获得纳米级的粒子产物，并不能证明该申请中采用它们所获得的活性物质的粒径在200～50nm。此外，即使有证据表明通过纳米化处理、采用纳米对撞机由玉米胚芽提取物获得分子量为50～200的玉米胚芽活性物质是不合理的，而获得粒径在50～200nm的玉米胚芽活性物质是可以实施的。由于上述内容未记载于原说明书和权利要求书中，也不属于能够从原说明书和权利要求书中直接、毫无疑义地确定的内容，故上述修改不符合《专利法》第三十三条的规定。

【评析】

《专利法》第三十三条规定：申请人可以对其专利申请文件进行修改，但是，对发明和实用新型专利申请文件的修改不得超出原说明书和权利要求书记载的范围。《专利审查指南2010》第二部分第八章第5.2.1.1节进一步规定：原说明书和权利要求书记载的范围包括原说明书和权利要求书文字记载的内容和根据原说明书和权利要求书文字记载的内容以及说明书附图能直接地、毫无疑义地确定的内容。

各国专利制度中均有和我国《专利法》第三十三条类似的规定，欧洲专利局（EPO）在其《EPO审查指南》中阐述了相关条款的法律内涵：不允许专利申请人通过加入未在原始申请文件中记载的主题来完善其发明，否则会赋予申请人不正当的利益，并且损害第三方依赖原申请文件的法律安全性。[1] 日本的审查基准中也表述了相关条款的宗旨：申请文件往往存在不完善之处，需要进行修改。但是，如果在提交专利申请后，允许修改超出原始申请文件

---

[1] 参见：国家知识产权局学术委员会专项课题"发明专利审查制度国际比较研究"第二部分第五章。

记载的范围，由于修改的效果可以追溯到申请之时，故信赖原始申请文件记载内容的第三人的利益会受到损害。❶ 对于我国《专利法》第三十三条的立法目的，有观点认为是以先申请原则和禁止反悔原则为逻辑基础❷，还有观点认为可以概括为：避免申请人不当获利和影响公众的利益。❸ 总之，由于申请人在申请日以后对权利要求书和说明书的修改会向前追溯到申请日，即会被视作申请日就已经提出，因此为了保护第三人利益或者公众利益不被损害，需要将申请人对权利要求书和说明书的修改严格限制在原始申请文件记载的范围之内，尤其需要特别关注申请人针对其请求保护的技术方案的修改。

在审查实践中，有些申请人就像本案中描述的情形那样，把申请文件中存在的与申请人本意严重不符的错误作为理所应当修改申请文件的理由，而忽视判断修改是否超范围的标准是修改后的内容是否超出原权利要求书和说明书记载的范围。也就是说，申请人没有以原权利要求书和说明书记载的信息为基础，而是以自己内心确认的正确形式来确定修改后的内容。

在本案中，申请人提交了多份证据来证明"玉米胚芽活性物质分子量可在200～50"的不合理性，认为其为明显笔误，并声称获得粒径在50～200nm的玉米胚芽活性物质是可以实施的，因此应当将上述特征修改为"玉米胚芽活性物质粒径为200～50nm"。事实上，从本领域技术人员角度来讲，"玉米胚芽活性物质分子量可在200～50"这一描述确实不合理，审查员也正是针对这种不合理性而指出了说明书公开不充分的缺陷。但问题在于，申请人认为正确的内容"玉米胚芽活性物质粒径为200～50nm"能否从原申请文件中直接地、毫无疑义地确定。正如第13801号复审请求审查决定所指出，本案申请中"分子量"这一概念贯穿始终，而在原权利要求书和说明书中均未提及任何关于玉米胚芽活性物质具体粒径的问题，因此修改后的"玉米胚芽活性物质粒径为200～50nm"显然超出了原权利要求书和说明书记载的范围。

本案告诉我们，修改申请文件中存在的错误时应当注意：如果所述错误是本领域的技术人员一旦看到该内容就能够发现，并且也能够知道如何改正的错误，即能够直接地、毫无疑义地确定其正确形式的错误，则允许对该错误进行修改。反之，如果所述错误不能为本领域技术人员所确认，或者虽然能够被本领域技术人员发现，却并不知道如何改正（包括改正的方式不唯一

---

❶ 参见：国家知识产权局学术委员会专项课题"发明专利审查制度国际比较研究"第二部分第五章.
❷ 崔峥，张鹏.《专利法》第33条的立法本意与法律适用探析［J］. 知识产权，2011（4）.
❸ 欧阳石文. 专利法第33条的立法目的及其"直接地、毫无疑义地确定"之含义［J］. 审查业务通讯，2008年专刊（一）：40.

和改正的方式完全不得而知两种情形），则不能允许对这类错误进行修改。

（撰稿人：孙跃飞）

【案例 4 - 13】单个技术特征的记载与技术方案整体是否超范围——"包含抓持凸缘的保持型针头"复审请求案

【案情】

2010 年 12 月 1 日，专利复审委员会作出第 28636 号复审请求审查决定。该决定涉及申请号为 200510118149.0、名称为"包含抓持凸缘的保持型针头"的发明专利申请。

经实质审查，国家知识产权局专利实质审查部门于 2009 年 4 月 3 日作出驳回决定，理由是该申请权利要求 1 的修改不符合《专利法》第三十三条的规定。驳回决定所针对的权利要求 1 如下：

"1. 一种抽取针头，包括：具有适于进行插入操作的远端的中空管（1），所述中空管（1）连接着至少一个管部，所述管部设有用于连接到管子上的插头（4）；保持体（3），其用于使中空管（1）和管部被彼此相对保持，所述插头（4）连接至保持体（3），从而横向或斜向伸出；所述针头的特征在于，其还包括两个凸缘（6），它们被保持在保持体（3）的相应侧上，并且依靠设置在每个凸缘（6）和保持体（3）之间的垫块（7）与保持体（3）相隔，所述插头（4）在所述两个凸缘（6）之间从所述保持体（3）伸出，所述凸缘（6）从插头（4）沿纵向延伸到中空管（1）的近端附近，每个凸缘（6）的宽度大于面对凸缘（6）的保持体（3）部分的宽度。"

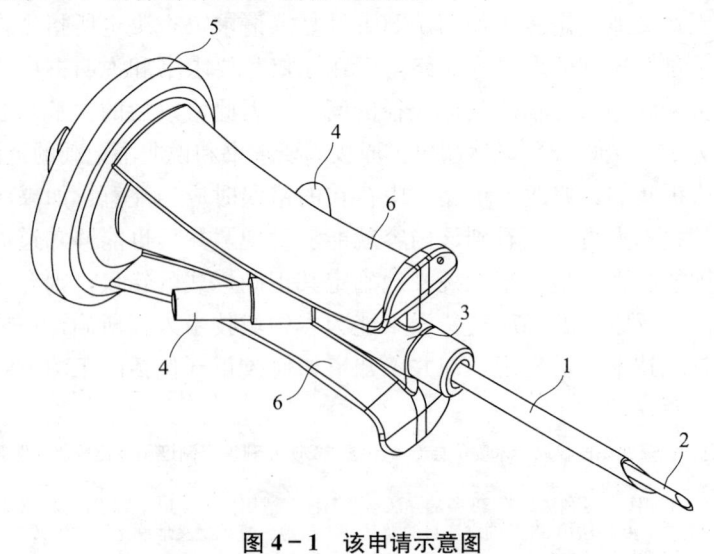

图 4 - 1 该申请示意图

驳回决定认为：权利要求1中"所述插头（4）连接至保持体（3），从而横向或斜向伸出"为相对原权利要求1中的特征"所述插头从保持体伸出"作出的修改，而管部的插头"横向或斜向伸出"只记载在原说明书的背景技术部分，该记载内容不能对该申请请求保护的技术方案产生限定作用；原说明书附图记载了插头相对保持体的轴向以特定角度的方向伸出，但这不等同于所有的倾斜方向，因此该修改超出了原权利要求书和说明书的记载范围，不符合《专利法》第三十三条的规定。

申请人对上述驳回决定不服，向专利复审委员会提出复审请求，未修改申请文件。申请人认为其对权利要求1的上述修改基于原说明书背景技术中记载的内容，并且在说明书中也明确提到"本发明的目的是提供一种更符合人机工程学要求的针头，以改进上述类型的抽取型针头"，因此，背景技术中记载的"以使其横向或斜向伸出"这一技术特征可以与该申请提出的技术方案相联系上。

经审查，专利复审委员会向复审请求人发出复审通知书，指出：权利要求1的特征"所述插头连接至保持体，从而横向或斜向伸出"涵盖了从原申请文件中不能直接地、毫无疑义地确定的内容，同时，该申请的插头结构与背景技术中的插头结构不存在唯一确定的关系，因此原说明书背景技术的内容不能作为上述特征的修改依据，权利要求1的修改超出了原申请记载的范围，不符合《专利法》第三十三条的规定。

针对上述复审通知书，复审请求人于2010年6月21日提交了意见陈述书，同时提交了权利要求书全文的修改替换页，其中，将权利要求1中的特征"从而横向或斜向伸出"修改回"以使所述插头从所述保持体上伸出"。基于上述修改后的权利要求书，专利复审委员会认为修改后的权利要求书克服了驳回决定和复审通知书所指出的缺陷，因此作出第28636号复审请求审查决定，撤销驳回决定，由原审查部门继续进行审查程序。

【评析】

本案所涉及的焦点问题是：能否依据申请文件背景技术中记载的内容"以使其横向或斜向伸出"将权利要求1修改为"所述插头连接至保持体，从而横向或斜向伸出"。

《专利审查指南2010》第二部分第八章第5.2.1节规定：原说明书和权利要求书记载的范围包括原说明书和权利要求书文字记载的内容和根据原说明书和权利要求书文字记载的内容以及说明书附图能直接地、毫无疑义地确定的内容。根据该规定，"原说明书和权利要求书记载的范围"的含义应当理解为包括两个层次的披露：一是通过原说明书和权利要求书的文字明确表述的内容;二是所属技术领域人员通过原说明书和权利要求书以及说明书附图能够直接地、毫无疑义地确定的内容。

据此,申请人认为,背景技术属于说明书文字记载内容的一部分,当然可以作为修改依据,进而将原说明书背景技术部分记载的内容结合到权利要求当中也应该允许。

然而,我们应当知道,权利要求书虽然是由一个个技术特征所组成,但其保护范围是一个完整的技术方案,通过增加、删除和/或改变技术特征,可以形成不同的技术方案。因此判断是否超范围时,仅核实单个技术特征是否在原权利要求书和说明书中有记载是不够的,还必须以修改后的各技术特征的总和,即技术方案为对象,判断该技术方案是否超出原申请说明书和权利要求书记载的范围。例如,原权利要求中记载的方案是一种由A、B、C三种成分组成的组合物。而原申请说明书中某处还记载,方案中的C组分可以替换为D组分,但此时需要增加一个E组分。而在修改时,申请人将权利要求修改为一种由A、B、C或A、B、D三种成分组成的组合物。显然,修改后的权利要求是在原权利要求基础上,增加了一个并列技术方案——由A、B、D三种成分组成的组合物,虽然成分D在原申请文件中有文字记载,但该增加的并列技术方案与原申请文件中提供的信息——由A、B、D、E四种成分组成的组合物,是完全不同的,因此这种修改不符合《专利法》第三十三条的规定。

本案中,从形式上看,在原说明书文字记载了"保持体包括一个从中空管延伸与其串联的圆柱体。管部的插头被连接到圆柱体上,以使其横向或斜向伸出"的内容,似乎对应于修改增加到权利要求1中的特征"所述插头(4)连接至保持体(3),从而横向或斜向伸出"。然而,背景技术部分主要在描述各种现有技术针头的不足,包括上述具有"横向或斜向伸出"插头的针头也是存在不足的现有技术之一;而权利要求1的内容对应于发明内容部分描述的技术方案,是对现有技术提出的改进,并且从申请文件整体来看,不能认定发明内容部分所提出的改进方案就是在包括上述"横向或斜向伸出"插头的针头基础上直接改进得到的。换句话说,不能确定包括"横向或斜向伸出"的插头也为原申请文件发明内容部分所记载的技术方案的一部分,因此申请人在修改时直接将该技术特征增加到权利要求1中,所形成的技术方案作为一个整体,并不能从原申请文件中直接地、毫无疑义地确定。

本案中申请人为支持其观点还提出如下理由:原说明书也明确提到"本发明的目的是提供一种更符合人机工程学要求的针头,以改进上述类型的抽取型针头",由此,背景技术中的"以使其横向或斜向伸出"这一技术特征可以与该申请提出的技术方案相联系。然而，上述内容也仅仅能够表明该申请是为了改进背景技术中描述的针头而提出的技术方案，从这一点不能认为背景技术中提到的任一现有技术针头的特征均可适用于该申请的技术方案。并且，该申请发明内容明确记载"例如，所述中空管和插头可以具有不同的结构"，由此进一步证明该申请中提出的插头结构与背景技术中的插头结构没有唯一确定的对应关系和必然结合关系，进而不能直接地、毫无疑义地确定权利要求中的插头是"横向或斜向伸出"这一结构。因此，将背景技术中的插头结构补入该申请技术方案中的这种修改是超范围的。

（撰稿人：杨加黎）

【案例 4-14】 原始提交的 PCT 国际申请文件的效力与译文错误的改正——"分析装置"复审请求案

【案情】

2007 年 7 月 24 日，专利复审委员会作出第 11225 号复审请求审查决定。该决定涉及申请号为 97181420.1、名称为"分析装置"的 PCT 发明专利申请。该申请的申请日为 1997 年 11 月 5 日，进入中国国家阶段的日期为 1999 年 7 月 16 日。该申请公开时，对应于原始提交的国际申请文本的权利要求书共包括 32 项权利要求。在其进入中国国家阶段时，申请人提交了根据 PCT 第 41 条对权利要求书全文以及说明书第 1 页和第 2 页的修改替换页，其中修改了第 1~11 项权利要求，并将其余权利要求删除，同时修改了说明书的部分内容。

在本案实质审查阶段，第一次审查意见通知书依据两篇对比文件认定该申请的全部权利要求不具备新颖性或创造性，申请人修改权利要求书后，第二次审查意见通知书认定所述修改超出了原权利要求书和说明书记载的范围。最终，实质审查部门以该申请权利要求 1 和权利要求 10 修改超范围、不符合《专利法》第三十三条的规定为由驳回了该申请。驳回决定针对的权利要求 1 和权利要求 10 如下：

"1. 一种用于检测可溶的颗粒状分析物的表面胞质团共振的装置，该装置包括：

一个传感器，所说的传感器具有能粘接分析物的金属化表面；

一个能在传感器表面上产生损耗波的光源；

一个能够检测由粘接在金属化表面上的分析物颗粒散射的光线的第一检测器；和

一个检测从金属化表面内反射的来自耗损波的光的第二检测器；

其特征在于所述第一检测器为用来基于所述的散射光线观测传感器表面

上分析物的分布的装置。"

"10. 一种检测固体或者颗粒状分析物的方法：包括：

（d）把分析物粘接到传感器上，所说的传感器包括能粘接分析物的金属化表面；

（e）在传感器表面上产生损耗波；

（f）利用第一检测器检测由粘接在所述金属化表面的所述分析物颗粒散射的光线；和

（d）利用第二检测器检测从所述金属化表面内反射的耗损波；

其特征在于所述第一检测器为用来基于所述的散射光线观测传感器表面上分析物的分布的视频摄像机。"

申请人不服上述驳回决定，向专利复审委员会提出复审请求，同时提交了权利要求书和说明书全文的修改替换页，其中将权利要求书中的术语"第一检测器"和"第二检测器"特征互换，并适应性地修改了说明书。申请人认为，原始说明书中第一检测器和第二检测器的名称比较混乱，但它们各自的特征是清楚的，修改之后使名称前后一致，并且未超出原始文本的公开范围。

专利复审委员会发出第一次复审通知书指出，申请人的上述修改超出了原始文本的范围，不符合《专利法》第三十三条的规定。如申请人所述，原始文本说明书对第一检测器和第二检测器的说明比较混乱，根据其对应效果的描述，本领域技术人员只能够得知该申请的技术方案中包括两个检测器，其中之一用于测量传感器表面内部反射的光源光线，另一个用于检测由粘接在传感器表面的分析物散射或发射的光线。但在原始说明书中时而将检测反射光的传感器称为第一检测器，检测散射或发射光的传感器称为第二检测器；时而将检测散射或发射光的传感器称为第一检测器，将检测反射光的传感器称为第二检测器，这样前后不一致的描述明显存在错误，致使本领域技术人员不能确定说明书中记载的第一/第二检测器的结构、功能或设置部位等信息。例如，说明书中提到第一检测器是视频摄像机、第二检测器包括光学聚焦装置、第一检测器位于光源的相反侧、第二检测器可检测颗粒状分析物，等等。本领域技术人员并不能确认这些结构、位置或功能所对应检测器名称哪些是正确的，哪些是错误的，因此申请人对这些信息进行澄清性修改后的内容不能从原申请文件中直接地、毫无疑义地确定。

此外，第一次复审通知书还指出，上述第一检测器和第二检测器描述混乱的问题还导致该申请说明书没有对技术方案作出清楚完整的说明，因而不符合《专利法》第二十六条第三款的规定。

该申请附图1如下：

第四章 分析领域

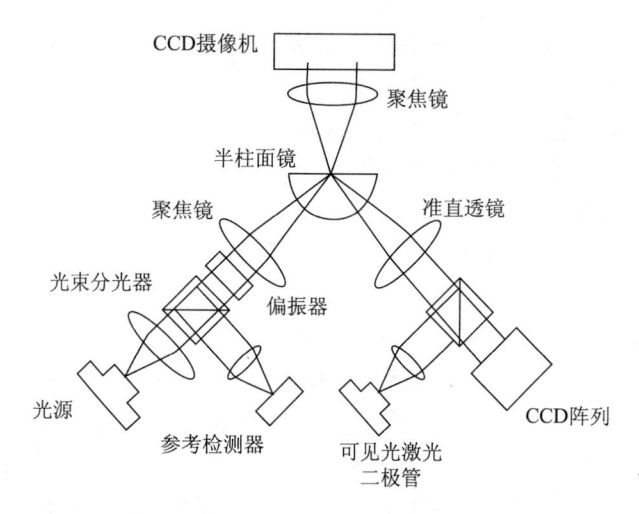

```
                CCD摄像机
                   |
                 聚焦镜
               半柱面镜
          聚焦镜      准直透镜
     光束分光器
               偏振器
        光源                    CCD阵列
           参考检测器  可见光激光
                        二极管
```

图4-2 该申请附图1

图中半柱面镜为粘结分析物的传感器，其上方的 CCD 摄像机等装置是用于检测散射光或发射光的检测器，其右下方的 CCD 阵列等装置是用于检测反射光的检测器。

针对上述复审通知书，申请人提交了意见陈述书，同时提交了权利要求书与说明书的全文替换页。申请人认为，该申请说明书中第一检测器和第二检测器名称前后不一致是由于翻译错误造成的，因此对照该申请的国际公开文本 WO 98/2208（PCT/GB 97/03037）重新修改了说明书译文，并修改权利要求书的表述与该中文译文一致。修改后的权利要求 1 和权利要求 10 如下：

"1.一种用于检测可溶的和/或颗粒的分析物的表面胞质团共振的装置，该装置包括：

一个传感器，所说的传感器具有能粘接分析物的金属化表面；

一个能在传感器表面上产生损耗波的光源；

一个检测从金属化表面内反射的来自耗损波的光的第一检测器；和

一个能够检测由粘接在金属化表面上的分析物颗粒散射或发射的光线的第二检测器；和

其特征在于所述第二检测器为用来基于所述的散射光线观测传感器表面上分析物的分布的装置。

10.一种检测固体或者颗粒状分析物的方法，包括：

（a）把分析物粘接到一个传感器的金属化表面上；

（b）在传感器表面上产生损耗波；

（c）利用第一检测器检测从所述金属化表面内反射的耗损波；和

(d) 利用第二检测器检测由粘接在所述金属化表面的所述分析物颗粒散射或发射的光线；

其特征在于所述第二检测器为用来基于所述的散射光线观测传感器表面上分析物的分布的电荷耦合器件摄像机。"

专利复审委员会经核实，"第一检测器"和"第二检测器"及其功能描述前后严重不一致的问题在该申请的国际公开文本 WO 98/2208A1 中的确不存在。该国际公开文本中明确并一致地记载：第一检测器能够检测传感器表面的反射光，第二检测器能够检测传感器表面的散射光或发射光。故上述问题的确是由于该申请进入国家阶段后的翻译错误造成的。根据《审查指南 2006》第三部分第二章第 3.3 节的规定，进入国家阶段的国际申请其原始提交的国际申请文件具有法律效力，作为判断申请文件修改是否超范围的依据。因此合议组根据《专利法实施细则》第一百一十条的规定向复审请求人发出"改正译文错误通知书"，要求其补办改正译文错误手续，缴纳相关费用。

复审请求人在规定期限内向国家知识产权局提交了改正译文错误请求书并缴纳了相关的手续费，经审查该手续合格。

在上述程序的基础上，专利复审委员会认定修改文本中针对"第一检测器"和"第二检测器"的修改符合《专利法》第三十三条的规定。同时，第一次复审通知书中指出的由于两个检测器功能描述前后严重不一致导致的说明书不符合《专利法》第二十六条第三款规定的问题也得以克服。之后，专利复审委员会继续审查该申请的新颖性和创造性问题，并最终以该申请权利要求 1~6 不具备《专利法》第二十二条第二款规定的新颖性作出维持驳回决定的第 11225 号复审请求审查决定。

【评析】

《专利合作条约》（PCT）是由世界知识产权组织国际局管理的在《保护工业产权巴黎公约》下的一个方便专利申请人在国际上申请专利的国际性条约。申请人只要根据该条约提交一份国际专利申请，即可同时在该条约所有成员国中要求对其发明进行保护，只要在国际申请阶段指定该缔约国。

按照规定，国际申请以外文提出的，在进入中国国家阶段时需要提交原始国际申请的中文译文，该译文与国际局传送的国际公布文本内容应相符，申请人不得将任何修改内容加入到原始申请的译文中。因此，对于以外文公布的国际申请，在中国国家阶段，一般仅针对其中文译文进行实质审查，而无需核对原文。

然而，出于各种各样的原因，译文与原文之间还是有可能出现偏差，严重的偏差会导致申请文件译文出现某些实质性缺陷。例如在本案中，译文错误导致了说明书前后严重不一致，给本领域技术人员理解技术方案造成了困难，不符合《专利法》第二十六条第三款关于说明书清楚、完整并能够实现的规定，而这种缺陷在原始提交的国际申请文本中并不存在。要消除由于译文错误导致的申请文件中的缺陷，必须对译文进行修改，且这种修改应当符合《专利法》第三十三条规定，即不得超出原权利要求书和说明书记载的范围。《专利合作条约》第十一条规定，根据《专利合作条约》提出的国际申请（简称为 PCT 申请）的国际申请日应认为是在每一指定国内实际的申请日。因此，对于进入中国国家阶段的 PCT 申请，《专利法》第三十三条所说的原说明书和权利要求书是指原始提交的国际申请的权利要求书、说明书及其附图。换句话说，原始提交的国际申请文件具有法律效力，是判断申请文件修改是否超范围的依据。

当然，改正译文错误毕竟不同于一般的修改申请文件，其可能导致已经审查的文本信息发生实质性改变，审查员/合议组有时候甚至不得不重新理解发明创造，这对行政审查资源造成了不必要的浪费，因此必须对这种修改方式进行约束和管理，促使申请人在国际申请进入国家阶段时提交尽可能正确的译文作为审查文本。

根据 2010 年修改前的《专利法实施细则》第一百一十三条的规定，改正译文错误有两种途径，一种途径是申请人主动提出，该途径具有时间限制：要么在专利局作好公布发明专利申请或者公告实用新型专利权的准备工作之前，要么在收到专利局发出的发明专利申请进入实质审查阶段通知书之日起三个月内；另一种是应专利审查部门的要求提出，通常是在审查过程中审查员/合议组发现了由于译文错误导致的缺陷，要求申请人澄清或者办理改正译文错误手续。无论申请人以哪种途径进行改正，审查部门都需要对原文和改正的译文进行核实，判断改正的译文是否正确，并且申请人需要缴纳一定费用。改正译文错误手续费在不同的审查阶段还有很大的差别；在初步审查阶段，只需要缴纳 300 元；而在实质审查阶段和复审阶段，则需要缴纳 1200 元的手续费。

虽然判断申请文件修改是否超范围的依据是原始国际申请文本，但是当申请人发现审查员/合议组指出的申请文件缺陷是由于翻译错误导致的，原始国际申请文本中并不存在，其依据原始提交的国际申请文本进行修改时，必须首先办理请求改正译文错误的手续，即提出请求并交纳相关费用。如果申请人提出改正译文错误的请求，但并未缴纳相关费用，因为审查员/合议组不能根据错误文本进行审查，此时审查员/合议组会向申请人发出改正译文错误通知书，要求其在规定的期限内缴费。如果申请人未在规定的期限内缴费，该申请即被视为撤回。

（撰稿人：周航）

第五章 其 他

除了上述几个领域的案件之外,还有两类案件值得我们关注。

一类是跨领域案件,随着科学技术的不断发展,技术集成度的提高,我们有时很难把一件产品明确划归到某一具体的技术领域上。就拿生活中常见的电动自行车举例来讲,其涵盖的技术内容不仅有机械技术,还涉及电池、电力传输技术,而如何使其变得轻巧,还涉及材料技术等,当然这里所说的技术领域并不是指国际专利分类号最低分类,也不应理解为在创造性判断时对选择对比文件的要求。显而易见的是,这种产品上技术的复合和集成使得我们的生活更加便利、更加高效、更加丰富多彩,但同时所带来的市场竞争在促使产品制造者、研发者为了谋求更大经济利益而对技术完善和开拓的过程中,促进了科技的进一步发展。由于光学、分析、计量、自动控制、医疗器械等技术在实际应用中均难以避免地存在相互交叉或与其他学科技术交叉,这就决定了光电技术领域的案件包含大量涉及复合和集成技术的案件。

还有一些技术方案相对简单的案件,也被统分到光电技术领域的审查范畴,这一类案件很有特色。其一是这些案件通常比较贴近生活,产品结构或方法步骤浅显易懂,就像《专利审查指南2010》中为了说明而举的一些实例一样,理解技术方案不需要太多的专业技术知识;其二是"麻雀虽小五脏俱全",对申请文件撰写的要求并未因为方案的简单而降低,在审查过程中申请人与审查员以及无效请求人与专利权人之间的争议焦点也往往离开了技术本身而转向法律问题上。

本章介绍的案例技术方案均比较容易理解,但其中涉及的法律问题在实践中却是争议的热点,如技术领域的确定,不同形式证据的真实性和公开性认定,专利文件和对比文件内容的正确理解以及实用性评判标准等。受篇幅所限,本书中针对每一类问题只给出了一个案例,但这些案例涉及的问题都比较典型,读者不必过分关注具体案例的技术内容和审查结论,我们希望对案例中相关问题的分析能让读者了解专利复审委员会在处理类似问题上的思路和方式,举一反三,为撰写申请文件、提出无效宣告请求和进行意见陈述提供参考。

(撰稿人:张曦)

第五章 其 他

第一节 技 术 领 域

【案例 5-1】 技术领域的确定——"充气糖果"无效宣告请求案

【案情】

2010年3月29日，专利复审委员会作出的第14620号无效宣告请求审查决定。该决定涉及发明名称为"充气糖果"的第200420103074.X号实用新型专利权。

该专利授权时的独立权利要求1为："1.一种充气糖果，其包括糖体（10），其特征在于：上述充气糖果还包括用于把持的杯壳（20），该杯壳（20）具有内腔，上述糖体（10）容纳于杯壳（20）的内腔中。"

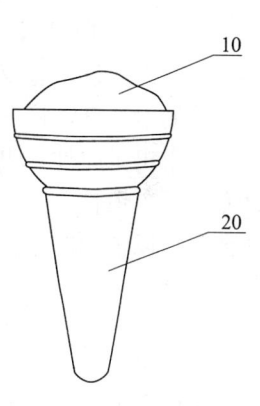

图 5-1 该专利示意图

针对上述专利权，请求人提出无效宣告请求，其提交的证据包括：

附件1：公开号为CN1129072A、名称为"一种异形威化果糖及其制备方法"的中国发明专利申请公开说明书，其公开日为1996年8月21日；

附件2：授权公告号为CN2297860Y、名称为"脆皮蛋筒冰淇淋"的中国实用新型专利说明书，其授权公告日为1998年11月25日；

附件3：授权公告号为CN2627839Y、名称为"蛋卷糖葫芦"的中国实用新型专利说明书，其授权公告日为2004年7月28日；

附件4：公开号为CN1117802A、名称为"巧克力蛋卷冰淇淋"的中国发明专利申请公开说明书，其公开日为1996年3月6日。

请求人认为，该专利权利要求1相对于附件1不具备《专利法》第二十二条第二款所规定的新颖性，相对于附件1～4分别与公知常识结合不具备《专利法》第二十二条第三款规定的创造性。

专利权人认为，该专利首创性地将食用性壳体和充气糖果结合使用，有效解决了充气糖果食用不便的问题，而附件1的威化糖果、附件2和附件4的冷冻饮品、附件3的蛋筒都与该专利的充气糖果属于不同的分类，与该专利的技术领域不同，不能影响该专利的新颖性、创造性。专利权人提交了如下三份由中华人民共和国商务部发布的行业标准复印件作为反证来证明附件1～4的产品与该专利技术领域不同。

反证1：《中华人民共和国国内贸易行业标准》（SB/T 10013－2008）的复印件，名称：冷冻饮品 冰淇淋，发布日期：2008年12月4日；

反证2：《中华人民共和国国内贸易行业标准》（SB/T 10346－2008）的复印件，名称：糖果分类，发布日期：2008年7月3日；

反证3：《中华人民共和国国内贸易行业标准》（SB/T 10104－2008）的复印件，名称：糖果 充气糖果，发布日期：2008年7月3日。

对于双方当事人的上述主张，专利复审委员会在第14620号无效宣告请求审查决定中作出如下认定：

（1）关于证据：请求人提供的附件1～4均为中文专利文献，专利权人对其真实性无异议，合议组经审查亦确认真实性，附件1～4的公开日期均早于该专利的申请日，构成该专利的现有技术。专利权仅提供了反证1～3的复印件，既未出示原件，也未说明其来源，且反证1～3上显示的公开日期也晚于该专利的申请日，请求人对反证1～3的真实性和证明力都不予认可。在无其他证据加以佐证的情况下，反证1～3不足以反映该专利申请日之前该行业的分类标准的情况，不能作为本案的证据使用。

（2）关于技术领域：该专利与附件1属于完全相同的IPC分类，虽然软糖和充气糖果在糖果行业标准的分类中可能有所不同，但这种行业标准上分类的不同并非专利法意义上技术领域的不同，对于本领域普通技术人员而言，软糖与充气糖果同样属于糖果类食品，同样具有柔软、容易变黏等性质，因此，二者属于相同的技术领域。

（3）关于权利要求1的创造性：该专利权利要求1请求保护一种充气糖果，附件1公开了一种异形威化果糖及其制备方法，并具体公开了该果糖及其制备方法是盛装在可食用的威化外壳内的软糖。权利要求1与附件1的区别在于：该专利权利要求1中容纳在杯壳中的是充气糖果，而附件1中容纳的是一种软糖。然而，合议组认为，软糖和充气糖果均属于常见的糖果类型，本领域普通技术人员在获知了附件1公开的技术方案的情况下，无需付出创造性劳动就能想到可以用充气糖果代替软糖放入威化外壳内，从而获得该专利权利要求1要求保护的技术方案，因此，该专利权利要求1不具备《专利法》第二十二条第三款所规定的创造性。

【评析】

众所周知，在判断新颖性和创造性时，技术领域是一个非常重要的考虑因素，但对于一个具体技术方案而言，其所属的技术领域是可以从下位到上位层层递进的，应当以什么样的标准来确定发明创造和对比文件所属的技术领域，实践中存在不少认识误区。

在本案中，专利权人用三份行业标准的反证来证明充气糖果、威化糖果、冷冻饮品属于不同的技术领域。但我们知道，行业标准是对行业内部生产经营活动制定的规范，其目的是为了便于国家宏观管理。虽然行业标准中的分类也是基于人们对事物共性的科学、客观认识来制定的，与专利文件的技术领域分类有相似之处，但它制定目的不同，制定过程中考虑的因素也不尽相同。

以本案为例，糖果的行业标准主要规范的是这类食品中的成分、常见有害微生物、重金属含量等，分类是基于这类食品的成分、生产工艺条件、试验方法、运输贮藏条件等。由于充气糖果和软糖工艺条件和成分都不太一样，故行业标准当中对其进行了分别规定。而评价新颖性和创造性时，确定技术领域目的在于判断权利要求保护的技术方案是否与对比文件相同或者在对比文件基础上显而易见，因此技术领域必然与发明创造的技术内容密切相关。如本案中，虽然充气糖果和软糖的成分、工艺有所不同，但涉案专利的权利要求并不涉及，而仅请求保护充气糖果的包装结构，这一点与对比文件1的软糖完全可以通用，故应当认为二者属于相同的技术领域。可见，行业标准对于确定技术领域具有一定的参考意义，但并不能作为技术领域分类的唯一标准，仅用行业标准上的分类不同来证明技术领域不同更是欠妥的。

在确定技术领域时容易陷入的另一个误区是，将两篇专利文献国际专利分类号（IPC）的主分类号视为技术领域的唯一确定标准。的确，IPC分类号是目前国际通用的专利文献分类和检索工具，在很多情况下对于确定技术领域很有借鉴意义。根据规定，IPC分类号应当给出完整的、能代表发明或实用新型的发明信息，并将最能充分代表发明信息的分类号排在第一位作为主分类号。但一件案件的IPC分类号毕竟也是负责分类的审查员人为确定的，其考虑因素十分复杂：要根据专利申请的全部文本来确定技术主题并进行分类，既要考虑发明创造对现有技术作出贡献的技术信息，又要注意包括那些对检索可能有用的附加信息；尽可能从整体上对技术主题分类，但如果技术主题中某部分代表了对现有技术的贡献，也要对该部分进行分类；还有的情况要根据功能或者应用进行分类，或者进行多重分类。可见，IPC分类号具有一定的主观性和复杂性，不同的审查员在阅读同一份专利申请文件之后确定的分类号很有可能并不相同，或者分类顺序不同引起主分类号不同。因此IPC分类号也是确定技术领域时的参考依据，但并不能作为唯一确定标准。

那么，到底应该以何种标准来确定技术领域呢？我们不妨借鉴《专利审查指南2010》第二部分第二章第2.2.2节关于"技术领域"的规定：发明或者实用新型的技术领域应当是要求保护的发明或者实用新型技术方案所属或者直接应用的具体技术领域，而不是上位的或者相邻的技术领域，也不是发明或者实用新型本身。该具体的技术领域往往与发明或者实用新型在国际专利分类表中可能分入的最低位置有关。例如，一项关于挖掘机悬臂的发明，其改进之处是将背景技术中的长方形悬臂截面改为椭圆形截面。其所属技术领域可以写成"本发明涉及一种挖掘机，特别是涉及一种挖掘机悬臂"（具体的技术领域），而不宜写成"本发明涉及一种建筑机械"（上位的技术领域），也不宜写成"本发明涉及挖掘机悬臂的椭圆形截面"或者"本发明涉及一种截面为椭圆形的挖掘机悬臂"（发明本身）。

以上虽然是申请文件撰写时对技术领域的要求，但其同样适用于新颖性和创造性判断过程中确定涉案专利和对比文件的所属技术领域。当然，总的来说，技术领域的确定仍然具有一定的主观性，在实践中要注意综合考虑涉案专利和对比文件的整体内容。

（撰稿人：马燕）

第二节 常用证据形式

【案例 5-2】报刊杂志类书证——"整屏分段灯光显示计时交通信号灯"无效宣告请求案

【案情】

2005 年 12 月 16 日，专利复审委员会作出第 8034 号无效请求审查决定。该决定涉及名称为"整屏分段灯光显示计时交通信号灯"的第 99214371.3 号实用新型专利。

该专利授权公告时的权利要求 1 为：

"1. 一种整屏分段灯光显示计时交通信号灯，其特征是由灯杆、支承、固定在灯杆上的整屏分段灯光显示计时主信号灯和装于灯杆杆段上的整屏分段灯光显示计时副信号灯构成，主信号灯由支承、固定在灯杆上的镶有透明灯罩的灯箱、灯箱后盖、固定在灯箱内的控制电路板、与控制电路电联接的板面上置有红、绿、黄点光源的发光板构成，点光源沿发光板板面矩阵式排列，红、绿、黄点光源相互交错排布，灯杆为空腹式结构，灯杆杆腔的一部分构成副信号灯的灯箱，灯箱后盖构成灯杆壁面的一部分，板面上置有红、绿、黄点光源的发光板固定在副信号灯灯箱内，点光源沿发光板板面矩阵式排列，红、绿、黄点光源相互交错排布，发光板前方灯箱壁面上有镶装有透明灯罩的出光口，副信号灯发光板与主信号灯内控制电路电联接，主、副信号灯发光板间夹有一个角度，主、副信号灯在控制电路控制下同步动作。"

针对上述专利权，请求人向专利复审委员会提出无效宣告请求，并提交了如下证据：

附件3：1999年5月23日的天津市《今晚报》复印件1页。

请求人在口头审理当庭出示了附件3报纸的原件，并主张附件3可证明该专利在申请日之前已经公开使用，因此该专利全部权利要求不具备《专利法》第二十二条第二款规定的新颖性。

针对上述证据和无效宣告请求理由，第8034号无效宣告请求审查决定作出如下认定：

附件3中的照片是一种交通信号灯的外观照片，从照片中无法得知该信号灯的内部结构和工作过程，附件3中的文字说明为："由市交管局设施处安装大队设计安装的一种新型交通信号灯出现在我市部分路口，该灯灯光长度变化可使行人知道剩余通行时间。"上述文字描述只是一种功能性的描述，并没有描述实现上述功能的产品技术方案。因此，附件3的照片和文字说明未能全部公开权利要求1的技术特征，在没有其他证据予以证明的情况下，不能证明附件3中公开的信号灯就是该专利权利要求1所述的产品，因此仅根据附件3，无法证明该专利权利要求1的技术方案在申请日之前已经使用公开。

上述决定作出后，请求人不服，先后向北京市第一中级人民法院和北京市高级人民法院提起行政诉讼，但两审法院均作出了维持专利复审委员会第8034号决定的判决。

【评析】

书证是指文字、图形、符号等载明的内容或者所表达的思想来证明案件事实的材料。专利权无效宣告请求程序当中，最常见的书证是专利文献，由于专利复审委员会是国务院专利行政部门中的内设机构，合议组通常很容易核实专利文献的内容，故实践中对此类书证真实性方面的争议也较少。

争议较多的是非专利文献类书证，在这当中，报刊杂志是非常常见的一类。

与其他类型的证据一样，真实性是报刊杂志类证据证明力的关键。而对于此类证据的真实性，提供该证据的一方当事人负有举证责任。一般来说，原件为最佳证据形式，在不能提供原件的情况下，可以提供与原件核对无误的复制件。这里应当注意，提供"与原件核对无误的复制件"也是需要证明的事项。比如，书证原件由国家有关部门保管，则当事人在提供由该有关部门保管的书证原件的复制件时，应当注明出处，经该部门核对无异后加盖其印章。

如果当事人仅提供了报刊杂志的复制件而无法与原件进行核对，则通常不能将该复制件单独作为定案依据，因为其真实性无法判别，需要其他证据补强，如经过对方当事人承认认可，或者有其他证据佐证。由于互联网的发展，许多当事人在难以获得报刊杂志原件时，就采用直接从网上下载打印的方式提供这类证据。然而这种情况应当注意，网络打印件仍然属于复制件，需要对其进行补强证明，例如，选择有公信力的网站下载这类证据，并对获得过程进行公证。

除了确认真实性之外，在专利权无效宣告请求程序当中，报刊杂志类书证的证明力还与其证明对象有关。报刊杂志上刊登的内容既有可能像专利文献那样，构成出版物公开，也有可能如本案中请求人所主张那样，构成使用公开。出版物公开是指报刊杂志上刊登了可以影响涉案专利权利要求新颖性或创造性的技术内容，这要求报刊杂志上披露了相关的技术内容，并且该报刊杂志的公开时间——通常以出版时间为准——在涉案专利的申请日之前。而使用公开则是指报刊杂志上刊登的内容表明涉案专利技术方案已经在申请日之前使用，并导致该技术方案处于公众可以得知的状态。

报刊杂志作为出版物公开证据与作为使用公开证据的一个区别在于，出版物公开中，报刊杂志的公开时间必须在涉案专利申请日之前，而用以证明使用公开的报刊杂志的出版日期则不一定在涉案专利申请日之前。例如，某报纸上刊登了一篇介绍某产品的文章，并表示该产品自某年上市之后销路一直很好，该上市日期在涉案专利申请日之前，但该报纸的印刷日期在该涉案专利申请日之后，该报纸不能作为出版物公开的证据，却有可能作为使用公开的证据。

出版物公开和使用公开的另一个区别在于，一份出版物上的内容通常是单独证明某技术方案为现有技术，由于其内容固定、明确而证明力较强，出版物公开往往作为当事人首选的证明方式；使用公开一般是当事人在无法证明出版物公开的情况下的第二选择，此时待证的使用公开事实通常比较复杂，故多数情况下需要一系列证据环环相扣来组成证明使用公开的证据链。比如，报纸上虽然刊登了某型号产品在涉案专利申请日之前的上市日期，但未披露该产品的具体结构信息，无法与涉案专利进行比对，因此，该报纸不能证明涉案专利产品已在出版物上公开，只有与该型号产品的实物或图片相结合才可能形成证据链，证明该涉案专利产品已经通过销售而为公众所知。当然，也存在同一份证据既可以作为使用公开的证据，又可以作为出版物公开的证据的情况，但此时当事人通常会选择出版物公开这种更为直接的证明方式。

出版物公开和使用公开相比存在的第三个区别随着第三次修订的《专利法》的实施而变得不再明显。由于修订后的《专利法》改变了以往对使用公开所采取的相对新颖性标准，而是与出版物公开一样，采取绝对新颖性标准，故对于2008年10月1日之后申请并获得授权的专利而言，仅从地域上区分出版物公开和使用公开并无太大意义。但对于申请日在2008年10月1日之前并获得授权的专利而言，使用公开与出版物公开仍然适用不同的新颖性标准，即：出版物公开包括国内和国外的公开出版物，而使用公开仅含国内公开使用。

在本案中，附件3是该专利申请日前出版的《今晚报》中发表的一张照片及其简单文字说明，请求人将其作为使用公开的证据来证明该专利权利要求不具备新颖性。

从附件3的照片中能够看到一种交通信号灯的外形，其文字说明表明该信号灯具备该专利权利要求1中交通信号灯相似的功能，但却未能公开该专利权利要求1的全部技术特征，请求人也未提供其他证据来进一步揭示该交通信号灯的结构，因此请求人的主张并不成立。如果本案附件3中可以看出交通信号灯的特定型号和来源，并且请求人能够进一步举证该型号和来源的信号灯的结构与涉案专利权利要求相同或实质相同，则有可能以"使用公开"方式来证明该专利权利要求不具备新颖性。

（撰稿人：宋瑞）

【案例5-3】 设计图纸、收据、购销合同和产品宣传册——"法兰式阀门保温套"无效宣告请求案

【案情】

2008年3月20日，专利复审委员会作出第11169号无效宣告请求审查决定。该决定涉及名称为"法兰式阀门保温套"的第01253709.8号实用新型专利。

针对上述专利权，请求人以该专利权利要求1~3不符合《专利法》第二十二条第二款和第三款的规定为由向专利复审委员会提出无效宣告请求，请求宣告权利要求1~3全部无效，请求人提交了多个证据，其中包括：

证据2：国家机械工业委员会第四设计研究院的图号为LT33-0-0-1、名称为"上塔体"的设计图纸复印件；

证据5.1：机械工业部第四设计研究院开具的收费收据复印件，内容为"今收到太行冷却设备厂GFNS2-800框架图（LT121）、GFNS2-1200框架图（LT123B-S）晒图费柒佰元整（700.00元）"；

证据5.2：工矿产品购销合同的复印件，内容为沁阳市太行冷却设备厂为

南风集团十万吨硫酸钾工程指挥部提供GFNS2－1200冷却塔和GFNS2－800冷却塔；

证据5.3：南风集团钾肥公司的GFNS2－1200冷却塔图片复印件。

请求人用证据2的设计图纸来证明该专利权利要求中的特征"冷却塔中平口法兰与反口法兰的连接方式"为现有技术，用证据5.1至证据5.3来证明证据2的设计图纸来源合法：证据5.1的收费收据表明太行冷却设备厂向国家机械工业委员会第四设计研究院购得了证据2图纸所示的技术，证据5.2和证据5.3表明太行冷却设备厂用购得的图纸为南风集团提供图纸所示设备。

在口头审理中，请求人提交了证据2图纸的蓝图、证据5.1和证据5.2的传真件，证据5.3的原件。专利权人对证据2、证据5.1至证据5.3的真实性和关联性提出异议。

第11169号无效宣告请求审查决定中对上述证据的主要意见如下：

证据2为设计图纸的蓝图，其实质为复印件，其上标有图号"LT33－0－0－1"和设计人的签名，没有批准人、审核人、设计负责人、校对人等的签名，也没有标明日期，单凭该复印件本身其真实性难以确认；另外，设计图纸通常是单位内部资料，单凭其本身不能证明其上所示技术为现有技术。

证据5.1是收据的传真件，证据5.2是购销合同的传真件，但请求人未提交这两份证据的原件，无法证明该证据的真实性。而且，证据5.1的收费收据和证据5.2的购销合同涉及的都是GFNS2－800型冷却塔框架图和GFNS2－1200型冷却塔框架图，证据5.1显示这两种类型的冷却塔图号分别为"LT121"和"LT123B－5"，这两个图号没有一个与证据2设计图纸所示图号"LT33－0－0－1"相同，无法证明在该专利申请日之前实施了销售、购买证据2设计图纸的行为。

证据5.3是包括南风集团钾肥公司GFNS2－1200型冷却塔彩色图片的"沁阳市太行化工设备有限公司"介绍宣传册，该证据并不存在伪造和变造的痕迹，专利权人虽然不认可该证据的真实性，但其未提供反证或提出合理怀疑理由，因此合议组认可该证据的真实性。但从证据5.3本身无法确定其公开时间，故其上所载信息不能作为该专利的现有技术使用。而且，证据5.3的图片上显示的也是GFNS2－1200冷却塔，与证据2中的型号不同。

综上，证据5.1至证据5.3与证据2无法形成完整的证据链来证明证据2的设计图纸上的技术方案在该专利申请日之前已处于公众所知的状态，因此，证据2不能作为证明其上所示技术为现有技术的证据使用。

最终，专利复审委员会认为请求人提出的无效宣告请求理由均不成立，决定维持该实用新型专利权有效。

【评析】

本案中的设计图纸、收据、购销合同和产品宣传册也是无效宣告请求程序当中的常见证据形式。这些证据从类型上说属于书证，但与前面所说的专利文献和报刊杂志类书证不同的是，它们通常无法单独证明涉案专利不具备新颖性或创造性的事实，或者证明力较弱，而需要与其他证据结合或相互印证，通过证据链的形式来证明相关事实。

需要注意的是，当事人使用这类证据的目的通常在于证明在涉案专利申请日之前已有相同或类似的技术被公开，从而涉案专利不具备新颖性或创造性。此时，确认这类证据的真实性和公开性是两个不同方面的问题，但都非常关键。

判断此类证据真实性时，与报刊杂志类书证类似，原件证明力优于复制件。在不能提供原件的情况下，可以提供与原件核对无误的复制件，无法与原件进行核对的复制件通常不能单独作为定案依据。但设计图纸、收据、购销合同通常保存在特定人手中，产品宣传册也通常是企业自己印制的，这一点使得其相比正式出版且公众易于获得和核实的报刊杂志类书证来说，作伪的机会和可能性增加，因而这类证据即使提供原件，也容易让人质疑其真实性。分析判断这类证据的真实性，应当综合证据的形成目的、来源，提供证据的人是否与案件或案件当事人具有利害关系，证据本身承载的信息内容，是否存在伪造或编造痕迹，有无其他证据相互印证等因素，并根据个案情况，考虑有可能影响证据真实性的其他因素。

例如本案中，收据和购销合同都仅有传真件，无效宣告请求决定中对其真实性不予认可，但假设当事人提供了二者的原件，其真实性也要依情况而定。收据是一种财务上的收付款凭证，但在我国，收据并不像发票那样有严格的管理制度，空白收据很容易购买，开具的随意性也较大，许多地方事后补开、重开或虚开收据都是比较容易的，也很难进行查证。因此，鉴于收据上面记载的日期、产品型号等对专利确权来讲非常重要的信息并不一定真实，专利复审委员会对收据真实性的认定通常比较慎重，即使提供原件，在无其他证据印证或补强的情况下，其真实性也不一定会得到认可。至于合同，通常有原本、正本和副本之分，但根据《最高人民法院关于行政诉讼证据若干问题的规定》，原本、正本和副本都属于原件，具有原件的法律效力。复印件、照片、影印件和抄录件均可统称为复制件。同样，合同的原件证明力优于复制件。

还应说明的是，合同的传真件一般情况下也认为是复制件。但例外的是，依照我国《合同法》的规定，以传真方式达成的合同或协议为法定的书面合同形式，传真件的合同具有法律效力，即此类传真件合同也应视为原件。传真件内容的真实性较难判别，采用某些技术性手段可以变造传真件的内容，另外如果传真件是热敏纸打印的，其保存时间不长或受环境影响较大，传真件上的显示可能逐渐消失。因此在认定传真件的证据效力时应注意考虑各种情况。本案中，证据5.2的购销合同传真件不具有原件的性质，且专利权人对其真实性不予认可，也无其他有力证据佐证其真实性，故不能确认其真实性。

对于设计图纸、收据、购销合同和产品宣传册公开性的认定，依据不同的证据形式考虑的因素也有所不同。

设计图纸大多是在工矿企业、科研机构研发产品过程中或者进行施工之前产生的，按照市场竞争的惯例来讲，设计、绘制图纸的主体通常不会在产品面世或者工程开工之前，将其设计思路和具体结构公之于众，因此图纸一般是内部资料，并非公众想得知便能得知的出版物，通常不能作为出版物公开的证据。而如果将其作为使用公开的证据，设计图纸本身也是不够的，虽然上面记载了一些技术信息，甚至标注了产品型号或设计日期，但这些都不足以证明设计图纸上技术信息的公开时间，需要与其他证据相结合，通过证据链的形式证明技术信息的在先公开，如提交图纸中对应型号的产品已经制造并销售的证据等。

在其真实性确认的情况下，收据和购销合同能否证明与涉案专利相关的技术内容在涉案专利申请日之前已经公开，取决于收据和购销合同上记载的内容。如本案中，收据内容反映的是某厂复印了某设备的设计图纸，购销合同反映的是某厂为另一方提供所述设备产品。这些内容最多表明所述设备的技术信息在特定当事人之间公开，而不能证明该技术信息处于公众想得知即可得知的状态。如果请求人能够进一步提供证据，证明在涉案专利申请日之前任何人都可以复制所述设备的设计图纸，例如，处于公众阅览室中，或者证明购销合同的标的物设备产品在涉案专利申请日之前已经安装并公开使用，则有可能通过形成的证据链来证明所述技术信息的公开性。

至于产品宣传册，类似的还有产品样本、产品说明书、产品目录等，其公开性的审核认定比较复杂，并且很多情况下公开性与真实性认定密切相关，需要根据证据本身及其他相关证据综合考虑。例如，带有国际标准书号、国际标准刊号、国内统一刊号的产品宣传册类证据，一般可以认为是专利法意义上的公开出版物，其真实性和公开性的认定与报刊杂志类出版物类似。而对于生产商或经销商自行印制的产品宣传册类证据，由于印刷随意性较大，同时存在公众不可获知的可能，要证明其真实性和公开性，通常需要结合其他一些相关证据，例如能够证明其来源的印刷证据、能够证明其公开性的散发或销售证据等。

此外，上面也提到，无论是真实性认定还是公开性认定，对于多个证据指向同一事实的，除了考虑各个证据能否单独证明待证事实之外，还要考虑证据之间能否相互印证形成证据链。例如，某个销售凭证为复印件，虽然单独来看真实性难以确定，但通过与买卖合同、转账凭据或收发货记录等真实性可以确认的证据相互印证，形成了完整的证据链，则该销售凭证的真实性也可能被认可；反之，有时候即使每个证据的真实性可以得到确认，但其内容却不能相互关联构成完整的证据链，也不能达到其证明目的。

本案请求人主张构成证据链的证据 2、证据 5.1 至证据 5.3 当中，除了证据 5.3 之外，其他证据本身的真实性都不能确认。即使不考虑真实性问题，从产品型号或图号来看，证据 2 设计图纸上的产品也很难与证据 5.1 至证据 5.3 中的产品相关联，因此证据 5.1 至证据 5.3 与证据 2 无法形成完整的证据链来证明证据 2 上记载的技术信息在涉案专利的申请日之前已经公开。

（撰稿人：谢有成）

【案例 5－4】实物证据——"MP3 手表"无效宣告请求案
【案情】
2007 年 4 月 10 日，专利复审委员会作出第 9651 号无效宣告请求审查决定。该决定涉及名称为"MP3 手表"的第 200420007585.1 号实用新型专利。

该专利的技术方案是在手表中设置 MP3 电路板以及相应的构件，同时还设置有防水装置，从而使得该 MP3 手表兼具 MP3 播放器以及手表的功能，同时还具备防水的性能。

该专利授权公告时的权利要求 1 如下：

"1. MP3 手表，包括有表玻璃、机芯、表壳、后盖、表带，所述 MP3 手表内部设有 MP3 电路板，其特征在于：由导电连接装置穿过表壳处的通孔与 MP3 电路板连接，所述导电连接装置与所述通孔之间设有防水装置，所述 MP3 手表还设有与导电连接装置连接的 USB 插头及耳机插座。"

针对该专利，请求人向专利复审委员会提出无效宣告请求，同时提交了如下证据：

附件 1：由广州市公证处于 2003 年 9 月 10 日出具的（2003）穗证内经字第 1056128 号公证书及附件复印件，公证事项为保全物证，即对由王广华于 2003 年 8 月 28 日购买的表面标识为"XONIX（Mega Memory 32MB）"、型号为"XV－102 闪存表"的两只手表进行保全封存，公证书内附有《现场工作笔录》1 页、发票联 1 页、收据 1 页；

附件2：附件1中封装实物的照片3张和请求人自行购买的MP3手表照片7张；

附件3：2003年8月8日《香港经济日报》A16版的复印件；

附件4："XONIX"的"闪存潜水王"广告页复印件，共4页；

附件5：《新潮电子》2001年10月号封面页、版权信息页、52～54页复印件。

在口头审理时，请求人当庭提交了附件1和附件2中的实物以及附件3至附件5的原件。请求人认为，附件1～4证明在该专利申请日以前已有与该专利相近似的产品公开销售，附件5给出了MP3与手表相结合的技术启示，二者结合破坏该专利权利要求1的创造性。

对于上述证据和无效宣告理由，专利复审委员会第9651号无效宣告请求审查决定中认定如下：

(1) 关于证据：附件1可以证明，在该专利申请日以前，表面标识为"XONIX（Mega Memory 32MB）"、型号为"XV－102闪存表"的闪存表已公开销售。

附件2中包括对附件1所封存实物证据拍摄的3张照片，其上具有"广州市公证处二〇〇三年八月二十八日封"的封条，并盖有广州市公证处的公章，与请求人口审当庭所提交的封装实物证据显示相同。当庭拆开该封装实物证据，包装内的产品为表面标识为"XONIX（Mega Memory 32MB）"的闪存表，封装的实物证据中的上述信息与附件1所记载内容均一一对应。由于附件1中所提及的封存实物与附件2中3张照片以及当庭提交的该封存实物证据均一致，因此可以认定附件2的3张封存实物照片所示的封装实物证据以及请求人当庭提交的封装实物，确系附件1中由广州市公证处人员在旁见证的情况下、于2003年8月28日购买并封装的两个保全物品之一，即附件1和附件2可证明在该专利申请日以前的2003年8月28日、请求人当庭提交的封装实物证据已公开销售，构成了该专利的现有技术。

附件2中另外7张照片是请求人对其自行购买的另外两个"MP3手表"所拍摄的照片，这些照片中的"MP3手表"与附件1中所提及的封存实物以及请求人当庭拆开的封装实物均不相同，而且也没有任何证据可以表明这些照片所示产品的来源、购买时间等，仅从照片无法认定其中所示产品与附件1公证书中所述手表的关系，因此上述照片不能作为本案证据使用。

附件3为在香港特别行政区公开发行的报纸，请求人提交了原件。但根据《审查指南2006》的相关规定，此类证据还应当办理相关的公证认证手续，请求人未提供公证认证材料，仅宣称该报纸可以在广州和深圳获得，但并未提供相应的证据支持其上述观点,因此附件3不能作为本案证据使用。

附件4是"XONIX"的"闪存潜水王"广告页,其中没有任何信息表示该份证据的公开日期,无法判断该份证据是否在该专利申请日之前就已公开,因此附件4不能单独作为用于评价该专利是否具备创造性的证据。另外,附件4中所示产品的型号均为"XU"系列,而附件1中所附发票上记载的型号是"XV-102",二者存在差异,并且附件4中所示各个产品的外观与附件2中照片所涉及实物外观以及当庭出示的封装实物证据的外观均存在差别,附件4中也没有记载其他与附件1、附件2相关联的信息。因而,附件4所示内容也不能与附件1及附件2形成关联。在评价该专利是否具备创造性时对该份证据不予考虑。

附件5是《新潮电子》杂志的相关页,请求人当庭提交了原件,专利权人经核对认为复印件与原件一致,未对其真实性提出异议。合议组认为,该证据可作为本案证据使用,并且由于其出版日期在该专利申请日之前,因此该证据可作为现有技术进行使用。

(2)关于创造性:该专利权利要求1请求保护一种MP3手表,附件1和附件2所对应的实物证据具有表玻璃、机芯、表壳、后盖、表带、USB插头结构,其中导线穿过表带与表壳之间的通孔将USB插头部分与表内部电路板相连,在后盖与表壳之间具有防水圈。该专利权利要求1请求保护的技术方案与该实物证据所公开的结构的区别在于:①该实物证据中不包括MP3电路板以及耳机插座;②在表壳处的通孔处没有防水装置。

附件5中公开了一种手表式MP3随身听,其中该手表式MP3随身听将手表的功能与MP3播放器相结合,并具有耳机插孔,即附件5公开了上述区别①。但是,附件5未公开上述区别②,该区别②使得权利要求1请求保护的MP3手表相较于现有仅在表壳与后盖之间设置防水装置的手表,具有极佳的防水性能,保证手表内置机芯、MP3电路板等零部件得到严密保护。本领域普通技术人员在附件1、附件2的实物证据和附件5所公开内容的基础上,并不能得到该专利权利要求1请求保护的技术方案,因此,该专利权利要求1相对于上述实物证据与附件5所公开的内容具备创造性,符合《专利法》第二十二条第三款的规定,请求人主张使用附件1~5破坏该专利权利要求1的创造性的理由不成立。

【评析】

《专利审查指南2010》第二部分第三章第2.1节规定:现有技术应当是在申请日以前公众能够得知的技术内容。换句话说,现有技术应当在申请日以前处于能够为公众获得的状态,并包含有能够使公众从中得知实质性技术知识的内容。在该章第 2.1.2 节规定，现有技术公开方式包括出版物公开、使用公开和以其他方式公开三种。

在专利权无效宣告请求程序中，实物证据通常被用作使用公开的证据，通过实物所揭示的技术信息，与其他能够证明该实物公开日期的证据相结合，证明涉案专利权利要求不具备新颖性或创造性。

然而，实物证据在证据固定、公开日期证明以及技术信息识别方面都可能会存在较大的困难，实践中是一类容易发生争议的证据形式。

要将实物证据进行固定，推荐的方法是像本案请求人所做的那样，对实物的取证过程进行公证，并封存实物。公证书是公证机关根据当事人的申请依照法定程序对某些事实进行确认的法律文书，是具有较高证明效力的法律文书，属于《最高人民法院关于行政诉讼证据若干问题的规定》第六十八条第（四）项规定的已经依法证明的事实，一般情况下，可以直接认定为案件事实。这里所说的通常情况，是指没有相反证据足以推翻公证证明，且公证单位所出具的公证书并未超出其能够证明的公证事项。对于公证书所公证事项是现场封存实物的情况，需要保证公证书中封存的实物与当庭提交的实物证据一致。通常核对的是以下几个方面：封存实物上的封条是否完整无损并未被破坏，封条所示信息是否与公证书中记载内容一致，封条上所盖公章是否与出具该公证书的公证机关一致，其内产品名称、型号、规格等是否与公证书中所列内容一致，等等。

实物证据上大多不会直接标注日期，或者最多标注有生产日期。而通说认为，生产日期不直接反映公开日期，因为大多数产品的生产行为并非公开的，不能与公众能够获得该产品的日期划等号。因此，实物证据的公开日期通常需要其他证据进行佐证，例如销售凭证等。本案中，经过公证的销售行为发生在涉案专利申请日之前，所销售的产品实物当然也在涉案专利申请日之前就已经公开。然而，在许多情况下，要在涉案专利申请日之前就将相关产品的销售行为进行公证并对产品进行封存是不太可能的，此时就应当考虑通过证据链的形式来证明该产品的公开日期。比如，已取得涉案专利申请日之前某相关产品的销售发票，通过发票上产品具体型号的唯一对应关系，与涉案专利申请日之后购买的同一型号产品的技术内容相互印证，当然，若对后一次购买行为进行公证并对实物封存，则更有助于增强所构成证据链的证明力。

对于实物证据所揭示的技术信息，根据《专利审查指南 2010》第二部分第三章第 2.1.2.2 节规定："如果使用公开的是一种产品，即使所使用的产品或者装置需要经过破坏才能够得知其结构和功能，也仍然属于使用公开"。也就是说，产品内部结构和对应功能的信息可以通过拆卸产品获得。当然，对于复杂结构的产品，或者大型机械设备类产品，有时候即使拆卸开也很难清楚地说明每个部件的结构或功能，此时提供证据一方的当事人负有进一步的举证责任。

（撰稿人：李礼）

【案例 5-5】域外和港澳台地区形成的证据——"可存储及传输数据的手表"无效宣告请求案

【案情】

2008 年 9 月 2 日，专利复审委员会作出第 12172 号无效宣告请求审查决定。该决定涉及名称为"可存储及传输数据的手表"的第 02293251.8 号实用新型专利。

针对上述专利权，请求人以该专利权利要求 1 不符合《专利法》第二十二条第二款、权利要求 1～10 不符合《专利法》第二十二条第三款的规定为由提出无效宣告请求，提交的证据中包括如下期刊：

附件 1：香港印刷的期刊《時錶專訊》，其封面上印有"2002/09"字样。

请求人提交了附件 1 的原件，并认为附件 1 与其他证据的结合可以破坏该专利权利要求的创造性。在本案审查过程中，专利权人对附件 1 的真实性有异议，认为附件 1 为香港地区形成的证据，需要公证认证。请求人认为，附件 1 虽然为香港印刷的出版物，但其出版信息页上有深圳办事处的电话，可以在国内买到。

专利复审委员会作出第 12172 号无效宣告请求审查决定。在该决定中对附件 1 认定如下：

附件 1 是一本完整的、包括三百多页彩页的《時錶專訊》专业期刊，其出版信息页上印有"國際刊號 ISSN：1680-2497""由全球推廣有限公司每月發行，爲世界各地的買家提供最新咨訊"字样；在封面上印有网址"GLOBAL TRADE http：//www.stylewatch.com"以及时间信息"SEPTERMBER 2002"（封面左侧）、"2002/09"（封面右上侧）；在出版信息页上还给出香港办事处和深圳办事处等的地址和电话；在该附件内登载有众多国内外厂商及其地址和商品等信息。综合考虑该证据，尽管该证据是在香港印刷的，但是公众可以从国内公共渠道获得该证据，如通过该证据给出的深圳办事处的信息从深圳办事处来获取该证据；公众还可以通过其他方式，如通过其给出的网址或者其上登载的国内厂商的信息对该证据的真实性进行核实；专利权人虽然对其真实性有异议，但并也未提出质疑其真实性的具体的充分的理由。因此，根据《审查指南 2006》第四部分第八章第 2.2.2 节的规定，对附件1的真实性予以认可。

专利复审委员会经审查后认为，请求人针对该专利所提出的权利要求1不符合《专利法》第二十二条第二款、权利要求1～10不符合《专利法》第二十二条第三款的规定的无效宣告理由均不成立，维持该实用新型专利权有效。

【评析】

本案涉及一类特殊的证据形式，即域外及香港、澳门、台湾地区形成的证据。

《专利审查指南2010》第四部分第八章对域外证据及香港、澳门、台湾地区形成的证据进行了规定：域外证据是指在中华人民共和国领域外形成的证据，该证据应当经所在国公证机关予以证明，并经中华人民共和国驻该国使领馆予以认证，或者履行中华人民共和国与该所在国订立的有关条约中规定的证明手续。当事人向专利复审委员会提供的证据是在香港、澳门、台湾地区形成的，应当履行相关的证明手续。

域外证据和涉港澳台证据的证明手续的特别规定是对其法定形式或法定程序的特别要求，根据上述规定可知，域外证据及香港、澳门、台湾地区形成的证据一般情况下要求进行公证认证，或者履行相关的证明手续。未履行上述相关手续的证据一般来说不具备证明效力，因为这些证据的来源特殊性决定，不履行上述证明手续，其真实性无从判断。当然，也存在例外。《专利审查指南2010》第四部分第八章还规定，在以下三种情况下，当事人可以在无效宣告程序中不办理相关的证明手续：（1）该证据是能够从除香港、澳门、台湾地区外的国内公共渠道获得的，如从专利局获得的国外专利文件，或者从公共图书馆获得的国外文献资料。（2）有其他证据足以证明该证据真实性的。（3）对方当事人认可该证据的真实性的。

《专利审查指南2010》中的上述规定与行政和民事司法程序当中的规定基本一致。《最高人民法院关于民事诉讼证据的若干规定》第十一条规定了对域外证据要求公证认证，但上述规定的表述过于绝对。2005年《最高人民法院第二次全国涉外商事海事审判工作会议纪要》对域外证据进行了区分对待：（1）对证明诉讼主体资格的证明，应当履行相关的公证、认证或者其他证明手续；（2）对其他证据，由提供证据的一方当事人选择是否办理相关的公证、认证或者其他证明手续，但是人民法院认为确需办理的除外。这是对上述过于绝对的表述的修正，符合规定公证认证的本意——尽力消除司法权的地域局限给诉讼带来的不利影响，解决域外证据的真实性问题。

在知识产权审判领域，最高人民法院在2007年1月11日公布的《关于全面加强知识产权审判工作为建设创新型国家提供司法保障的意见》中也对该问题有所涉及:"对于域外形成的公开出版物等可以直接初步确认其真实性的证据材料,除非对方当事人对其真实性能够提出有效质疑而举证方又不能有效反驳,无需办理公证认证等证明手续。"

可见,在专利权无效宣告请求案件中,通常要求提供域外或涉港澳台证据的当事人积极地履行证明相关证据真实性的义务,如提供国内某公共图书馆的证明,或者提供知名网站进行查询核实,或者提供的证据本身给出了可以初步确认其真实性的有效信息。

本案中,请求人提交的附件1没有办理相关公证手续,但合议组仍然接受了该份证据,主要原因从整个案情来看,附件1自身给出的各种信息使得合议组内心确认了该份杂志的真实性。但是,实践中本案这种情况并不典型,域外或涉港澳台证据原则上仍然需要办理相关的证明手续,当事人在提交此类证据时,应当尽可能地办理相关手续,降低未尽到举证责任而承担不利后果的风险。

（撰稿人：谢有成）

第三节 对比文件和专利文件的理解

【案例5-6】技术方案的正确解读——"电梯专用桥式压力传感器"无效宣告请求案

【案情】

2006年3月13日,专利复审委员会作出第8224号无效宣告请求审查决定。该决定涉及名称为"电梯专用桥式压力传感器"的第00253368.5号实用新型专利。

电梯专用桥式压力传感器是一种用于检测电梯载荷的装置。该专利的发明点在于在传感器的桥体内安装弹性应变杯,应变杯上设有应变片;而现有技术中是直接在桥体上加工出薄的弹性应变敏感区,再在该区域粘贴应变片。该专利相对于现有技术的方案简化了工艺、降低了成本。

该专利授权公告时的权利要求1为:

"1. 一种电梯专用桥式压力传感器,包括传感器桥体、弹性应变杯、应变片,其特征在于:在传感器桥体内装有弹性应变杯,应变杯上粘贴有应变片,应变片通过引线与引线端子板连接,再与接插件相连接形成电桥。"

针对上述专利权,请求人向专利复审委员会提出无效宣告请求,其提交的相关证据中包括:

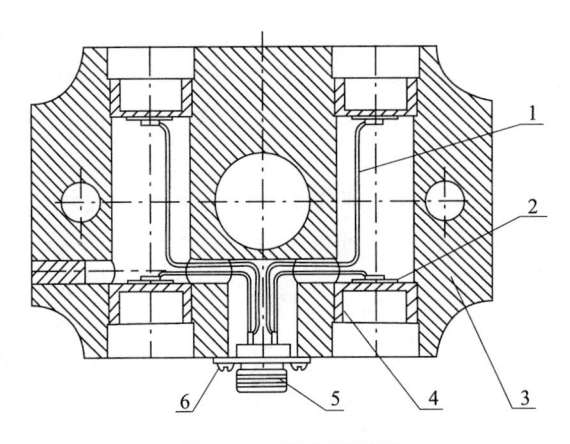

图 5-2 该专利附图

1. 引线；2. 应变片；3. 传感器桥体；4. 弹性应变杯；5. 接插件；6. 螺钉。

附件 6：授权公告号为 CN2380912Y 的实用新型专利说明书，其授权公告日为 2000 年 5 月 31 日。

请求人提出无效宣告请求的理由之一是：权利要求 1 相对于附件 6 不具备《专利法》第二十二条第二款规定的新颖性。请求人主张附件 1 中的应变体 2 及其两端的力引入体 1 相当于该专利权利要求 1 的桥体，十字形薄板 3 相当于该专利中的应变杯，应变计 4 相当于该专利中的应变片，该专利权利要求 1 中的其他技术特征属于本领域惯常技术。

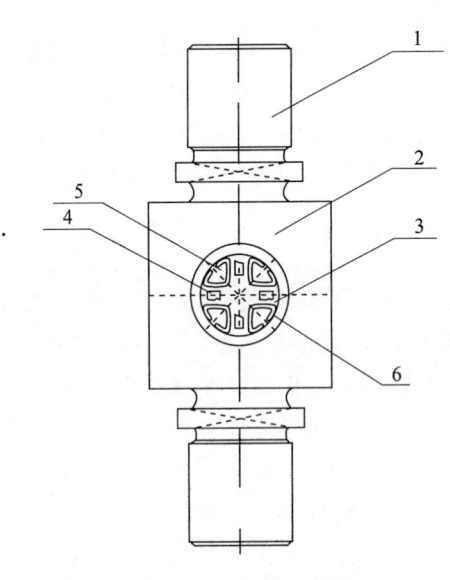

图 5-3 附件 6 附图

1. 力引入体；2. 应变体；3. 十字形薄板；4. 应变计；5. 补偿片的载体；6. 通孔。

对于上述理由，第 8224 号无效宣告请求审查决定中认定如下：

该专利权利要求 1 的技术改进点在于压力传感器包括弹性应变杯，通过将单独加工的弹性应变杯装入传感器桥体内，从而降低了传感器的加工难度。附件 6 的权利要求 1 公开了一种孔板拉压式传感器，在应变体的几何中心开有通孔，通孔中设有其边缘大致平行的十字形薄板，薄板的四端与通孔壁相连，应变计分别贴于薄板支叉的单面或双面（参见附件 1 的权利要求1、说明书第2页实施例部分），请求人认为附件6中的十字形薄板3相当于该专利中的应变杯，但是从附件6的说明书内容可知，附件6中的所述十字形薄板是通过先在应变体的几何中心对开一对同轴的盲孔，然后通过切割将盲孔之间的薄板加工成所述十字形薄板，由此可见，附件6中的十字形薄板是在应变体上直接加工而成的，应变体和十字形薄板是一体的，这与该专利权利要求1中传感器桥体与弹性应变杯之间的关系是不同的，在权利要求1中，弹性应变杯是被装入传感器桥体内独立于该桥体的部件。由此可见，附件6没有公开权利要求1的全部技术特征，且该区别技术特征也不是本领域的惯用手段的直接置换，因此附件1无法破坏权利要求1的新颖性。

【评析】

在本案中，请求人将附件6与该专利权利要求1中涉及的各个部件进行了一一对应，由此认为附件6可以破坏权利要求1的新颖性。乍看起来请求人的主张有一定道理，根据附件6和该专利中描述的各部件功能，似乎确实具有对应关系。但是，仔细阅读附件6和该专利的全文，本领域技术人员也很容易发现两个技术方案之间的区别。

根据该专利说明书的记载，该专利的发明目的是为了提供一种结构简单、性能好且成本低的电梯专用桥式压力传感器，而现有技术中是直接在桥体上加工出薄的弹性应变敏感区，再在该区域粘贴应变片，工艺较复杂，加工成本高，且这种传感器的性能也不佳。为了克服上述缺点，该专利在桥体内安装弹性应变杯，应变杯上粘贴应变片。由此本领域技术人员可知，在桥体内增设弹性应变杯是该专利相对于现有技术的改进之处。换句话说，该专利权利要求1中限定的弹性应变杯应理解为独立于传感器桥体的单独部件，而不是桥体上划分出的某个区域。

相比之下，附件6说明书实施例1记载："在加工时，可在应变体的几何中心对开一对同轴的盲孔，通过切割将盲孔之间的薄板加工成十字形"，这表明，附件1中应变体通孔与十字形薄板是一体形成的，即十字形薄板属于应变体中不可分割的一部分区域，这与该专利说明书中描述的现有技术方案类似。因此，虽然从作用上讲，附件6的应变体起到该专利中桥体的作用，十字形薄板起到该专利中弹性应变杯的作用，但两个部件的相对位置关系在附件6和该专利中并不相同，从这个意义上说，附件6中的十字星薄板并不能相当于该专利中的弹性应变杯。

通过本案我们可以看到，正确理解涉案专利和对比文件的内容非常重要。人们思维习惯和表达方式千差万别，组织语言的能力也有高低之分，有些情况下，单看文件中某部分的表述含义不够明确，所以我们需要站在本技术领域技术人员的角度,综合文件记载的整体内容来判断该表述的真实含义或范围,而不能仅将目光集中在字面。在阅读专利文件和对比文件时,不仅要着眼于与技术方案相关的文字,还应联系上下文甚至综合全文,尽可能地正确领会撰写人的真实意思表示,避免断章取义,更要防止像本案中那样牵强附会地将对比文件与涉案专利的部件进行对应联系。

(撰稿人:宋瑞)

【案例 5-7】权利要求中术语含义的理解——"公路交通柔性安全护栏"无效宣告请求案

【案情】

2007 年 8 月 1 日,专利复审委员会作出第 10316 号无效宣告请求审查决定。该决定涉及名称为"公路交通柔性安全护栏"的第 200520009348.3 号实用新型专利。

该专利涉及一种安装方便、钢丝绳连接强度高的公路交通防撞护栏。现有技术中的防撞护栏将钢丝绳两端直接用铆销铆接在端柱上,在钢丝绳中段断开,把断开的钢丝绳端分别穿入一张紧结构的两端,通过液压机施与外力径向压紧。这种结构的护栏在使用液压机将断开的钢丝绳穿入张紧结构的两端时,装配烦琐、安装困难、成本较高,针对这些问题,该专利使用双头螺母套连接两根钢丝绳的端头,使得柔性安全护栏的安装简捷灵活、调节方便。

图 5-4 为该实用新型专利的结构示意图。该护栏包括设于两端的端柱 1 和设于其间的中端柱 3,端柱之间还设有若干安装有缓冲板的立柱 2,多根钢丝绳连接在端柱和立柱 2 之间,每根钢丝绳的两端分别通过用于调节的连接装置(图 5-4 中螺栓 7 所在部位附近)连接在端柱上,中间通过扣件卡在立柱 2 上的缓冲板上,钢丝绳和连接装置上分别安有塑料护罩 4、23 和 24,缓冲板上安有连接罩 25,故在图 5-4 中未示出。

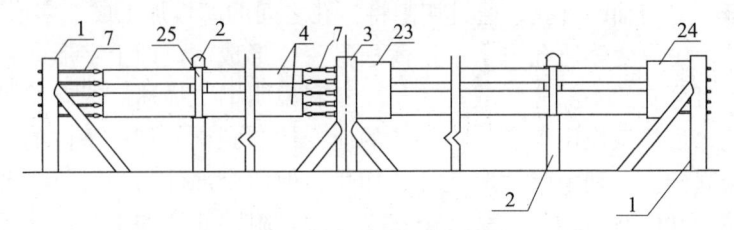

图 5-4 安全护栏的结构示意图

图 5-5 和图 5-6 分别是端柱 1 处和中端柱 3 处连接装置的放大示意图。

图中 8 为铆套,9 为铆芯,10 为铆头,8、9、10 共同组成用于铆接钢丝绳 11 的装置,5 为端柱 1 处的螺母,13 为穿在中端柱 3 中并设有限位台阶的

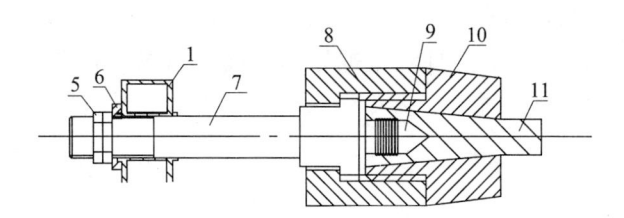

图 5－5　该申请端柱 1 处连接装置的放大示意图

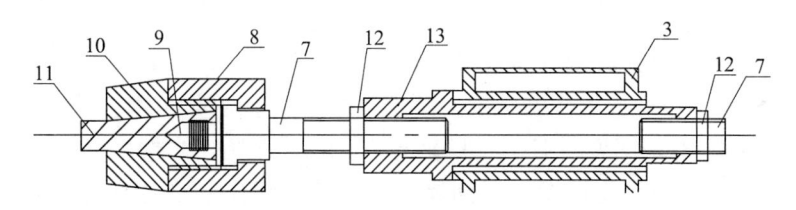

图 5－6　该申请中端柱 3 处连接装置的放大示意图

双头螺母套，5 和 13 都是用于调节钢丝绳松紧的装置，7 为螺栓，其栓头一端与铆接钢丝绳 11 的装置（即 8、9、10 构成的装置）连接，螺纹一端与螺母 5 或双头螺母套 13 连接。

在无效宣告程序中，专利权人在授权公告的权利要求书的基础上，以删除的方式修改了权利要求书，修改后的独立权利要求 1 如下：

"1. 一种公路交通柔性安全护栏，包括端柱和端柱之间的若干安装有缓冲板的立柱，以及多根并列连接在端柱、立柱上的钢丝绳，钢丝绳的中段通过扣件卡在立柱上的缓冲板上，其特征在于：所述钢丝绳的两端分别通过用于调节的连接装置与端柱连接，所述用于调节的连接装置由用于铆接钢丝绳的装置、用于调节钢丝绳松紧的装置通过螺栓连接构成，螺栓的栓头一端与用于铆接钢丝绳的装置连接，螺纹一端与用于调节钢丝绳松紧的装置连接；所述用于调节钢丝绳松紧的装置为螺母或者设有限位台阶的双头螺母套。"

针对修改后的权利要求书，请求人的无效理由之一为：独立权利要求 1 缺少解决技术问题的必要技术特征，不符合《专利法实施细则》第二十一条第二款的规定。

请求人认为，权利要求 1 中没有记载"中端柱"，现有技术也没有"中端柱"这一概念，然而本专利的发明目的是将钢丝绳相连接，"中端柱"与"双头螺母套"的连接关系是本专利的发明点，是实现本专利发明目的所不可缺少的特征，因此权利要求 1 缺少上述必要技术特征，不符合《专利法实施细则》第二十一条第二款的规定。

专利权人认为：权利要求1中限定了"端柱"，该专利说明书中记载了"端柱"包括"中端柱"，并且双头螺母套与该"端柱"的连接结构及其效果在说明书中也描述得很清楚。该专利权利要求1达到了包含必要技术特征的标准。

经审查，专利复审委员会作出第10316号无效宣告请求审查决定，维持该实用新型专利权有效。针对上述缺乏必要技术特征的无效宣告理由，第10316号无效宣告请求审查决定认为：（1）对于专利中某一术语的理解，不能脱离整个技术方案、孤立地从这一术语来理解其含义，而是应当根据说明书中给出的整体信息加以理解。权利要求1中的"端柱"，该专利说明书第3页记载了："本公路交通柔性安全护栏的端柱包括设于两端的端柱1和设于其间的若干中端柱3"，即说明书已经明确定义了该专利中的"端柱"的特定含义，在这种情况下，应当将该专利权利要求1中的"端柱"理解为包括两端的端柱和"中端柱"。（2）权利要求1中也限定了："所述钢丝绳的两端分别通过用于调节的连接装置与端柱连接，所述用于调节的连接装置由用于铆接钢丝绳的装置、用于调节钢丝绳松紧的装置通过螺栓连接构成，……，所述用于调节钢丝绳松紧的装置为螺母或者设有限位台阶的双头螺母套"，由此可知在权利要求1的技术方案中，钢丝绳的两端由用于铆接钢丝绳的装置铆接之后，再通过螺栓、螺母或双头螺母套与端柱相连，由于本领域公知可利用螺母将螺栓锁紧到两端端柱上，而顾名思义，双头螺母套具有两个端头，不可能将其固定在位于柔性护栏两端的端柱上，只能将该双头螺母套限位在中端柱以通过其两个端头来连接两根钢丝绳的接头，由此也可确定权利要求1的技术方案中必然包括"中端柱"，因此本专利权利要求1中的"端柱"实质上确实已包括两端的端柱和中端柱。

通过阅读该专利的说明书可知，该专利要解决的是背景技术中由于使用液压机将断开的钢丝绳穿入张紧结构的两端而产生的装配烦琐、安装困难、生产成本高的问题，其相应的技术方案是使用双头螺母套连接两根钢丝绳的端头使得柔性安全护栏的安装简捷灵活、调节方便，因此使用双头螺母套连接两根钢丝绳端头进而构成柔性安全护栏是解决该专利所述技术问题的必要技术特征。然而，由上述分析可知，权利要求1中已经限定了钢丝绳的两端由用于铆接钢丝绳的装置铆接之后，再通过螺栓、螺母或双头螺母套与端柱相连，即于该专利权利要求1已经记载了解决技术问题的必要技术特征，从整体上反映了该专利的技术方案，使之区别于背景技术中所述的其他技术方案。

由此，权利要求1并不缺少必要技术特征，符合《专利法实施细则》第二十一条第二款的规定。

【评析】

本案所涉及的问题是，在涉案专利权利要求1未明确限定"中端柱"的情况下，权利要求1中的"端柱"的含义能否依据说明书中的解释而理解为说明书所述的包括两端的端柱和中端柱。

《专利法》第五十九条规定：发明或者实用新型专利权的保护范围以其权利要求的内容为准，说明书及附图可以用于解释权利要求。

上述规定表明，权利要求是确定专利保护范围的依据，说明书和附图对权利要求具有解释作用。对于专利文件，特别是权利要求书中某一用语的理解，一般情况下，该用语应当理解为相关技术领域通常具有的含义；但在一些特定情况下，比如该用语并非相关技术领域通用的术语，或者单纯从字面上来看，并不能唯一确定该用语的含义，抑或是可以唯一确定但该唯一确定的含义却不适用于该专利技术方案，此时如果说明书指明了某用语具有特定的含义，并且权利要求的保护范围因说明书对该用语的说明而被限定得足够清楚，则应当以该特别界定作为权利要求用语的含义。因此对于权利要求的理解不能脱离说明书记载的技术方案和说明书附图所能表达的信息，孤立地从字面来理解其含义，而是应当站在本领域技术人员的角度，根据说明书及其附图加以理解。

具体到本案，仅仅从字面上看，端柱和中端柱是两个不同的概念，权利要求1中仅用端柱一词指代两端的端柱和中端柱不严谨，但仅因为这一点就否认专利的有效性是否妥当呢？显然不妥，因为在本案中使用"端柱"同时指代两端的端柱和中端柱并不会给本领域技术人员造成理解上的困难，也不会因此造成保护范围的不确定。原因在于，其一，本案说明书中明确记载："本公路交通柔性安全护栏的端柱包括设于两端的端柱1和设于其间的若干中端柱3"，并且，从说明书公开的整体内容来看，可以清楚地理解其方案的连接关系和原理：钢丝绳的两端由用于铆接钢丝绳的装置铆接之后，通过螺栓与可调节钢丝绳松紧的装置连接，该可调节钢丝绳松紧的装置根据设置位置的不同分为两种，位于两端的端柱上的为螺母，而位于中端柱上的由于其两边都要连接螺栓，所以为双头螺母套，这也是发明点所在；其二是，在该专利的权利要求1中将各个部件之间的连接关系进行了限定，并且表述非常清楚。在此基础上，本领域技术人员通过阅读权利要求书并结合说明书是可以辨析出权利要求1中端柱所指代的具体部件是中端柱还是两端端柱，并且只有如此理解才符合说明书中公开的技术方案原理，从本领域技术人员的角度出发，就不应该、也不可能再将权利要求中的"端柱"一词仅理解为其字面含义。

尽管如此，仍需要提请广大专利申请人注意的是，在撰写专利申请文件时，应当尽量清楚地限定权利要求中的所有技术特征，用词尽量符合本领域通常的理解方式，避免出现歧义和相互矛盾之处，对于受语言表达局限而不得不采用自造词等情况，在说明书中也一定要对该自造词的含义进行清楚、完整的说明，提供尽可能多的信息以给出足够的解释依据。否则一方面面临被驳回和宣告无效的风险，另一方面不当的撰写方式而被迫使用说明书及其附图对权利要求进行解释可能会使得权利要求的保护范围缩小，对专利权人不利。

（撰稿人：李晓娜）

第四节 实 用 性

【案例 5-8】 专利产品是否符合使用习惯与实用性不存在因果关系——"开敞式文胸"无效宣告请求案

【案情】

2005年8月19日，专利复审委员会作出第7443号无效宣告请求审查决定。该决定涉及名称为"开敞式文胸"的第02282666.1号实用新型专利权。该专利授权公告时的权利要求书如下：

"1. 一种开敞式文胸，主要包括两个左右对称的杯罩、背带、肩吊带，其特征在于：所述杯罩为月牙形曲面体，由相互叠置在一起的面层、海绵体、内层及托架组成。

2. 根据权利要求1所述的开敞式文胸，其特征在于：所述月牙形曲面体的内弧形面与乳房弧面相吻合，且敞开地托在乳房底部。

3. 根据权利要求1所述的开敞式文胸，其特征在于：所述海绵体由透气、柔软的材料制成，且置于面层与内层之间。

4. 根据权利要求1所述的开敞式文胸，其特征在于：所述面层、内层由透气、柔软的织物制成。

5. 根据权利要求1所述的开敞式文胸，其特征在于：所述托架呈弧形，由硬质弹性材料制成，且置于面层与内层之间。"

针对上述专利权，请求人于2004年5月13日向专利复审委员会提出无效宣告请求，其中的一个无效理由是，该专利权利要求1、权利要求2、权利要求5不具备《专利法》第二十二条第四款规定的实用性。

在无效程序中，双方当事人就该专利是否具备实用性充分发表了意见。

请求人认为，该专利的杯罩位置位于乳头下方，必然导致乳头凸现，不符合中国人甚至所有女性的习惯，也不会产生积极效果，显然缺乏实用性。

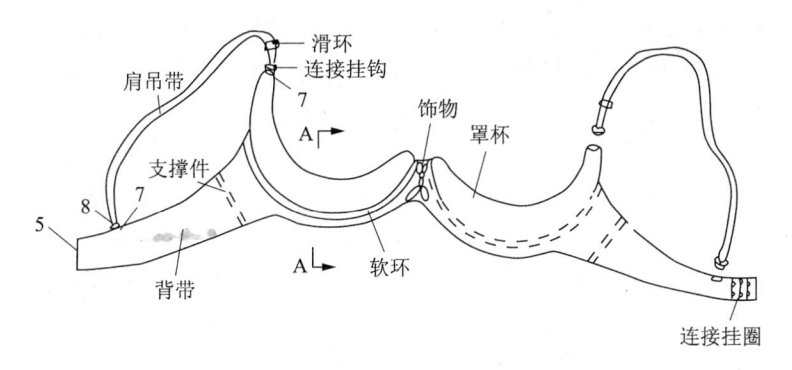

图 5-7 该专利附图 1

专利权人认为，该专利对乳房有良好的承托保护作用，能防止乳房下垂，更好地展示女性的魅力，妈妈在哺乳期仍可穿用，因此该专利具备实用性。

经审查，专利复审委员会作出第 7443 号无效宣告请求审查决定。该决定认为，该专利涉及的"开敞式文胸"是在现有封闭式文胸的基础上进行的改进，其采用的技术方案是：该开敞式文胸包括两个左右对称的杯罩、背带、肩吊带，所述杯罩为月牙形曲面体，由相互叠置在一起的面层、海绵体、内层及托架组成，所述月牙形曲面体的内弧形面与乳房弧面相吻合，且敞开地托在乳房底部，所述海绵体由透气、柔软的材料制成，且置于面层与内层之间，所述面层、内层由透气、柔软的织物制成，所述托架呈弧形，由硬质弹性材料制成，且置于面层与内层之间。带来的技术效果是由于该种文胸托在女性乳房的底部，乳头及乳房大部分均未遮盖，能方便婴儿吸乳，减小女性胸部束缚感，避免乳房挤压磨擦，防止乳头凹陷、乳房回缩或下垂，利于血液循环，尤其夏季舒适透气、更具立体感。该专利涉及的文胸能够在产业上制造出来，并且能够产生积极效果，故该专利权利要求 1~5 涉及的技术方案具有实用性。而请求人所认为的该专利权利要求 1、权利要求 2、权利要求 5 限定的技术方案不符合中国妇女的使用习惯并不是专利法意义上实用性的审查范畴。因此，请求人认为该专利权利要求 1、权利要求 2、权利要求 5 不具有实用性的主张不能成立。

【评析】

《专利法》第二十二条第四款规定的实用性是专利申请获得授权的最基本条件之一。该条款要求发明创造在产业上可以实施并且具有积极的效果，这些条件通常比较容易满足，因而真正不具备实用性的专利案件数量很少。但在无效宣告请求程序当中，我们却发现，当事人容易混淆专利法意义上的实用性与日常生活中人们常说的"实用性"，进而用一些不恰当的标准来评价技术方案是否符合相关规定，本案即属于这种情况。

本案所涉及的问题是，专利产品不符合使用习惯或者习俗，是否适用《专利法》第二十二条第四款的规定。

1. 实用性含义

《专利法》第二十二条第四款规定，实用性是指发明或者实用新型的主题能够制造或者使用，并且能够产生积极效果。

《专利审查指南2010》第二部分第五章第2节规定，授予专利权的发明或者实用新型，必须是能够解决技术问题，并且能够应用的发明或者实用新型。换句话说，如果申请的是一种产品，那么该产品必须在产业中能够制造，并且能够技术问题；如果申请的是一种方法，那么这种方法必须在产业中能够使用，并且能够解决技术问题。

"实用性"一词指的是在实践中制造或生产的可能性以及在实践中实现或使用的可能性。

所谓"产业"，它包括工业、农业、林业、水产业、畜牧业、交通运输业以及文化体育等行业。

因此，从上述规定可以看出，实用性与发明或者实用新型能否制造、使用，能否解决技术问题和能否取得预期效果有关。

2. 使用习惯的含义

习惯一般是指积久养成的生活方式。习惯是人们在长时期里逐渐养成的、一时不容易改变的行为、倾向或社会风尚，或是生活中相对稳定的部分。今泛指一地方的风俗、社会习俗、道德传统等。

习惯不是一成不变的，它会随着社会政治、经济和文化的发展而变化。习惯具有时空性，它是相对一定时间和空间而言的。习惯存在于社会生活、经济生活和政治生活各个方面，也会因国家、地区、民族不同而不同。

3. 习惯与实用性的关系

从上述对实用性及习惯的概念分析可知，习惯与实用性之间没有关联。也就是说，不论好的或者坏的习惯均不是衡量或者判断一项专利是否具有实用性的标准或者内容，因此，对专利法意义上的实用性的理解，主要考察其在技术实施的可能性，以及是否能够产生技术效果。是否符合使用习惯，并非专利法意义上实用性的评判标准。

当然，法律是调整社会关系、维护社会秩序的工具，专利法也不例外。对于违背现有法律、道德和公序良俗的发明创造，不应该授予其专利权。根据我国《专利法》第五条的规定，对违反国家法律、社会公德或者妨害公共利益的发明创造，不授予专利权。其中，社会公德是指公众普遍认为是正当的，并被接受的伦理道德观念和行为准则。它的内涵基于一定的文化背景，随着时间的推移和社会的进步不断发生变化，而且因地域不同而各异。中国《专利法》中所称的社会公德限于中国境内。

因此，法律既要保护发明创造专利权，鼓励发明创造活动，促进科学技术进步和创新，也要符合我国宪法和法律相关规定。因此，《专利法》中对有关违背法律、社会公德或者妨害公共利益的发明创造，作出不授予专利权的规定。

也就是说，如果习惯不与社会公德相违背，则可授予专利权；反之，则不属于《专利法》的保护客体。

4. 关于本案的法律适用

本案中，请求人主张涉案专利由于不符合中国妇女习惯，不产生积极效果，是否导致该专利不符合《专利法》第二十二条第四款规定的实用性。分析如下：

首先，将《专利法》中所述的实用性概念及内容与请求人的主张相比较就可以看出，不论习惯是好还是坏，均与专利产品能否制造，方法能否使用完全没有任何关系，使用习惯不属于实用性审查内容。因此，以专利产品"不符合中国妇女习惯"主张该专利不具有实用性是不成立的。

第二，根据《专利法》第五条有关规定，以专利产品不符合中国妇女使用习惯也应属于社会公德范围。如果要以该事实主张该专利不符合《专利法》有关规定的话，应适用《专利法》第五条，而不是《专利法》第二十二条第四款规定的实用性。

第三，该专利产品涉及一种妇女使用的文胸，属于内衣的一种。它与其他内衣一样，习惯是穿在里面而不外穿。不论是中国人还是外国人，不外穿应该是全世界女人共同遵循的穿着习惯。而使用该专利产品，尽管乳头未遮盖，或者乳房、乳头凸现也不会与现有的社会伦理或公共道德标准相抵触。相反，由于该专利文胸托在女性乳房的底部，乳头及乳房大部分均未遮盖，能方便婴儿吸乳，减小女性胸部束缚感，避免乳房挤压磨擦，防止乳头凹陷、乳房回缩或下垂，利于血液循环，尤其夏季舒适气、更具立体感。因此，该专利产品不仅具有实用性，而且也不属于《专利法》第五条规定的不授予专利权的客体。

（撰稿人：陈迎春）